LE DROIT DU TRAVAIL
DANS LA CHINE DES RÉFORMES

Collection Points sur l'Asie
dirigée par Frédéric MANTIENNE

Déjà parus

Laurent METZGER, *Les sultanats de Malaisie*, 1994.
Richard SOLA, *Birmanie : la révolution kidnappée*, 1996.
Laurent METZGER, *Stratégie islamique en Malaisie (1975-1995)*, 1996.
Firouzeh NAHAVANDI, *Culture du développement en Asie*, 1997.
Frédéric GRARE, *Le Pakistan face au conflit afghan*, 1997.
Kham VORAPHETH, *Chine, le monde des affaires*, 1997.
Jacques HERSH, *Les Etats-Unis et l'ascension de l'Extrême-Orient. Les dilemmes de l'économie politique internationale de l'après-guerre*, 1997.
Kham VORAPHETH, *Asie du Sud-Est*, 1998.
Jérôme GRIMAUD, *Le régionalisme en Asie du Sud*, 1998.
A. WILMOTS, *La Chine dans le monde*, 1998.
Patrice COSAERT, *Le centre du Vietnam : du local au global*, 1998.
Fabrice MIGNOT, *Villages de réfugiés rapatriés au Laos*, 1998.
Jean-Jacques PLUCHART, *La crise coréenne. Grandeur et décadence d'un modèle de performance*, 1999.
Michel BLANCHARD, *Vietnam-Cambodge : une frontière contestée*, 1999.
Corine EYRAUD, *L'entreprise d'Etat chinoise : de "l'institution sociale totale" vers l'entité économique ?*, 1999.
Leïla CHOUKROUNE, *La Chine et le maintien de la paix et de la sécurité internationales*, 1999.
Alexandre MESSAGER, *Indonésie : Chronique de l'Ordre nouveau*, 1999.
Alexandre MESSAGER, *Timor oriental, non-assistance à un peuple en danger*, 2000
Jean-Claude PETER, *Comment échouer en Chine*, 2000.

Hélène PIQUET

LE DROIT DU TRAVAIL DANS LA CHINE DES RÉFORMES

L'Harmattan
5-7, rue de l'École Polytechnique
75005 Paris - FRANCE

L'Harmattan Inc.
55, rue Saint-Jacques
Montréal (Qc) - CANADA H2Y 1K9

Fidèle à sa volonté de maintenir vivant l'ensemble du catalogue et de continuer à rendre accessible à tous la richesse de son contenu, Les marques du groupe L'Harmattan proposent les ouvrages, même s'ils sont épuisés dans leur premier tirage, et les impriment à la demande.
Au vu de l'ancienneté de ce titre, un exemplaire original a été numérisé pour être réimprimé, ce qui pourrait altérer légèrement la qualité de certains passages.

ISBN : 2-7384-9745-4

REMERCIEMENTS

L'auteure tient à exprimer sa gratitude à plus de personnes qu'elle ne peut nommer ici. Tout d'abord, je remercie mes amis Chinois, sans qui se ce projet n'aurait pu être mené à terme. En particulier, je remercie M. le professeur Zheng Yisheng, chercheur à l'Académie des Sciences Sociales de Chine, pour son dévouement infatigable dans la recherche des sources en chinois que je lui ai demandées depuis Montréal. Je remercie aussi mes étudiants de l'Université du Shanxi à Taiguyan, qui m'ont fidèlement accompagnée dans la quête de mes sources lors de mon séjour en Chine en 1996-1997. Me May Chiu a aimablement accepté de rapporter les sources en question lors de chacun de ses retours de Chine, qu'elle soit ici remerciée.

J'ai bénéficié, au département des Sciences Juridiques de l'Université du Québec à Montréal, d'un encadrement d'une grande qualité qui m'a beaucoup stimulée, et je remercie les professeurs qui m'ont enseigné, ainsi que ceux que j'ai côtoyés sans qu'ils m'aient enseigné, d'avoir rendu mon passage au département aussi enrichissant. Mon directeur de mémoire, M. René Laperrière, a effectué un travail d'encadrement rigoureux, dans un esprit d'ouverture et de disponibilité qui m'ont aidée constamment à garder le cap sur ce travail. Mme Diane Demers, directrice du programme de maîtrise en droit, m'a donné une écoute précieuse et ouvert des portes, ce dont je lui suis infiniment reconnaissante. Je remercie aussi mes collègues, pour des discussions toujours instructrices et inspirantes.

Je remercie l'étude Barrou Hébert Chiu pour la flexibilité qu'elle m'a accordée en sorte que j'ai pu terminer ce travail, malgré les inconvénients pour le bureau. Mes remerciements vont aussi à René Minot, pour la très grande qualité du travail minutieux de révision et de révision et de mise en pages auquel il a consacré un temps précieux.

Enfin, je remercie ma famille et mes amis, dont le soutien m'a permis de garder le sourire dans les moments de doute.

INTRODUCTION

La situation du droit du travail en Chine contemporaine

La poursuite des réformes économiques entreprises en 1978 en République Populaire de Chine a été entérinée par le XVe Congrès du Parti Communiste Chinois (PCC) en septembre 1997, le premier tenu depuis la mort, en février de la même année, de l'architecte des réformes, Deng Xiaoping. Depuis le début des réformes économiques, la Chine a également produit un volume imposant de droit légiféré, qui touche à plusieurs domaines. Entre autres, le droit du travail a connu une modernisation importante par la promulgation en 1994, suivie de l'entrée en vigueur en 1995, du *Code du travail* et de ses dix-sept circulaires d'application. Il s'agit d'une tentative d'unification du droit du travail en Chine, étape devenue nécessaire avec les réformes et les transformations qu'elles amènent.

La problématique qui sous-tend ce travail est axée sur le libellé de l'article premier du *Code du travail*, qui se lit ainsi :

> Le présent code a été rédigé, conformément à la Constitution, afin de protéger les droits légaux des travailleurs, de réajuster les relations salariales, d'édifier et de défendre un système de travail adapté à une économie socialiste de marché, de promouvoir le développement économique et social[1].

L'objet de cette analyse est la profonde ambiguïté du statut de la protection des droits des travailleurs dans le nouveau *Code du travail*, où apparaît, en effet, ce concept de protection, progrès indéniable pour les travailleurs. En revanche, cette protection a un rang incertain face à l'autre objectif, l'établissement d'un système de travail adapté à l'économie socialiste de marché. Le *Code du travail* ne contient pas d'indication sur les critères qui aideraient à déterminer la préséance de l'objectif de protection sur les autres objectifs énoncés[2]. Ce flou juridique découle-t-il d'une imperfection délibérée de la technique législative ? Recherché ou non, il renforce l'ambiguïté.

Suivant le texte de l'article premier, la protection des droits et intérêts légaux[3] des travailleurs chinois constitue le premier objectif à assurer par le nouveau *Code du travail*. C'est du moins l'interprétation officielle mise de l'avant en RPC. L'article premier fait référence à d'autres objectifs, qui renvoient aux réformes en cours : l'établissement d'un système de travail *adapté à une économie socialiste de marché*[4], et la promotion du *développement économique*[5]. La formulation du texte suggère deux objectifs. D'une part, le gouvernement chinois vise, par cette loi, à établir un nouveau système des rapports de travail. D'autre part, les nouvelles relations de travail doivent se plier aux exigences de l'économie socialiste de marché. Ce dernier concept est une création de Deng Xiaoping, l'architecte des réformes entreprises depuis 1978. Les idéologues du PCC sont très précautionneux[6] lorsqu'ils tentent de définir l'économie socialiste de marché, expression qui a vu le jour en 1992 lors du voyage de Deng Xiaoping dans le sud de la Chine, et qui revêt une importance capitale car elle est l'issue de la longue lutte de pouvoir entre la faction conservatrice et la faction réformiste du PCC. Entérinée au XIVe congrès du PCC en 1992, elle a profondément modifié le socialisme et touche intimement à l'aspect politique des réformes économiques[7]. Elle a été intégrée à la Constitution chinoise en 1993. Il s'agit d'une formule qui permet aux dirigeants chinois réformistes de « poursuivre un développement économique rapide à partir d'une économie de marché, tout en maintenant la dictature du PCC », et de légitimer les réformes rétroactivement et pour l'avenir[8]. Cette expression, en pratique, fait passer les réformes économiques avant l'idéologie marxiste[9], ce qui constitue un événement dont la portée est immense pour la Chine. En septembre 1997, l'expression a reçu une nouvelle consécration lors du XVe congrès du PCC, qui a confirmé la poursuite de la politique de réforme et d'ouverture.

Ces dernières années, tant les journaux chinois que des journaux occidentaux ont fait état d'un certain malaise ouvrier en Chine lié à la mise en œuvre des réformes. Depuis le XVe Congrès du PCC, les questions de droit du travail demeurent d'une actualité brûlante en Chine, et posent de redoutables défis au PCC. Les problèmes les plus aigus de l'heure sont au nombre de trois. La restructuration des entreprises d'État, confirmée par le XVe Congrès du PCC et résolument mise en œuvre par le nouveau premier ministre Zhu Rongji, est mal vécue par les travailleurs de ces entreprises victimes de licenciements massifs, et qui, souvent, n'ont pas été payés depuis des mois. L'absence de filet de sécurité sociale à l'échelle nationale rend plus précaire encore la situation de ces travailleurs mécontents, qui sont loin d'arriver à se reconvertir avec succès dans le commerce. Par ailleurs, des ouvriers de certaines compagnies à capitaux étrangers œuvrent dans des conditions de travail déplorables contre lesquelles ils s'insurgent parfois. Enfin, un peu partout à travers la Chine, le Syndicat Général Panchinois est critiqué par l'ensemble des travailleurs pour son inefficacité, et les tentatives de créer des syndicats véritablement indépendants et voués à la défense des travailleurs sont réprimées par les autorités. La situation des migrants ruraux, ou *mingong*, qui servent plus que d'autres de main-d'œuvre à bon marché dans les villes du pays, est aussi un problème à multiples facettes pour les autorités chinoises. Les réformes se traduisent pour les femmes par une certaine régression de leur position dans la société chinoise, se manifestant, entre autres, par de la discrimination à l'embauche[10].

Les autorités laissent s'exprimer[11], dans des canaux soigneusement circonscrits, le mécontentement des travailleurs chinois : les manifestations sont relativement tolérées, et les autorités essaient de satisfaire aux demandes de versement des arrérages des salaires et pensions. Parallèlement, les autorités admettent que des travailleurs exercent des recours collectifs contre des employeurs abusifs[12]. Les autorités chinoises oscillent[13] entre la répression et la conciliation face aux revendications ouvrières. L'attitude des autorités chinoises devant les contestations des travailleurs paraît pour le moins ambiguë.

L'éclairage que donne le contexte est indispensable pour comprendre en profondeur le statut de la protection des droits des travailleurs en Chine. La nécessité de situer le droit chinois dans son contexte tient à plusieurs raisons. D'une part, il existe un écart considérable entre le discours sur le droit en Chine, et la réalité, à savoir, sa mise en œuvre[14]. Les causes de cet écart résident « dans l'environnement politique, économique et social dans lequel baigne le droit chinois[15] », environnement trop souvent négligé, selon Jean-Pierre Cabestan. Par ailleurs, il existe des différences de fond entre le droit chinois et celui des autres pays, qui portent notamment sur « la nature de la législation, le fonctionnement des institutions judiciaires, le rôle des avocats et la place dévolue aux normes juridiques en Chine[16] ». Une autre différence de taille se trouve dans les conditions politiques d'élaboration de la législation chinoise[17]. Lorsqu'on aborde le droit chinois, les notions familières aux juristes occidentaux[18] « doivent être substantiellement modifiées, quand elles ne se révèlent pas complètement inapplicables[19] ». Il faut aussi prendre garde que « de prime abord, la législation chinoise contemporaine se présente comme un phénomène trompeusement familier aux yeux du juriste occidental[20] ». Aussi, l'étude de n'importe quel domaine du droit chinois requiert-elle une bonne compréhension du contexte dans lequel il opère. Par conséquent, le présent travail consacrera une part importante à l'environnement politique, économique et social du droit chinois contemporain, dont certains éléments tirent leur source de la Chine antique même.

LA PROBLÉMATIQUE ET LE CADRE THÉORIQUE

La première partie de ce travail portera sur les éléments contextuels du droit chinois, soit la culture juridique chinoise, le contexte politique actuel et le travail en Chine. La deuxième partie, consacrée au droit du travail en Chine, tâchera de répondre à la question suivante : le contenu du *Code du travail* répond-il au souci de protection énoncé à son article premier ? La réponse à cette question requiert deux étapes. D'une part, quels changements apporte le texte du *Code du travail* par rapport à la situation qui prévalait avant son entrée en vigueur ? D'autre part, dans quelle mesure la protection conférée par le *Code du travail* est-elle conforme au droit international du travail ? Pour être complète, la démarche exige que l'on traite de la mise en œuvre du *Code du travail*. Plus précisément, les droits des travailleurs sont-ils respectés en Chine ? S'il survient des défaillances en la matière, quels éléments en rendent compte ? Enfin, quel est l'impact réel du nouveau droit du travail pour les travailleurs chinois, s'il en a un ?

La réponse à ces questions permettra de mieux comprendre la situation véritable[21] des travailleurs chinois, sur qui reposent largement les réussites économiques tant vantées de la Chine des réformes. Car ces dernières comportent aussi un prix à payer pour les travailleurs, et la compréhension du contexte des réformes en Chine est indispensable pour mesurer le degré réel de protection conféré par le nouveau *Code du travail*.

Le cadre théorique du présent travail comporte quatre dimensions : la première est l'étude de la culture juridique chinoise, axée sur une approche historique et anthropologique du droit. L'approche anthropologique du droit, telle que Louis Assier-Andrieu[22] l'a mise en œuvre, a guidé notre choix pour les travaux des sinologues sur le droit chinois. La culture juridique chinoise de l'ère impériale, qui a fait l'objet d'études importantes, est mise en valeur par l'approche anthropologique du droit. Citons ici le livre du professeur Ch'u, *Law and Society in Traditional China*[23]. Bien que cet ouvrage ne soit pas des plus récents, il constitue un apport d'une grande richesse pour comprendre les conceptions chinoises du droit en Chine impériale. L'auteur adopte une approche à la fois anthropologique et sociologique du droit. Cette double perspective nous apparaît éminemment éclairante, car elle met en lumière comment le rapport au droit des Chinois diffère du nôtre. Le professeur Ch'u montre aussi l'importance de l'influence du confucianisme et du légisme sur la formation du droit chinois. En même temps, il adhère à la perception que le droit en Chine impériale était conçu comme essentiellement à caractère pénal. De là, il analyse le dédain de « l'honnête homme » chinois pour le recours aux tribunaux, qui entraîne immanquablement une perte de face. Ce tableau est utile pour comprendre un aspect du droit chinois, mais ne rend pas compte de tous ses aspects, comme le montrent des travaux subséquents.

Feu le professeur Jean Escarra a rédigé un ouvrage[24] qui demeure à ce jour la référence de base pour le droit chinois de l'ère républicaine. Il met en lumière la persistance des conceptions traditionnelles du droit chinois sur le nouveau droit alors édicté, inspiré des systèmes de droit civiliste. Il comporte une dimension supplémentaire par rapport à l'ouvrage du professeur Ch'u, à savoir, l'étude de l'efficacité du nouveau droit édicté, et brosse un sombre tableau de la condition ouvrière d'alors, parce que les lois visant à protéger les droits des ouvriers sont largement restées lettre morte. Ces ouvrages nous ont profondément marquée par leur approche résolument multidisciplinaire qui met l'accent sur les rapports entre le droit et la société. Nous entendons la reprendre dans la partie de notre étude consacrée aux fondements du droit chinois.

Cette approche est aussi privilégiée par le professeur Philip C. C. Huang[25], qui a bénéficié d'un accès aux archives de certains villages de Chine, grâce à quoi il a su jeter un regard neuf sur le droit chinois de la fin de l'ère impériale et de l'ère républicaine. Plus précisément, il nuance fortement la perception du droit chinois qui a prévalu jusqu'alors et selon laquelle les Chinois tenteraient toujours de résoudre leurs différends hors cour. Cette conclusion nous entraîne sur les chemins sinueux des modes de résolution dits alternatifs des différends. La plupart des travaux sur le droit chinois ont repris cette vision des choses. L'apport du professeur Huang consiste à montrer les différences entre la représentation de la justice en Chine et la pratique. Il réfute, archives à l'appui, l'idée que les Chinois ne recouraient pas au système de justice formelle[26], et montre aussi que, contrairement à une autre perception courante, les affaires qui aboutissaient devant les tribunaux étaient le plus souvent de caractère civil[27], et non pas pénal. Le professeur Huang révèle la rupture entre la représentation officielle du droit chinois et la pratique. Cette rupture caractérise, selon lui, le droit chinois dans son entier[28]. La représentation, qui s'appuie sur les textes officiels, les codes, les archives des juges, est profondément imprégnée du dédain confucéen envers le recours aux tribunaux[29]. La pratique se caractérise, pour sa part, par l'interaction continue entre les sphères de justice formelle et informelle[30]. Les archives étudiées par le professeur Huang témoignent du fait que les paysans n'hésitaient pas à recourir aux tribunaux, à la fois pour faire pression sur l'autre partie, espérant ainsi régler le litige avant l'audience, mais aussi, le cas échéant, parce qu'ils ne voyaient pas d'autre issue pour faire respecter leurs droits. Dans ce contexte, les solutions qui se développaient dans la sphère informelle de la justice étaient influencées par les spéculations des parties sur le résultat probable du recours aux tribunaux. De plus, les paysans recouraient volontiers aux deux sphères de justice si cela leur apparaissait utile pour faire avancer leur cause. Nous croyons que cette approche rend largement compte du rapport au droit des Chinois aujourd'hui.

Nous compléterons ce tour d'horizon par le droit socialiste mis en place en 1949. Le livre le plus éclairant sur cette question nous semble être celui de Mme Ren, qui montre comment l'obsession de la lutte des classes qu'avait Mao, a influencé le droit de 1949 à 1976. Mme Ren fait état des limites des ressemblances entre le droit soviétique socialiste et le droit chinois socialiste. Les similarités résident dans les fondements idéologiques des deux systèmes juridiques. Toutefois, le droit chinois socialiste présente des points communs avec le droit chinois impérial[31]. Nous devrons donc faire place à une approche politique et historique du droit chinois lorsque nous parlerons du droit socialiste.

La seconde dimension consiste en une approche historique des rapports entre la classe ouvrière et le PCC depuis la fondation de celui-ci jusqu'à nos jours. Deux références incontournables pour ce volet du travail sont le livre de Jean Chesneaux sur l'histoire du mouvement ouvrier chinois de 1919 à 1927, et celui d'Alain Roux sur le Shanghai ouvrier des années trente. Il ressort de ces études que les relations entre le PCC et le mouvement ouvrier ont été difficiles, donnée qui explique certains développements subséquents. Messieurs Roux et Chesneaux divergent toutefois d'une façon importante sur un point, celui de savoir si l'on peut, ou non, parler d'une véritable « classe ouvrière » pour la période se situant entre 1911 et 1949.

L'ouvrage de François Gipoloux sur les relations entre la classe ouvrière et le régime maoïste jusqu'en 1957 constitue une source clé pour comprendre l'attitude du PCC face aux revendications des ouvriers urbains aujourd'hui. L'article de Roland Lew sur la classe ouvrière en RPC soulève la question de la congruence entre le discours du PCC, qui glorifie la classe ouvrière, et la réalité, faite de lendemains où déchante cette même classe ouvrière.

La troisième dimension touche à la Chine contemporaine, plus particulièrement au contexte politique, qui influe sur le droit, tant il est vrai que le droit chinois « reste imprégné d'idéologie[32] ». La Chine des réformes y est examinée en mettant tour à tour l'accent sur des éléments de l'histoire politique et économique récente. Notons ici l'apparition de nouveaux paradigmes dans le discours officiel, tels que la flexibilité et l'efficacité. L'œuvre la plus éclairante sur cette question est celle, en langue chinoise, de l'économiste He Qinglian[33], qui a une vision très critique des effets des réformes sur la société chinoise. Les sinologues spécialistes de la Chine contemporaine dont nous utilisons les travaux sont, entre autres : Jean-Pierre Cabestan, pour la compréhension du système politique chinois et des perspectives générales sur les problèmes du droit chinois contemporain ; Marie-Claire Bergère, pour ses diverses études sur l'histoire contemporaine ; Patrice de Beer et Jean-Louis Rocca, pour un regard de l'intérieur sur l'évolution récente de la Chine ; Françoise Lemoine pour ses travaux sur l'économie de la Chine contemporaine ; Jean-François Huchet, notamment pour ses traductions des statistiques chinoises ; Jean-Philippe Béja pour, entre autres, ses analyses percutantes sur la situation des migrants ruraux exclus du droit ; Jean-Luc Domenach, Philippe Richer et Yves Chevrier pour leurs travaux sur la politique de la République Populaire de Chine. Parmi les sinologues anglophones, les ouvrages de Jonathan Spence et Orville Schell sur la Chine contemporaine sont ceux dont l'approche multidisciplinaire nous est la plus utile. Les sinologues chinois qui écrivent en anglais nous donnent, pour leur part, un accès privilégié à la Chine contemporaine, par la connaissance de l'intérieur qu'ils en ont et qu'ils font partager à leurs lecteurs. Mayfair Mei-Hui Yang nous plonge dans la complexité des relations sociales en Chine, et son livre contient des informations sur le rapport au droit des Chinois dans la Chine d'aujourd'hui. L'ouvrage de Zheng Shiping examine les relations entre le Parti et l'État, et contient un chapitre sur le rôle du droit tel que le voit le PCC. Tous les travaux des sinologues cités donnent un éclairage indispensable à la compréhension des problèmes affectant le développement du droit chinois contemporain et en expliquent la difficile réhabilitation.

La quatrième dimension en est une qui combine la théorie du droit en Chine contemporaine et le droit international public. Il est nécessaire de la subdiviser en deux parties, l'une qui traite des questions soulevées par la théorie du droit en Chine, et l'autre traitant du relativisme culturel, en particulier la conception asiatique des droits de la personne. La théorie du droit renaît en Chine, depuis le début des réformes, et diverses tendances s'y côtoient. Le camp le plus conservateur est celui qui prône une approche strictement marxiste du droit, alors que le camp réformiste prône une approche dite pragmatique du droit. Quelle que soit l'approche retenue, ces divers travaux mettent en lumière une conception instrumentaire du droit, ce qui comporte des conséquences sur la place et le rôle assignés au droit dans la Chine des réformes, notamment en ce qui a trait au droit du travail.

Malgré ses réformes juridiques, la Chine fait l'objet de critiques répétées pour la situation des droits de la personne qui y prévaut. Les critiques portent habituellement sur la violation des droits civils et politiques en Chine[34]. On accuse aussi la Chine de donner dans le relativisme culturel par rapport aux droits de la personne, dont elle nierait le caractère universel. La position de la Chine dans ce débat est très importante, dans la mesure où elle éclaire aussi la situation des droits des travailleurs dans ce pays. Nous consacrerons donc une section de ce travail au débat qui oppose les tenants du caractère universel des droits de la personne aux tenants du relativisme culturel, afin de déterminer de quel côté se range la Chine. L'ouvrage du professeur Keith[35] situe bien le débat en ce qui concerne la Chine, et jette un doute sur les affiliations relativistes prêtées à ce pays. D'une part, il expose que les autorités chinoises, depuis le début des années quatre-vingt-dix, acceptent la terminologie des droits de la personne[36]. Le gouvernement chinois a même publié un livre blanc sur les droits de la personne en 1990, qui a été critiqué mais jamais, selon le professeur Keith, analysé en profondeur[37]. D'autre part, il précise que, si les Chinois se réclament d'une conception « chinoise et socialiste » des droits de la personne, cela ne veut pas dire pour autant qu'ils endossent tous azimuts le relativisme culturel[38].

Il faudra contraster cette position avec celle du groupe de dissidents chinois basé à New York, notamment « Human Rights in China » qui, prenant appui sur la position de la Chine affirmée dans la *Déclaration de Bangkok*, affirme que la Chine est une ardente partisane du relativisme culturel en matière de droits de la personne. Selon ce groupe, il existe une conception asiatique des droits de la personne à laquelle adhère la Chine. L'élément sur lequel les États adhérant à cette théorie mettent l'accent est l'importance du droit au développement. Ce dernier est articulé d'une façon qui fait primer le développement économique, au détriment, selon certains, des dimensions politiques et sociales du développement. Signalons ici un ajout de cru chinois, le concept de droit à la subsistance, que des théoriciens chinois lient étroitement au droit au développement. L'approche relativiste de la Chine se traduit par une application sélective des instruments internationaux qu'elle a ratifiés en matière de droits de la personne, et plus précisément en matière de droit du travail international. Nous devrons aussi élucider à quelle sphère de droits s'applique le relativisme culturel. Ce dernier s'applique-t-il aux droits de la sphère dite privée (droit familial, position des femmes et des enfants, etc.), ou aux droits de la sphère publique, en particulier aux droits civils et politiques ? L'ouvrage de Monique Chemillier-Gendreau[39] nous rappelle qu'il faut s'interroger sur le caractère occidentalocentriste d'une certaine conception des droits de la personne. Quelle que soit l'issue de ce débat, il risque de se solder par le constat d'une position ambiguë de la Chine par rapport au droit international.

LA MÉTHODOLOGIE

L'approche adoptée dans le cadre de ce travail est théorique et multidisciplinaire, axée sur l'étude de sources primaires et secondaires. Le choix de l'approche théorique plutôt que d'une étude de terrain sur l'état des droits des travailleurs tient à notre préférence, et au fait qu'une étude de terrain est pratiquement impossible à réaliser pour des chercheurs occidentaux en Chine. Par ailleurs, les publications sur les droits des travailleurs en Chine traitent fréquemment des violations des droits des travailleurs et reposent sur des enquêtes de terrain. Aussi n'y a-t-il aucun intérêt à suivre une voie déjà parcourue. Les études théoriques sont plus rares, du moins en langues occidentales, et il est nécessaire de situer le droit chinois dans son contexte culturel, historique et politique pour bien le comprendre. Seule une approche théorique permet de traiter du contexte dans lequel opère le droit.

Le caractère multidisciplinaire de l'approche théorique s'impose par la nécessité de situer le droit chinois contemporain dans la société qu'il régit, vieille de plusieurs millénaires et riche d'une longue tradition juridique qui diffère fortement des traditions juridiques occidentales. Le rapport au droit des Chinois est fortement marqué par leur héritage culturel, mais tout autant, du moins dans la Chine contemporaine, par la politique. Pour ces raisons, l'approche multidisciplinaire est la plus fertile pour traiter du sujet choisi.

Les sources utilisées comportent des sources primaires et des sources secondaires. Les sources primaires sont les lois chinoises, dans le texte ou en traduction, dont le *Code du travail* et ses circulaires d'application, la *Loi sur les syndicats*, le *Décret sur la gestion du travail dans les entreprises à capitaux étrangers*, ainsi que diverses autres lois. Les sources secondaires utilisées sont des monographies et articles de doctrine sur les dimensions du cadre théorique évoquées plus haut, en chinois, en français et en anglais.

Notes

1. *Code du travail de la République Populaire de Chine*, in *La Chine au travail (I) : les sources du droit du travail*, par Alexandre MORIN et Thierry PAIRAULT, coll. « Gestion de l'entreprise en Chine », Paris, Centre d'études sur la Chine moderne et contemporaine, École des Hautes Études en Sciences Sociales, 1997, 125 pages, p. 66. Ce recueil consiste en traductions commentées de plusieurs textes relatifs au droit du travail en Chine. Voir aussi : *Labour Law of the People's Republic of China* (Adopted by the Eight Session of the Standing Committee of the Eight National People's Congress on July 5, 1994, promulgated by Order No. 28 of the President of the People's Republic of China on July 5, 1994, and effective as of January 1, 1995), article 1. Cette traduction a été faite par le service de traduction juridique du journal *China Daily*. La traduction française ne rend pas tout à fait le chinois à propos des droits protégés. La traduction anglaise est plus proche du chinois, car elle parle des « lawful rights and *interests* », alors que la traduction française ne parle que des droits légaux des travailleurs. Le mot chinois, *quanyi*, se traduit généralement par les « droits et intérêts ».
2. LIN Feng, « Labor Law », in WANG Chenguang and ZHANG Xianchu (sous la dir. de), *Introduction to Chinese Law*, Hong Kong, Sweet and Maxwell Asia, 1997, 457-488, p. 462.
3. Bien sûr, la nuance est importante et nous réserverons une partie de notre travail à expliquer ce que sont les droits et intérêts légaux par rapport à ceux qui ne le sont pas.
4. L'expression « système de travail » désigne d'abord un système de relations de travail. Voir, entre autres, LIN Feng, « Labor Law », *op. cit.*, auteur du chapitre sur le droit du travail, qui pose la question du rapport entre les deux objectifs, et conclut que la loi ne donne pas de réponse. Il présume qu'en cas de conflit, le principe de protection prévaudrait, mais n'étaye pas sa présomption. L'auteur de l'article, Chinois, est le seul, dans les sources en langues occidentales que nous avons consultées, à s'être intéressé à l'article 1 de la loi. Les autres travaux en langues occidentales passent cet article sous silence et enchaînent tout de suite avec l'analyse et l'énumération des droits énoncés dans la loi. Les ouvrages chinois qui traitent du droit du travail, en revanche, commencent l'étude de la nouvelle loi par l'étude de l'article 1. Toutefois, pour des raisons qu'on présume liées à leurs contraintes, ils n'évoquent pas l'ambiguïté du statut de la protection conférée par la loi.
5. Le sens donné à cette expression dans les sources chinoises est le suivant : selon GAO Xin et LI Jun (zhubian [sous la dir. de]), *Laodong fa lijie shiyong yu anli pingxi* [*Théorie du droit du travail et analyse critique*

d'arrêts], Beijing, Renmin fayuan chubanshe [Éditions de la Cour Populaire Suprême], 1996, 502 pages, il s'agit des obligations des travailleurs pour la promotion du développement économique. Une autre source, WANG Yiying et GONG Jianli, (zhubian [sous la dir. de]), *Zhongguo laodong fa shiwu* [*Manuel pratique de droit du travail chinois*], *op. cit.*, affirme, à la p. 12, que l'expression « promouvoir le développement économique et le progrès social » réfère, « *shiji shang* » [littéralement, *en réalité,* pour traduire l'expression chinoise employée], à « la promotion de la production, à la promotion du développement de l'économie socialiste de marché ». Aucune des sources chinoises consultées ne parle du progrès social en tant que concept indépendant. Il est dilué dans l'objectif général de promotion du développement économique. Les travaux en langue occidentale sur le droit du travail chinois n'en font aucune mention.

6. Il s'agit d'un sujet délicat, parce qu'éminemment politique.
7. Kichiro FUKUSAKU, David WALL et WU Mingyuan, *La « Longue Marche » de la Chine vers une économie ouverte,* Centre de Développement de l'OCDE, Paris, 1994, 123 pages, p. 18.
8. *Ibid.*, p. 19.
9. *Ibid.*, p. 18.
10. Human Rights in China, Asia Monitor Resource Centre, China Labour Bulletin, Hong Kong Christian Industrial Committee, *Report on Implementation of CEDAW in the People's Republic of China/A Report with Recommendations and Questions for the Chinese Government Representatives,* December 1998, 90 pages. [Ci-après, « *Report on Implementation of CEDAW...* »]
11. Jean-Philippe BÉJA, « Quel régime politique pour la Chine ? », (janvier-février 1998) 45 *Perspectives Chinoises,* 9-17, p. 17.
12. Bay FANG, « New Class Struggle. Lawsuits serve the interests of the masses — and Beijing » (March 19, 1998) *Far Eastern Economic Review* [*FEER*], 24-25, p. 25.
13. Matt FORNEY, « China. We want to eat », (June 26, 1997) *FEER,* 14-16.
14. Jean-Pierre CABESTAN, « Chine : un État de lois sans État de droit », (juillet-septembre 1996) 147 *Revue Tiers Monde,* 649-668, p. 649.
15. *Ibid.*, p. 649-650.
16. *Ibid.*, p. 667.
17. Pierre ISSALYS et QI Xuefeng, « Le processus législatif et la technique législative en Chine », (1996) 37 *C. de D.* 653-705, p. 657.
18. Telle que les sources du droit, la hiérarchie des normes juridiques, etc. : *Ibid.*, p. 656.
19. *Ibidem.*
20. *Ibid,* p. 657. Pour sa part, M. Cabestan exprime la même idée lorsqu'il dit que les Occidentaux ont tendance « à se laisser charmer par les

sirènes de la norme juridique formelle », Jean-Pierre CABESTAN, *op. cit.*, p. 649.

21. Ce travail prend pour point de départ que l'argument selon lequel les travailleurs sont les maîtres du pays n'a qu'une valeur rhétorique, et que la réalité est autre. Par ailleurs, les rôles idéologique et symbolique de cet argument seront discutés plus loin dans ce travail.
22. Louis ASSIER-ANDRIEU, *Le droit dans les sociétés humaines*, coll. « Essais & Recherches », Paris, Nathan, 1996, 316 pages. Nous sommes partiellement en désaccord avec le traitement que réserve M. Assier-Andrieu au droit chinois. Nous contestons son affirmation, à la page 104, que la Chine a choisi le non-droit. Par ailleurs, s'il a bien saisi l'influence confucéenne sur le droit chinois, en revanche, il n'a pas mentionné le fait que les Chinois avaient recours aux tribunaux plus qu'on ne le croit : les informations en langues occidentales sur ce point étant très récentes, il n'a sans doute pas pu en bénéficier.
23. T'ung-tsu CH'U, *Law and Society in Traditional China*, Paris, Mouton, 1961, 304 pages.
24. Jean ESCARRA, *Le droit chinois*, Paris, Librairie du Recueil Sirey, 1936, 562 pages.
25. Philip C. C. HUANG, *Civil Justice in China/Representation and Practice in the Qing*, Stanford (Ca), Stanford University Press, 1996, 272 pages.
26. Il s'agit ici des tribunaux.
27. Les archives de village reflètent les sources de litiges dans une société rurale : les dettes, les affaires de succession, les terres, etc.
28. Philip C. C. HUANG, *op. cit.*, p. 19.
29. Cela s'explique : les juges avaient dû réussir aux examens impériaux ayant tout entiers pour base la philosophie confucéenne. Et en effet, Confucius a dit que l'homme de bien ne connaît pas les tribunaux.
30. Cette expression désigne le système de médiation au niveau du quartier, du village [...].
31. REN Xin, *Tradition of the Law and the Law of Tradition/Law, State, and Social Control in China*, Westport (Ct), Greenwood Press, 1997, coll. « Contributions in Criminology and Penology », n° 50, 175 pages, p. 4.
32. Pierre ISSALYS et QI Xuefeng, *op. cit.*, p. 653.
33. HE Qinglian, *Zhongguo de Xianjing* [« *China's Pittfall* »], Beijing, Jinri Chubanshe [Éditions de la Chine d'aujourd'hui], coll. « China's Problems », 1998, 394 pages [disponible seulement en langue chinoise]. Cet ouvrage, tellement populaire en Chine et outre-mer qu'il est devenu introuvable, revêt un statut particulier, en ce que le PCC en a permis la publication et la difffusion en Chine même malgré les critiques vitrioliques qu'il contient.
34. Les rapports annuels du Département d'État américain illustrent le genre de critiques adressées à la Chine, de même que ceux d'Amnistie Internationale et d'Asia Watch (subdivision de Human Rights Watch).

35. Ronald C. KEITH, *China's Struggle for the Rule of Law*, New York, St. Martin's Press, 1994, 290 pages.
36. *Ibid.*, p. 54.
37. *Ibid.*, p. 56.
38. *Ibid.*, p. 57.
39. Monique CHEMILLIER-GENDREAU, *Humanité et souverainetés. Essai sur la fonction du droit international*, Paris, La Découverte, 1995, coll. « Textes à l'appui/série histoire contemporaine », 382 pages.

Première partie

Les éléments contextuels du droit chinois

CHAPITRE I

L'ÉVOLUTION DU DROIT

LE DROIT DE LA CHINE IMPÉRIALE

Les fondements du droit en Chine antique

Le grand débat entre le Légisme et le Confucianisme[1] est aux sources de la tradition juridique chinoise. Ces deux écoles de pensée de la Chine antique sont les seules à avoir élaboré une théorie du droit[2]. On leur doit les principales caractéristiques du droit chinois impérial. L'époque durant laquelle ces deux écoles voient le jour en est une de foisonnement intellectuel[3] et de grands bouleversements[4]. Nous n'aborderons ces deux écoles de pensée que de façon sommaire, car toutes deux comportent aussi un important volet de théorie du gouvernement.

Les confucianistes prônent un gouvernement par les Hommes[5] alors que les légistes se font les tenants d'un gouvernement par la Loi[6]. L'élément central[7] du Confucianisme est l'accent mis sur les différences de statut au sein de la famille et dans la société. L'ordre social vu par les confucianistes est la somme de ces deux catégories de différences, d'égale importance[8]. Le respect scrupuleux de ces différences, inscrites dans la nature des choses, fonde l'ordre social.

Un détour par la philosophie politique confucianiste s'impose, car elle éclaire le rapport au droit des Chinois. Dans la doctrine confucianiste, l'ordre social est fondé sur le ritualisme[9], ou le *li*, qui régit les différences de statut. Ce concept revêt une importance capitale[10] dans l'histoire de la pensée chinoise au fil des siècles. Léon Vandermeersch voit dans la place centrale accordée en Chine au ritualisme la différence la plus nette entre les cultures chinoise et occidentale, pour plusieurs raisons. Selon lui, une des constantes de la pensée politique occidentale depuis la Grèce antique a consisté en une réflexion sur la nature organique des rapports entre l'État et la société civile, alors qu'en Chine, il y aurait eu disjonction entre l'État et la société civile[11]. Aux termes de la philosophie politique confucianiste, les rapports sociaux sont régis par le ritualisme, le *li,* et non pas par le droit. Par comparaison, selon M. Vandermeersch, la pensée politique occidentale se caractérise par le juridisme[12]. De ce constat découlent plusieurs conséquences que nous ne pouvons toutes traiter ici. Le moteur du ritualisme est le sentiment de honte, qui conduit les individus à respecter les prescriptions du ritualisme tant ils veulent éviter de perdre la face. Aussi, en Chine, la contrainte n'émane-t-elle pas de la force cœrcitive d'un appareil d'État, mais d'une certaine pression sociale à se conformer. Suivant cette vision très idéalisée, les rapports sociaux devraient se passer de la mise en œuvre du droit par l'État, puisque régis par le *li*[13]. Toutefois, gardons-nous de conclure que la philosophie politique confucianiste prône une société sans État, car le rôle résolument réductionniste[14] assigné à l'État n'implique nullement rejet de l'État. En effet, Confucius lui-même admettait la nécessité d'une loi pénale[15], édictée et mise en œuvre par l'État. Le sens donné au mot *li* varie selon le contexte, mais se rapporte le plus souvent à l'idée de règle de conduite, de rite, ou de loi morale[16]. Les penseurs chinois de l'antiquité décrivent ainsi les fonctions du li : « Sans ces règles, [les devoirs mutuels] du prince et du sujet, du supérieur et de l'inférieur, du père et du fils, du frère plus âgé et du frère puîné, ne peuvent être déterminés[17] ». Le *li* sert donc à établir et maintenir les différences de statut[18], et la justice doit être rendue conformément au *li*[19]. Cela implique d'abord de respecter les privilèges conférés aux nobles, qui échappaient à l'application du droit commun, tel qu'en témoigne ce célèbre passage du *Li Ki* : « Le code criminel ne s'élève pas jusqu'aux grands préfets[20] » (c'est-à-dire que, si un grand préfet ou un dignitaire d'un rang plus élevé commet un crime, il subit une peine différente de celle qui est infligée d'après les lois pour le même crime à un homme du peuple). Formulé autrement, le peuple est indigne de connaître du *li,* et doit être soumis à l'emprise de la loi pénale[21].

L'ampleur du fossé qui sépare les Confucianistes des Légistes apparaît lorsqu'on rappelle qu'un des éléments fondamentaux de ce dernier est l'instauration du principe de l'égalité devant la loi[22], appelée *fa.* Rien ne pouvait davantage hérisser les nobles et les lettrés, qui voyaient attaquer leur position dominante[23] dans la société chinoise d'alors. Aussi, lorsque la dynastie Qin est fondée, en -221, et tente de mettre en pratique les principes du Légisme, le plus grand désarroi règne-t-il dans l'aristocratie. Le grand historien chinois Sima Qian, au IIe siècle av. J.-C., exprime ainsi les griefs des confucianistes contre les légistes :

> Le Légisme ne distingue pas entre les proches et les étrangers ; il ne fait pas de différences entre le noble et le vulgaire ; il les fait juger tous ensemble par la loi, de telle sorte que l'aménité avec laquelle on aime ses proches et l'on vénère ceux qu'on doit respecter à la différence des autres, est, hélas, abolie[24].

Nul étonnement donc, à constater que les Qin ont été vilipendés dans l'histoire officielle chinoise, rédigée par les lettrés-fonctionnaires de chaque dynastie. Les légistes ont voulu soumettre l'État et les sujets à la souveraineté de la loi[25]. Leur conception de la loi est rigoureusement objective[26], et cette loi, désormais applicable à tous, est « purement criminelle[27] ». C'est ce qui explique une autre caractéristique du droit chinois, à savoir, que « la matière légale est donc exclusivement matière de droit public[28] ».

Les divergences entre le Légisme et le Confucianisme portent sur d'autres questions que nous ne pouvons évoquer ici. L'empreinte de ces deux doctrines sur le droit chinois impérial est profonde. La dynastie Qin eut la vie courte, et, par la suite, aucun empereur n'a choisi le Légisme comme doctrine de gouvernement. Cependant, à partir des Qin, le droit impérial a conservé son caractère essentiellement pénal et administratif[29]. Toutefois, les confucianistes ont vite regagné leur place, et ont pu faire intégrer dans le droit les différences de statut au sein de la famille et dans la société[30]. Le *li* a été « légalisé » tandis que le *fa* s'est imprégné de la morale[31]. Depuis lors, le droit chinois impérial a été marqué par la cœxistence du *li* et du *fa* dans tous les codes jusqu'en 1912. L'irruption du bouddhisme a posé un formidable défi aux confucianistes. Toutefois, l'influence de cette religion sur le droit chinois n'a été qu'infime et indirecte[32], même lorsque le clergé bouddhiste était au mieux à la Cour. Il a fallu attendre le XXe siècle pour que le droit chinois subisse de profondes modifications, au contact des systèmes juridiques de l'Occident. Un autre élément clé a traversé, intact, les millénaires de l'histoire de Chine. Il s'agit de la conception du droit comme instrument de domination du pouvoir[33]. Dans la Chine impériale, l'Empereur ne recourait au droit que pour maintenir l'ordre[34], châtier les criminels de façon à dissuader le peuple de commettre quelque crime que ce soit.

Quelques caractéristiques du droit impérial

Les concepts de famille et le système de classes sociales[35] constituent les pierres angulaires du droit de la Chine impériale. Tous les codes de lois qui nous sont parvenus reflètent l'importance de ces deux éléments. Les différences de statut, tant au sein de la famille que dans la société, déterminent la peine et son application. Si l'empreinte du Légisme sur le droit chinois est très nette, l'égalité de tous devant la loi n'a pas survécu à l'ire des confucianistes. Léon Vandermeersch souligne l'importance cardinale de la famille en Chine impériale en affirmant que les relations entre membres d'une même famille constituent le modèle des rapports sociaux qui se tissent hors de la sphère familiale[36].

Au sein de la famille, les différences sont fonction du rang et du sexe. Le régime familial est patriarcal. Les codes successifs ont entériné la piété filiale comme principe cardinal devant régir les relations entre les membres d'une même famille. La jurisprudence nous fournit diverses illustrations de ce principe, et nous permet d'affirmer que, sur ce point, la représentation et la pratique coïncidaient[37]. Ainsi, le droit permettait que des membres d'une même famille taisent les crimes commis par l'un deux[38], avec pour conséquence qu'aucun membre de la famille du coupable n'était obligé de témoigner contre lui[39]. Mais le droit va encore plus loin. Un fils qui dénonçait son père transgressait l'obligation de faire montre de piété filiale, en plus de transgresser le principe de la dissimulation. Depuis les Han jusqu'aux Ming, le châtiment pour un tel comportement était la mort[40]. À part le père, les aînés étaient protégés par le droit contre les accusations venant de membres plus jeunes de la famille. Sous les Tang et les Song, même si l'accusation était fondée, le membre plus jeune de la famille ayant dénoncé l'aîné était condamné à deux ans de prison. Précisons que le principe opérait aussi, en partie, pour les cas où un aîné accusait un membre plus jeune de la famille[41]. Le droit permettait à des parents ou grands-parents âgés ou malades, dont l'accusé était le seul soutien, de demander qu'il ne soit pas châtié ou que sa peine soit réduite. Toutefois, cette requête, présentée à l'empereur, n'était pas toujours accordée[42].

D'une façon générale, si un membre plus jeune de la famille s'en prenait à un aîné, il était châtié beaucoup plus durement que dans la situation inverse[43]. Ainsi, si un aîné blessait un membre plus jeune de la famille, la sévérité du châtiment diminuait en fonction du degré de parenté : plus le lien était proche, moins le châtiment était lourd. Les membres plus jeunes d'une famille n'avaient pas le droit de se défendre s'ils étaient attaqués par un aîné, et, quoi qu'il arrive, l'argument de légitime défense ne pouvait être invoqué[44].

La femme était reléguée à une position inférieure, tant au sein de la famille que dans la société. Le droit entérinait cette infériorité. Toute sa vie, la femme était assujettie à la dépendance envers un homme : son père, son mari et son fils[45]. Elle ne pouvait jamais devenir chef de famille, à la mort de son mari, cette place revenait au fils aîné. Toutefois, il convient de préciser que la mère avait un grand pouvoir sur les membres plus jeunes de la famille, en commençant par son fils. Une mère qui accusait son fils de manquement à la piété filiale pouvait, selon les époques, le faire condamner à mort[46] ou punir très sévèrement.

Le sort de la femme en tant que jeune épouse, donc belle-fille, était si peu enviable qu'il est devenu un stéréotype ayant alimenté la littérature chinoise de toutes les époques. Elle devait se consacrer d'abord au service de ses beaux-parents[47], et il a fallu attendre le XIXe siècle pour que, dans de rares cas, le droit admette l'argument de légitime défense si elle tuait son beau-père alors que ce dernier tentait de la violer[48]. La règle était à l'effet qu'une belle-fille qui cause la mort d'un de ses beaux-parents ou des deux, même de manière accidentelle, était elle-même condamnée à mort[49].

L'inégalité juridique entre l'homme et la femme trouve plusieurs illustrations. Entre autres, un mari qui tuait sa femme par accident n'était pas coupable aux yeux du droit. Toutefois, si la situation inverse se produisait, l'épouse était automatiquement coupable et ne pouvait invoquer aucune circonstance atténuante[50]. Si une épouse se suicidait suite à des mauvais traitements infligés par son mari, allant de la violence physique à la violence psychologique, le mari n'était pas coupable, et ce jusqu'à la fin de l'ère dynastique[51]. Enfin, un mari avait le droit de divorcer en s'appuyant sur une des sept conditions justifiant le divorce : la désobéissance aux beaux-parents, la stérilité, l'adultère, la jalousie, être atteinte d'une maladie incurable, être loquace, et avoir volé[52]. Le mari, toutefois, ne pouvait pas divorcer dans les trois cas suivants : son épouse ne peut aller chez aucun proche parent, son épouse a porté les trois ans de deuil requis par le décès de ses beaux-parents, ou la famille, pauvre au moment du mariage, s'est enrichie depuis[53]. Certaines raisons permettant le divorce sont formulées en termes très vagues, et laissaient par conséquent place à grande interprétation. Le statut inférieur de la femme dans la Chine impériale a été consacré par le droit impérial jusqu'en 1911. Depuis, le droit chinois a subi d'importantes transformations, dont certaines ont contribué à modifier le statut juridique de la femme chinoise au XXe siècle.

Les différences de statut social opéraient également en l'absence de lien de parenté entre l'accusé et la victime. Les nobles, de même que les lettrés-fonctionnaires, se voyaient conférer diverses immunités et privilèges par le droit chinois[54]. Parmi ces derniers, citons l'exemption de châtiments corporels, l'exemption de participer aux corvées, le fait de ne pouvoir être arrêté sauf avec l'autorisation de l'empereur[55], etc. Cependant, face à l'un des « dix crimes abominables », ces privilèges et immunités ne tenaient plus[56]. L'inégalité de statut se traduisait par une peine accrue pour l'agresseur si ce dernier était d'un rang inférieur à sa victime[57]. Les lettrés-fonctionnaires faisant l'objet d'une accusation étaient dispensés de comparaître au tribunal si la partie opposée était composée des gens du peuple. Dans ce cas, ils pouvaient se faire représenter par des membres de la famille ou même leurs domestiques[58].

Quelques autres observations sur le droit chinois s'imposent. Jean Escarra met le droit chinois en perspective :

> Le droit, en Chine, d'après les notions traditionnelles, ne se différencie pas de la morale. Il n'est que la mise en œuvre de cette morale. Celle-ci suffit en tant que critérium de répression, le châtiment n'étant qu'un succédané du rite, *li*, qui, normalement, doit avoir la prééminence. Si, ailleurs, les règles morales n'interviennent que pour compléter la force des préceptes juridiques, en Chine, les préceptes juridiques n'interviennent que pour compléter la force des règles morales[59].

Selon Jean Escarra, ce qui précède explique le fait que le droit chinois soit essentiellement à caractère pénal[60]. À cela, nous ajoutons que ce caractère pénal est l'empreinte la plus profonde qu'ait laissée le Légisme sur le droit chinois impérial. L'influence confucianiste, pour sa part, se traduit par l'institution dans le droit de statuts différents et le scrupuleux respect de ces différences lorsqu'il s'agit de déterminer le châtiment.

Le droit chinois impérial n'est pas conçu pour défendre des droits des individus entre eux, ou des individus contre un groupe[61]. Compte tenu de la place subordonnée de tout individu au clan, ou à la famille, le peu d'attention accordée aux droits individuels en Chine impériale s'explique. Le droit n'était pas du tout la source de l'autonomie individuelle, un tel concept ne s'appliquant pas à la société chinoise de l'ère dynastique[62]. Un individu était toujours considéré par rapport à sa position dans la famille, mais jamais isolément[63]. Il faut se garder de conclure toutefois à l'absence totale de droits individuels dans la Chine impériale. Les religions et philosophies chinoises de l'époque classique[64] reconnaissent toutes, à divers degrés. une certaine liberté de l'individu par rapport à l'État[65]. Par contre, toute la tradition juridique chinoise est imprégnée de l'idée qu'il est malséant de chercher à faire valoir ses droits, et l'accent est mis sur les obligations[66] de l'individu envers sa famille et envers la société.

Le langage des droits de l'individu tel que nous l'entendons en Occident est difficile à concilier avec la tradition confucianiste entre autres parce que, du point de vue chinois, le fait de constituer autrui en débiteur infériorise l'autre. En effet, cela implique que celui qui revendique un droit est supérieur moralement[67] au débiteur. Or, tout l'art des rapports sociaux en Chine consiste à ménager la face de ses interlocuteurs. Insister sur ses propres droits est complètement contraire à l'esprit du *li*, qui dicte que l'état d'esprit approprié face à nos propres intérêts est la prédisposition à céder plutôt qu'à insister[68].

Par ailleurs, l'idée de revendiquer des droits face à l'État, au pouvoir, est aussi profondément étrangère à la conception des rapports entre société et État dans la Chine impériale. Marie-Claire Bergère[69] affirme que ce rapport en est un d'interpénétration et de cœxistence plutôt que de confrontation. L'Occident a vu se développer une sphère publique institutionnalisée, qui entretient des rapports de confrontation avec l'État. La sphère publique et l'État sont conçues comme entités autonomes et séparées. Selon Mme Bergère, en Chine impériale (et même en Chine Républicaine, 1911-1949), la sphère publique[70] consiste en diverses organisations sociales (guildes, etc.), qui bénéficient d'une marge de manœuvre plus ou moins grande selon que le pouvoir de l'État décline, ou, au contraire, se renforce.

Revenons sur les propos de M. Vandermeersch, qui évoque un phénomène de disjonction entre l'État et la société civile en Chine impériale. Il souligne que cette disjonction a opéré, en quelque sorte, au bénéfice de ce qu'il nomme la société civile, en ce que les pouvoirs publics (l'État) intervenaient le moins possible dans la vie sociale[71]. Cette analyse n'est pas incompatible avec celle de Marie-Claire Bergère[72]. Même quand le pouvoir central est fort, la sphère publique rétrécit mais n'est jamais éliminée. Un des traits du pouvoir en Chine, jusqu'en 1949, réside dans sa flexibilité et sa capacité de s'associer à ceux qu'il ne peut réduire : « L'expansion de ces espaces n'a jamais abouti à dresser la société contre l'État[73] ». Aussi, si les obligations mutuelles entre les sujets et l'État sont définies, en revanche, la langue chinoise ne contient-elle pas de mots pour rendre l'idée de droits des sujets[74]. Il n'existe pas de formule libérant le sujet de ses obligations de loyauté envers l'Empereur. En fait, le confucianisme enjoint un individu de demeurer engagé[75] dans son contexte familial, social et politique. Les réclamations des sujets sont reconnues comme fondées seulement parce que le détenteur du pouvoir a des obligations morales[76] envers eux, mais pas du tout en vertu d'une théorie voulant que les sujets aient des droits inhérents : en somme, les obligations des dirigeants ne sont ni spécifiques, ni de nature contractuelle, mais diffuses et morales[77].

Un des principes les plus importants du droit chinois impérial était celui de la responsabilité collective[78]. Ce principe opérait face à des crimes appartenant à la catégorie des « dix crimes abominables[79] ». Toutes les personnes ayant le même patronyme que le coupable étaient châtiées, qu'ait existé ou non un lien de parenté entre elles. Aux yeux d'un juriste occidental, surtout d'un civiliste, le droit chinois impérial est composé en quasi totalité de droit public, car la seule autre dimension développée à part le droit pénal est celle du droit administratif : la part du droit privé est infime, et les quelques dispositions ayant trait au droit de la famille, au droit des biens ou au droit des obligations sont libellées en termes on ne peut plus généraux[80] dans les codes. La plupart de ces questions étaient réglées par la coutume locale[81].

Le nouveau droit élaboré à partir de la fin de l'ère dynastique, pendant l'ère républicaine, diffère du droit impérial sur plusieurs points. Toutefois, Jean Escarra[82] atteste que certaines conceptions, notamment en matière de relations familiales et de statut social, sont demeurées profondément ancrées dans l'esprit des Chinois, en particulier chez les paysans, bien après la chute de la dynastie Qing. Aussi, le succès des divers courants réformistes de l'époque dépendait-il, entre autres, de la façon dont ils allaient composer avec la persistance de ces conceptions, mais tous n'ont pas su le faire avec une égale habileté.

L'organisation de la justice en Chine impériale

Le magistrat de district, la justice clanique et la justice des villages

Le magistrat de district constitue la figure centrale du système judiciaire chinois, depuis plus de deux millénaires. Le sinologue Robert Van Gulik, auteur de la série « Le juge Ti », romans policiers se déroulant dans la Chine Tang (618-907), a fouillé à fond les sources chinoises sur l'organisation de la justice en Chine. Il avait pris l'habitude d'instruire le lecteur sur cette question dans les préfaces des romans de sa célèbre série. Aussi utiliserons-nous les informations contenues dans ces préfaces, car elles constituent une des meilleures sources en langue occidentale disponible pour nous restituer le portrait d'époque. Au besoin, nous compléterons par les travaux d'Étienne Balazs[83], traducteur d'un guide des fonctionnaires rédigé par un mandarin au XVIIIe siècle, qui avait lui-même été magistrat de district.

Le magistrat de district administrait la plus petite unité administrative dans l'empire céleste. En plus de sa fonction de juge, il devait consacrer son temps à d'importantes et absorbantes tâches administratives[84]. Ainsi, « [...] il devait assumer la responsabilité de tout dans l'immense territoire qu'il présidait — maintien de l'ordre, perception des impôts, prononcer des arrêts dans la plupart des affaires judiciaires qui se présentaient, et l'administration générale du monopole du sel, des greniers publics, des communications, du service postal, de la police, de l'enseignement, et ainsi de suite[85] ». Toutes ces tâches faisaient que l'influence du magistrat se faisait sentir à toutes les étapes de la vie de ses administrés. Aussi, pour cette raison, était-il appelé *fumuguan*, ou « fonctionnaire père et mère de tous ». Le magistrat ne siégeait jamais dans son district natal, afin de réduire le risque qu'il se laisse influencer par les pressions que l'élite locale n'aurait pas manqué d'exercer sur lui. La durée du mandat du magistrat n'excédait pas trois ans. Habituellement, le magistrat ne parlait même pas le dialecte du district qu'il administrait, aussi devait-il se faire aider par du personnel originaire du district[86]. Le magistrat de district pouvait user d'un important pouvoir discrétionnaire dans l'application des articles du Code[87]. Les parties à un litige n'étaient pas représentées par avocat, et ne pouvaient faire comparaître de témoins[88]. Cependant, le magistrat possédait des pouvoirs d'enquête étendus[89]. Il tenait trois audiences par jour, une le matin, une au milieu du jour et une le soir.

Il existait des moyens pour contrôler l'abus de pouvoir juridique. D'une part, le magistrat était imputable devant ses supérieurs immédiats, jusqu'à l'Empereur[90]. Le magistrat devait fournir tous les documents originaux des affaires qu'il tranchait à ses supérieurs, et les condamnations à mort devaient recevoir l'approbation préalable du Trône. De plus, chaque magistrat était légalement responsable des actes de ses subordonnés. En théorie, les parties avaient un droit d'appel jusqu'au Trône. Il fallait aussi compter avec les censeurs impériaux, qui arpentaient l'empire incognito et disposaient des pleins pouvoirs[91] pour faire arrêter sur le champ un fonctionnaire incompétent. Robert Van Gulik souligne avec un malin plaisir que la population locale pouvait exercer une formidable pression sur un magistrat cruel ou incompétent. Ainsi, il suffisait que l'ensemble des administrés ne paie plus les impôts, refuse de participer aux corvées d'entretien des routes, etc., pour nuire de manière certaine à l'administration du magistrat. Cela suffisait habituellement pour déclencher une enquête qui amenait le grand censeur dans le district.

L'étendue du territoire en Chine était telle que le magistrat de district ne pouvait exercer de contrôle direct sur tout ce qui se passait dans sa juridiction, d'autant plus qu'il ne siégeait pas dans son district et était perpétuellement surchargé de travail. Aussi, pour toutes ces raisons, les autorités chinoises permettaient-elles aux clans, suivant un pouvoir soigneusement circonscrit, de veiller au maintien de l'ordre et de la cohésion clanique[92]. Dès lors, les autorités appliquaient le principe de responsabilité collective aux clans.

Certains clans édictaient leurs propres règles, qu'ils codifiaient. Ils détenaient un certain pouvoir de châtiment à l'endroit des membres ayant transgressé ces règles. Toutefois, ce pouvoir quasi autonome ne portait que sur des cas mineurs entre les membres du clan[93]. Les tribunaux des clans pouvaient entendre des litiges ayant trait au culte des ancêtres, et à la succession. Par ailleurs, la décision du tribunal d'un clan ne comportait pas de force contraignante, et une partie insatisfaite de la décision pouvait en tout temps la porter en appel[94] auprès du magistrat. Les cas graves (actes de trahison, meurtres, actes criminels), les cas d'adultère entre parents et de blessures infligées aux parents par les enfants, devaient être soumis au magistrat car la loi prévoyait la tenue d'un procès dans ces cas précis.

Ce survol serait incomplet si l'on passait sous silence une autre façon de régler les litiges, celle qui consistait à faire appel aux aînés du village pour qu'ils appliquent la coutume appropriée aux faits de l'espèce. La juridiction des aînés du village s'étendait à tous ses habitants et à toutes les personnes qui y passaient, de même qu'à l'ensemble des activités exercées par les habitants[95]. Cependant, à l'instar des guildes et des clans, la juridiction des aînés du village était limitée à des questions bien précises, car certains types de litiges devaient automatiquement être soumis au magistrat de district.

La justice de village opérait à deux niveaux. Dans un premier temps, les parties au litige recouraient à la médiation privée. Si cela échouait, le litige était alors soumis aux aînés du village, qui faisaient office d'arbitres[96]. Ces derniers proposaient des solutions fondées sur la coutume. Il fallait toutefois amener les parties à accepter le compromis. Le tout se terminait par un banquet. Les coûts étaient défrayés par la partie en faute, si elle admettait avoir été la seule fautive, ou bien partagés par les deux parties si elles reconnaissaient toutes deux leur responsabilité dans le litige. Le banquet servait à marquer le fait que les parties étaient parvenues à un accord et à le rendre public. La justification officielle du banquet était de remercier les médiateurs ou arbitres, mais, en réalité, le banquet constituait de la part du perdant une admission de sa défaite et une excuse. Une partie insatisfaite pouvait faire appel au magistrat de district[97].

La justice de village fait l'objet des travaux du professeur Huang[98], qui a eu accès à des archives non disponibles aux sinologues ayant travaillé sur le droit chinois. Le professeur Huang apporte quelques précisions sur l'interaction entre la justice de village et la justice du magistrat de district. Les travaux des sinologues sur le droit chinois ont véhiculé plusieurs idées sur le rapport au droit des Chinois, que le professeur Huang réfute à la lumière des archives qu'il a étudiées. Ainsi, le discours officiel des mandarins, la seule source disponible pendant plusieurs décennies, réitère que les « gens de bien » ne recourent jamais aux tribunaux, sous le motif que c'est incompatible avec le statut honorable d'un individu. Il s'ensuit l'idée, reprise dans une majorité de travaux sur le droit chinois, que les Chinois, prêts à tout pour éviter les tribunaux, résolvaient tous leurs litiges hors cour, utilisant uniquement la médiation ou l'arbitrage. Les parties tentaient de résoudre leurs litiges en mettant l'accent sur la nécessité de ménager la face de chaque partie, et en fonction de valeurs axées sur le compromis et les intérêts du groupe. Enfin, les questions touchant au droit des biens ne constituaient que des questions d'importance mineure, indignes d'être traitées dans le cadre de la justice du magistrat de district. Ce portrait est encore largement fidèle à la réalité, mais dans certains traits, il est nuancé par le professeur Huang.

En effet, d'une part les litiges touchant au droit des biens[99] et aux prêts occupaient une proportion importante[100] des affaires soumises au magistrat de district ; d'autre part, les paysans[101] eux-mêmes recouraient au magistrat de district s'ils l'estimaient opportun. Le professeur Huang précise que les paysans, en fait, n'hésitaient pas à jouer en même temps[102] sur la justice de village et sur la justice rendue par le magistrat, devant qui certains d'entre eux portaient le litige afin, précisément, d'exercer des pressions sur l'autre partie[103]. Ils utilisaient ce qu'ils anticipaient être la décision du magistrat comme élément pour inciter les parties à régler leur différend avant que le magistrat ne le tranche, surtout si celui-ci avait émis une opinion préliminaire[104].

Les Chinois recouraient donc bel et bien à des tribunaux qui opéraient comme maillon inférieur, et pas en marge ni par substitution du système judiciaire de l'État. Madame van der Sprenkel estime que les tribunaux des clans et des guildes, de même que la justice de village, peuvent être comparés à des organes subsidiaires des cours, exerçant des pouvoirs délégués pour trancher des litiges relevant de leur juridiction. Ainsi, ces tribunaux font partie intégrante du système judiciaire chinois, dont la cour du magistrat de district constituait la première cour d'appel[105]. Les propos de L. Assier-Andrieu trouvent ici leur place : « En bref, ce n'est pas parce qu'on règle un différend hors du tribunal qu'on le règle hors de l'État et de son droit. Le mode étatisé d'organisation de la société accepte le pluralisme interne du droit[106] ». La Chine acceptait le pluralisme interne du droit. On pourrait qualifier la justice clanique, celle des guildes et même celle de village comme « un degré infra-juridictionnel de filtrage des litiges[107] ». Les tribunaux claniques et ceux des guildes opèrent avec l'approbation des autorités administratives de l'État et font partie du système, dans la mesure où la cour du magistrat de district fait office de tribunal d'appel des décisions des guildes, clans, etc. De plus, jusqu'à un certain point, les règles de clan et des guildes ont une certaine valeur d'autorité aux yeux des magistrats. Les tribunaux claniques ou ceux des guildes épargnaient un temps précieux au magistrat surchargé, et dans certains cas, étaient mieux placés pour résoudre les litiges que les tribunaux dits officiels. Dans cette perspective, l'image selon laquelle « l'homme de bien » répugne à recourir aux tribunaux trouve sans doute un certain fondement, non seulement dans le discours officiel mais aussi dans la réalité, dans la mesure où, en raison de leur imprégnation de la culture confucéenne (le *li*), les fonctionnaires-lettrés, qui appartenaient aux classes exemptées[108] de comparaître devant les tribunaux, devaient entretenir un profond dédain pour tout tribunal. Si toutefois l'on considère les tribunaux des guildes de marchands et d'artisans, les tribunaux des clans et la justice de village, le recours aux tribunaux était, somme toute, plus fréquent que ce qui ressort de la plupart des études sur le droit chinois. Ce fait aboutit au constat d'une rupture entre la représentation et la pratique du droit dont parle le professeur Huang[109].

La réglementation du travail en Chine impériale

La population chinoise fait l'objet, en Chine impériale comme dans celle d'aujourd'hui, d'un contrôle étroit par les autorités administratives. Toutefois, la centralisation qui caractérise depuis plus de deux millénaires l'État chinois était tempérée dans la Chine dynastique par ce que nous appelons, en langage contemporain, la délégation de pouvoirs de l'autorité centrale vers les autorités locales[110]. Ce principe opérait, entre autres, pour tout ce qui avait trait à l'organisation et la réglementation du travail en Chine impériale, confiées aux guildes, ou corporations.

Deux catégories de guildes ont cœxisté en Chine, les guildes de marchands et les guildes d'artisans. Ces dernières ont joué un rôle très important dans les relations entre employeurs et employés, jusqu'au début du XXe siècle[111], ce qui s'explique par l'absence délibérée, de la part du gouvernement chinois, de toute intervention en matière économique[112].

Pour comprendre l'origine des guildes, il faut se reporter à l'organisation spatiale des villes en Chine impériale. Seules les préfectures ou sous-préfectures de plus de trois mille familles étaient autorisées à établir un marché, lequel était, à l'origine, assujetti à un régime strict[113]. Le marché ouvrait et fermait à des heures précises, et se divisait en quartiers qui regroupait les boutiques d'une même branche d'activité ou les artisans d'un même métier. Ces quartiers étaient désignés, depuis les Sui, sous le nom de rues (*hang*, qui, au sens propre, signifie « une rangée »). Ces rues « contenaient en germe le principe des corporations[114] ». Cependant, un tel régime rigide a pris fin avec l'essor du commerce, et les marchands ont pu s'installer hors du marché. C'est au VIIIe siècle que le mot *hang* a pris l'acception de guilde.

Les guildes avaient un caractère très spécialisé, surtout à partir de la dynastie Song, à cause de l'essor du commerce et du développement des activités du secteur tertiaire[115]. Ainsi, on comptait entre autres la guilde des bijoutiers, la guilde des doreurs, la guildes des fabricants de papier, la guilde des fabricants d'huile, la guilde des couteliers, etc.[116]. Les guildes exerçaient un contrôle général sur leurs membres, et portaient secours à leurs membres indigents ou sans famille[117]. Pour nos fins, une des fonctions les plus importantes des guildes résidait dans le fait qu'elles organisaient le marché du travail, et faisaient office de bureau de placement[118]. Elles constituaient l'intermédiaire obligé auquel s'adressaient employeurs et employés. M. Gernet suppose qu'à l'époque, les corporations ne permettaient pas l'exercice indépendant d'un métier. Le rôle des guildes comme intermédiaire sur le marché du travail s'est poursuivi jusque dans la Chine républicaine. Chaque guilde avait à sa tête un chef, devant représenter et défendre les intérêts de ses membres auprès des autorités. Il était également chargé de maintenir l'ordre au sein de sa guilde et de répartir les charges entre ses membres[119]. D'une manière générale, les guildes remplissaient une fonction de protection mutuelle, dont le besoin se fait sentir dans la Chine des XIe-XIIIe siècles, sous les Song, en raison de l'essor urbain d'une société mouvante[120]. Même ceux qui, très pauvres, n'avaient ni maître ni patron, se groupaient en corporations[121]. Maîtres et artisans étaient membres de la même guilde[122].

Les guildes édictaient leurs propres règles, auxquelles les cours officielles accordaient valeur d'autorité, et possédaient leurs propres tribunaux, qui opéraient avec l'approbation des magistrats, à qui elles épargnaient un temps précieux[123]. Certains types de litiges devant automatiquement être soumis à la juridiction du magistrat de district, celle des tribunaux des guildes n'était pas illimitée[124]. Les sujets couverts par les règles des guildes étaient, entre autres, l'horaire de travail, les conditions du statut d'apprenti, les règles sur la qualité des produits, les mesures (au sens de poids et mesures). En vertu des règles des guildes tout litige devait être soumis à la guilde avant d'être porté devant le tribunal du magistrat. Le pouvoir de sanction des tribunaux des guildes variait selon le domaine d'activités et l'infraction[125]. La sanction pouvait être une amende, ou dans les cas graves, aller jusqu'à l'expulsion et au boycott. Dans ce dernier cas, s'il s'agissait d'un maître, clients et fournisseurs évitaient son magasin, si c'était un employé, il avait de la difficulté à retrouver du travail. La guilde était tenue responsable du comportement de chaque membre. Aussi, si un membre entrait en conflit avec les autorités en se rendant coupable d'une infraction, ne recevait-il pas le soutien de la guilde[126]. Les guildes constituaient donc un maillon dans le système judiciaire de la Chine impériale.

L'ÉVOLUTION DU DROIT DE LA FIN DE L'EMPIRE (1911) À LA CHINE DES RÉFORMES (1979)

Ici s'impose un rappel historique. La dernière dynastie, les Qing, d'origine mandchoue, prend le pouvoir en 1644. Elle le conserve, malgré des rébellions qui la laissent exsangue au XIXᵉ siècle, jusqu'en 1912, année de l'abdication impériale. D'une manière générale, la Chine est à nouveau la proie au chaos lorsqu'un nouveau pouvoir tente de s'installer, en 1913, dominé par Yuan Shikai qui, subitement, meurt en 1916. Commence alors la période de l'histoire de Chine appelée « Les seigneurs de la guerre », qui dure jusqu'en 1928. La Chine est comme désintégrée, morcelée, les provinces sont gouvernées par des « seigneurs » en rivalité les uns avec les autres, et le pouvoir central est marqué par la précarité et l'instabilité. Pour troublées que soient ces années, elles sont aussi celles d'un grand bouillonnement intellectuel, social, et politique[127].

Le Parti Communiste Chinois (PCC) voit le jour en 1921. Il est dirigé par Moscou, qui lui impose de s'allier au Guomindang, dirigé par Jiang Jieshi (Chiang Kai-Shek) depuis 1925, année de la mort de Sun Yat Sen, son révolutionnaire fondateur. Le PCC accepte difficilement cette alliance, baptisée le front uni, mais n'a d'autre choix car Moscou lui promet de l'aide financière dont il a bien besoin alors, ne bénéficiant d'aucun appui en Occident. L'union a pour but de combattre les seigneurs de la guerre et de les déloger, afin de réunifier la Chine. La victoire du front uni, en 1928, fait éclater la coalition, et c'est Jiang Jieshi, le « généralissime » qui prend le pouvoir et le conserve tant bien que mal jusqu'en 1949, année de la fondation de la République Populaire de Chine par Mao Zedong.

Les relations entre le PCC et le monde ouvrier de 1921 à 1949

L'histoire du mouvement ouvrier dans la Chine du début du siècle donne lieu à des visions difficiles à concilier sur certains éléments. Le point qui suscite le plus de divergences est la caractérisation du monde ouvrier d'alors comme « classe ouvrière ». Jean Chesneaux[128] affirme qu'il en existait une, alors qu'Alain Roux[129] et d'autres sinologues adoptent la position contraire.

Nous penchons plutôt en faveur de l'opinion émise par M. Roux. Tout d'abord, considérons l'origine de la main-d'œuvre. Les paysans récemment débarqués en ville composent une partie importante des ouvriers[130], et ce fait a diverses conséquences[131]. Les paysans chinois ont tendance à se regrouper, lorsqu'ils arrivent en ville, en fonction des réseaux familiaux et de leur région d'origine[132]. D'autre part, ils ne sont pas vraiment enracinés dans la ville, ils gardent des liens avec leur village où ils se replient si nécessaire[133]. Ils n'envisagent pas de demeurer longtemps dans la même usine[134], ce qui ne favorise pas leur implication dans un mouvement ouvrier. Jean Escarra, pour sa part, rappelle, en 1936, que les Chinois considèrent toujours la famille et le clan comme source d'assistance[135] en cas de besoin. L'État n'est qu'une entité abstraite et impersonnelle[136], pour un peuple largement habitué à la non-intervention de l'État dans ses affaires, et qui vit le sens du collectif à une échelle très locale : famille, clan, village, région [...]Aussi, pour ces raisons, les Chinois n'attendent-ils pas d'aide de l'État. Les ouvriers industriels ont été habitués à une organisation très paternaliste du travail, en vertu de laquelle ils se considéraient comme des membres de la famille du patron[137]. C'est ce qui fait dire à Jean Escarra que ni le syndicalisme, ni l'intervention de l'État ne remplacent, aux yeux des ouvriers, les avantages que leur procurait ce régime du travail[138]. Jean Escarra parle aussi de la passivité des ouvriers, qui préfèrent encore des conditions de travail on ne peut plus déplorables à la misère des campagnes[139].

Les femmes et les enfants comptent aussi pour une partie importante de la main-d'œuvre, en particulier dans l'industrie du textile[140], des allumettes[141] et du tabac[142]. Simine Wang, en parlant des femmes ouvrières, donne un éclairage intéressant sur leur rapport avec le syndicalisme. La conception en vertu de laquelle la place de la femme serait au foyer était encore très présente alors en Chine, et si une femme travaillait, elle considérait cette situation comme temporaire[143]. L'inégalité dans l'éducation donnée aux hommes et aux femmes avait pour conséquence, entre autres, de reléguer les femmes qui travaillaient aux plus bas échelons dans l'industrie[144]. Enfin, les femmes, de retour du travail, devaient continuer à assumer les tâches domestiques, les soins aux enfants, aux parents, etc. Tout cela, selon Mme Wang, milite contre l'implication massive des femmes dans le mouvement ouvrier, ce qui n'empêchait pas qu'il y eût un mouvement ouvrier féminin en Chine[145], à partir de 1922.

Le monde ouvrier est aussi caractérisé par un archaïsme[146] certain dans le système d'embauche, encore dominé par les contre-maîtres, et dans les organisations ouvrières elles-mêmes, qui ne sont pas exactement des syndicats. Il s'agit plutôt des guildes, des sociétés secrètes et des fraternités. Les guildes, loin de disparaître avec la modernisation en cours, se sont même multipliées dans les ports ouverts[147]. Aussi, selon Marie-Claire Bergère, faut-il garder à l'esprit que diverses formes d'organisations ont pu coexister[148] : il y a eu ainsi un mouvement ouvrier, de formation très récente[149], et des grèves. Cependant, les motivations de ces grèves n'étaient pas toutes liées à l'émergence d'une conscience de classe[150], encore moins à un soutien massif à la cause révolutionnaire.

Durant cette période agitée, le PCC s'intéresse très vite à l'organisation en milieu ouvrier, et, dès l'année de sa fondation, crée à Shanghai un Secrétariat du Travail qui accorde la priorité aux revendications politiques[151] plutôt qu'à l'action sociale. Le PCC oriente son intervention en milieu ouvrier autour de la lutte de classes et de l'anti-impérialisme[152]. Il perçoit les organisations traditionnelles du monde ouvrier d'alors comme « féodales » et, non seulement ne les a-t-il pas utilisées, mais il s'y est attaqué en s'en prenant aux contremaîtres et aux vieux dirigeants ouvriers : une vague de « terreur rouge[153] » sévit dans les usines et ateliers entre 1926 et 1928. Les vieux ouvriers étaient respectés par les autres travailleurs ; et même si les contremaîtres agissaient souvent en despotes, une certaine solidarité[154], comme Jean Chesneaux lui-même le constate, unissait les ouvriers à ces derniers. Aussi, l'épisode de la terreur rouge aliène-t-il profondément le monde ouvrier au PCC.

Un autre événement allait compliquer encore les relations entre les ouvriers et le PCC, la purge des communistes lors de la grève insurrectionnelle[155] à Shanghai au printemps de 1927. Jiang Jieshi, une fois acquise la victoire contre les Seigneurs de la Guerre, s'est retourné contre ses alliés de la veille et a fait assassiner par la pègre shanghaïenne, avec laquelle il entretenait des liens étroits, les syndicalistes, les communistes et leurs sympathisants à Shanghai[156]. Ils étaient entre 600 000 et 800 000 grévistes, qui ont temporairement réussi à créer un gouvernement provisoire municipal. Cette grève a inquiété la bourgeoisie locale et les patrons étrangers des usines si bien que la répression a eu lieu avec l'entier soutien des autorités de la concession internationale et de la concession française. Toutefois, les autorités ont eu recours à une mise en scène pour tenter de justifier ce coup de force. L'épisode se solde par la mise hors la loi de toutes les organisations de gauche[157]. Dès lors, le PCC est contraint à la clandestinité dans les villes. Parallèlement, c'est le début de la voie maoïste, qui deviendra l'élément distinctif de la révolution chinoise, à savoir la transposition de la lutte dans les campagnes. Ce changement de direction contribue à ce que le PCC s'éloigne du monde ouvrier[158] : chacun suivra sa propre voie jusqu'en 1949.

Le droit du travail entre 1927 et 1949

En 1919, on comptait environ 1,5 millions de travailleurs industriels en Chine, dont plus de la moitié[159] à l'emploi d'entreprises étrangères. Les ouvriers étaient répartis dans six régions de Chine. Shanghai était sans conteste le foyer ouvrier le plus important, eu égard aux effectifs. Venait ensuite la région de Hongkong et Canton, à l'époque où Hongkong était le principal entrepôt britannique en Extrême-Orient. Le troisième foyer ouvrier était l'axe central du Hubei-Hunan, suivi par la dépression centrale du Shandong. Cette dernière était une ancienne zone d'influence allemande sous contrôle japonais. La province du Zhili, dans sa partie nord-orientale, comptait aussi des ouvriers, de même que la Mandchourie[160], où abondaient les capitaux russes et japonais.

Jean Chesneaux dresse l'inventaire[161] des secteurs industriels qui employaient des ouvriers : le textile, avec le coton, la soie, la bonneterie ; les industries alimentaires ; les industries de transformation, avec le tabac, les allumettes, la céramique, la verrerie, le savon, le papier, les cuirs et peaux ; les industries de base, comme la métallurgie, les centrales électriques, les cimenteries, etc. ; les mines et les transports.

La majorité des ouvriers étaient issus de la campagne. Les autres provenaient soit du monde des artisans qualifiés, soit de celui que Jean Chesneaux désigne par l'expression « la plèbe urbaine[162] ».

Trois principaux modes de recrutement[163] des travailleurs industriels avaient alors cours. Le premier était l'apprentissage sous contrat. Il s'agit d'une institution issue des guildes. En pratique, les apprentis avaient ce statut pour une longue période, pouvant atteindre trois ans, durant laquelle ils ne recevaient que la nourriture et le logement. Cependant, au terme de l'apprentissage, ils n'avaient pas la certitude de trouver du travail dans la communauté corporative[164]. Ainsi, ils avaient peu d'espoir d'accéder au statut d'ouvrier qualifié, et ce système, en fait, servait à garantir l'existence d'une main-d'œuvre docile et sous-payée[165]. Le second mode de recrutement était le travail à forfait. Cette institution existait aussi en Chine impériale, et opérait entre autres pour le recrutement des ouvriers agricoles saisonniers. La caractéristique de ce mode de recrutement réside dans le fait que le patron d'une entreprise confiait le recrutement des travailleurs à un intermédiaire, habituellement le contremaître des ouvriers. Ces derniers étaient entièrement sous sa coupe, dépendants de lui financièrement et socialement[166]. Ce mode de recrutement jouait pour les entreprises où le niveau de qualification du travail était le plus bas. Jean Chesneaux voit aussi dans ce système une source majeure d'imprécision des données quant aux effectifs réels des ouvriers[167]. Enfin, le troisième mode de recrutement était celui des « embauchés libres ». Il s'agit d'ouvriers le plus souvent recrutés sur place, mais parfois aussi recrutés dans les campagnes. En fait, le caractère libre de l'embauche peut être remis en question lorsqu'on sait que le recrutement était toujours effectué par un intermédiaire, habituellement le futur supérieur hiérarchique des ouvriers. Les ouvriers voulant être recrutés devaient lui verser des cadeaux[168], pas seulement avant l'embauche, mais aussi après. Les ouvriers ainsi recrutés vivaient dans une grande précarité.

Jean Escarra signale l'existence d'une législation sociale dans la Chine de l'époque. Il répertorie ainsi[169] : la *Loi sur les syndicats professionnels*, de 1929, révisée en 1931, la *Loi de conciliation et d'arbitrage des litiges entre patrons et ouvriers*, de 1930, révisée en 1932, une *Loi sur les conventions collectives de travail*, de 1930, et la plus importante, la *Loi sur les usines*, de 1930, qui compte soixante-dix-sept articles. Mme Wang précise que la première loi sur les usines fut en fait un règlement provisoire sur les fabriques, promulgué le 29 mars 1923[170] suite à un courant de revendications et de grèves. La *Loi sur les usines*[171] est sommairement décrite par Jean Escarra, et M. Hoai Lo. Elle s'applique aux usines de trente employés et plus. La loi ne vise que les usines qui utilisent la force motrice. Le travail réglementé doit satisfaire aux conditions suivantes[172] : il faut qu'il s'agisse d'un travail industriel, exécuté dans des fabriques qui utilisent la vapeur, le gaz, l'électricité, la houille blanche. Mme Wang souligne que ces critères d'application font en sorte d'exclure un nombre important d'entreprises. D'une part, vu le faible degré d'industrialisation de la Chine d'alors, les usines employant moins de trente employés sont très fréquentes, et d'autre part, les limitations quant au type de travail réglementé font en sorte que la loi atteint peu d'usines.

Les points saillants de cette loi sont, entre autres :

a) L'instauration d'une journée de travail de huit heures, mais avec la possibilité d'allonger le temps de travail jusqu'à dix heures ;

b) La fixation de l'âge minimum de 14 ans pour l'embauche d'enfants ;

c) Le travail des enfants ne doit pas présenter de danger pour eux ;

d) Le travail de nuit des femmes est interdit entre 10 heures du soir et 6 heures du matin ;

e) L'instauration d'un jour de repos hebdomadaire ;

f) L'égalité de rémunération entre hommes et femmes pour un même travail ;

g) Les ouvriers victimes d'accidents de travail doivent être soignés aux frais de l'entreprise et, en cas de décès, cette dernière doit verser une pension à la famille ;

h) Les ouvriers accidentés ont droit à une indemnisation ;

i) L'instauration d'un congé de maternité, d'une durée de huit semaines ;

j) Un salaire minimum fixé en fonction du coût de la vie dans la région où est l'entreprise ;

k) Diverses mesures relatives à la sécurité et l'hygiène au travail ;

l) L'entreprise doit fournir l'instruction gratuite aux enfants, aux apprentis et aux illettrés ;

m) La création de conseils d'usine, composés pour moitié de membres élus par les ouvriers et pour moitié par des membres de la direction. Le rôle de ces conseils est d'étudier les conditions de travail, de faire des suggestions en vue de l'amélioration, etc. ;

n) Des dispositions qui régissent strictement l'apprentissage ;

o) Des sanctions pénales en cas de violation par les usines, et judiciaires en cas d'entrave au travail de la part des ouvriers.

À ce sujet, la loi donne le droit aux patrons de congédier et livrer aux autorités les ouvriers qui forceraient les autres à faire la grève. Une loi sur l'inspection[173] a été édictée pour assurer la mise en vigueur de la *Loi sur les usines.* Le contrôle de la mise en œuvre de la loi est confié au service de l'inspection des fabriques, qui dispose des pleins pouvoir pour effectuer une inspection. Les matières pouvant être inspectées ont trait à l'âge des travailleurs, la nature du travail, la durée du travail, le repos et les congés, la sécurité et l'hygiène, les circonstances entourant les accidents de travail et les décès, le nombre d'apprentis et leur traitement, etc.[174]. L'inspecteur doit rapporter aux autorités compétentes les violations qu'il constate, et peut, dans certains cas, infliger des amendes.

Mme Wang fait aussi état de divers règlements sur le travail dans plusieurs provinces[175]. Leur contenu est proche de celui de la *Loi sur les usines.* Jean Escarra rapporte en termes éloquents les violations[176] de la *Loi sur les usines* relatives au heures de travail, au versement d'indemnités en cas d'accidents de travail, à l'hygiène et à la sécurité, aux jours de repos, et au travail des femmes et des enfants. Mme Simine Wang constate aussi des violations de la législation sur le travail. En ce qui concerne le travail des femmes, elle précise : « Il est fort regrettable qu'à l'époque actuelle, la vie de nos ouvrières ressemble à celle que menait une ouvrière française en 1849, époque lamentable pour les classes laborieuses de l'Occident[177] ». Elle estime qu'il est utopique de vouloir supprimer le travail des enfants en Chine tant que les parents toucheront des salaires de famine, et que la protection législative conférée aux enfants par l'interdiction du travail des enfants de moins de 14 ans risque d'avoir des effets pervers pour ces derniers[178]. En ce qui concerne l'interdiction du travail de nuit des femmes, adoptée en Chine, elle signale que cette disposition ne sera pas immédiatement appliquée parce qu'elle réduirait trop de femmes au chômage et que c'est vouer les femmes à une situation encore pire que celle qu'elles connaissent comme ouvrières[179]. Mme Wang, tout au long de son analyse, confronte la législation à la réalité. Ses observations sur les causes des violations de la législations sont très éclairantes sur la situation du monde ouvrier alors, et sur la nature des barrières à l'effectivité du droit.

Une *Loi sur les syndicats* a aussi vu le jour sous le Guomindang. M. Hoai Lo en résume les points principaux[180]. Tout d'abord, les syndicats doivent être enregistrés. Le respect de cette formalité leur vaut d'acquérir la personnalité juridique. Ils sont placés sous la direction du plus haut organe local du Guomindang, et sous le contrôle des autorités de l'endroit. En effet, après le printemps de Shanghai, les syndicats perdent leur autonomie et sont placés sous l'autorité des bureaux gouvernementaux des affaires sociales. La loi prévoit la liberté d'adhérer ou de ne pas adhérer à un syndicat. Elle comprend des dispositions spécifiques qui interdisent aux syndicats de s'en prendre, d'une manière ou d'une autre, aux ouvriers qui ne sont pas syndiqués. Les ouvriers peuvent uniquement adhérer à un syndicat de leur profession ou corps de métier. Les cotisations syndicales doivent être minimes. Les patrons ne peuvent exiger, comme condition d'embauche, qu'un ouvrier se désiste de son syndicat, et ils ne peuvent non plus exiger d'un ouvrier qu'il n'adhère pas à un syndicat. La loi protège aussi les ouvriers contre le congédiement au motif qu'ils sont membres d'un syndicat. Les syndicats chinois ne peuvent pas se joindre à un syndicat étranger, sauf avec l'autorisation du gouvernement chinois. Alain Roux précise qu'à Shanghai, la plupart des syndicats étaient sous la coupe des triades[181] ou syndicats du crime, auxquels recourait parfois Jiang Jieshi. Cependant, il estime que, malgré ce manque d'indépendance par rapport au Guomindang, les syndicats n'étaient pas des « syndicats fantoches[182] ». Le Syndicat

Général de Shanghai comptait 100 000 membres et regroupait 141 syndicats officiels à l'époque. Ils étaient, selon Alain Roux, tout à fait capables de défendre leurs intérêts. Le Guomindang parvient à se rallier certains éléments du monde ouvrier, comme : « les ouvriers semi qualifiés des tramways, les prolétaires " en col blanc " des services postaux ou des Presses Commerciales de Shanghai[183] ». Le droit à la négociation collective existait aussi, soigneusement balisé par la *Loi sur les conventions collectives de travail*[184].

Alain Roux[185] signale que la législation sur le travail édictée alors était parfois appliquée, et que les grèves aboutissaient parfois à ce que les ouvriers aient gain de cause. La première *Loi de conciliation et d'arbitrage des litiges entre patrons et ouvriers* remonte à 1930, et s'applique aux entreprises de quinze employés et plus. Elle prévoit, en cas de conflit, d'abord la conciliation : cette loi institue une Commission de conciliation, qui compte un ou trois délégués de l'administration, un représentant des ouvriers, un représentant du patronat, commission qui peut être convoquée à la demande de l'une ou l'autre des parties ou de l'administration. Si elle n'arrive pas à concilier les parties, une Commission d'arbitrage peut intervenir, à la demande des parties ou de l'une d'elles. La commission d'arbitrage est composée de cinq membres : un délégué du gouvernement provincial ou de la municipalité où a lieu le litige, un délégué du Comité provincial du Guomindang, un délégué du Tribunal de district, et un délégué du patronat et un délégué des ouvriers. La loi interdisait aux patrons de fermer l'usine pendant l'arbitrage, mais interdisait aussi aux ouvriers de faire la grève durant la même période. Alain Roux affirme que les dispositions relatives à la médiation et à l'arbitrage des conflits de travail ont connu un réel succès alors. Aussi, l'image, chère aux communistes, selon laquelle tous les droits des ouvriers étaient bafoués systématiquement sous le Guomindang, doit-elle être quelque peu nuancée. Le constat[186] que le monde ouvrier n'avait pas la perception d'être, en somme, si mal loti sous le Guomindang, donne un éclairage sur les relations entre le PCC et les ouvriers après 1949.

LA FONDATION DE LA RPC : NOUVEAU DROIT ET CAMPAGNES POLITIQUES

Lorsque le PCC prend le pouvoir en 1949, il fait face à une Chine dévastée par les guerres successives. Les dégâts matériels sont tels que les fondements de l'agriculture et de l'industrie sont atteints en profondeur[187], et le système monétaire plongé dans le chaos. La population est très durement éprouvée par les douze années de guerre et de privations qui ont précédé, depuis l'invasion japonaise et les atrocités jusqu'à la guerre civile sans merci entre le PCC et le Guomindang. Les Chinois éprouvent un sentiment de désaffection[188] envers le Guomindang qui bénéficiera au PCC. De plus, les troupes communistes de l'Armée Populaire de Libération (APL) se comportent très bien lorsqu'elles entrent dans les villes et les villages, et leur tenue impressionne. Aussi, une grande partie de la population est-elle prête à collaborer[189] avec le PCC lorsqu'il arrive au pouvoir. La RPC est isolée sur la scène internationale. Dans ce contexte, le soutien de l'URSS est très important pour le nouveau régime, qui s'inspire beaucoup du modèle soviétique, mais en l'adaptant[190].

La courte vie du nouveau système juridique

Le PCC s'attelle tôt à la mise sur pied d'un nouveau système juridique. Toutefois, en raison de la tourmente politique qui sévit sur la Chine à partir de 1957[191], ce système cesse à peu près de fonctionner complètement en 1959, année de l'abolition du ministère de la Justice. À partir de 1957, le système juridique est remplacé par la « justice de masse[192] », qui atteindra son point culminant durant la Révolution Culturelle. Cependant, cette première période du système juridique est très importante pour le droit du travail, car son influence se fait sentir encore aujourd'hui jusque dans la *Loi sur les syndicats* de 1992. Aussi un retour sur l'élaboration du système juridique s'impose-t-il.

Le PCC fait immédiatement table rase du système juridique élaboré sous le Guomindang, en abrogeant toutes les lois adoptées, de même que la Constitution. Les différentes institutions judiciaires du Guomindang sont abolies. Il n'est pas question, pour les communistes, de restaurer le droit impérial. Les juristes chinois font donc face à un vide juridique, vide d'autant plus grand qu'ils ne peuvent s'inspirer ni des sources occidentales ni du droit ayant existé sous le Guomindang. L'absence de précédents et de tradition juridique sur lesquels s'appuyer conduit le PCC à copier le système constitutionnel et juridique de l'U.R.S.S.[193]. Par ailleurs, les juristes chinois du nouveau régime sont formés par des experts soviétiques[194]. C'est dans ce contexte que l'on peut parler d'une influence marxiste et soviétique sur le droit chinois en émergence, influence qui, selon Mme Ren Xin, touche plutôt les fondements idéologiques[195] du droit que les règles de procédure. Plusieurs éléments témoignent de l'influence durable du modèle soviétique sur le droit chinois d'alors. D'abord, une définition du mot droit qui est très proche de celle donnée par un juriste soviétique auquel les dirigeants chinois se référaient beaucoup[196]. En vertu de cette définition, le droit consiste en un agrégat de règles de conduite édictées et approuvées par l'État, le droit exprime la volonté de la classe dominante et la mise en œuvre du droit est garantie par la force cœrcitive de l'État. Ensuite, l'idée léniniste qu'il appartient au seul Parti Communiste, qui est l'avant-garde du prolétariat, de diriger la lutte des classes et d'assurer la transition vers le socialisme[197]. L'influence du modèle soviétique s'étend bien au delà du droit, car il inspire aussi entre autres, l'organisation de l'État, une stratégie de développement urbain, et des techniques militaires modernes[198].

Mme Ren souligne que certains éléments du marxisme-léninisme ont exercé une profonde influence sur Mao Zedong. Ainsi, Marx, Lénine et Mao ont en commun la vision du caractère nécessairement violent[199] de la révolution prolétarienne et de la fonction de l'État socialiste, lequel doit éliminer l'ordre bourgeois, caractérisé par la propriété privée et le capitalisme, pour instaurer une société où régnera en maître la « classe ouvrière ». Ce qui distingue Mao des autres dirigeants communistes, c'est son obsession de la lutte des classes et du caractère totalement antagoniste[200] de celle-ci. Mao est convaincu que l'ancienne classe dirigeante s'accrochera de toutes forces au pouvoir, et, dans ce contexte, l'élimination de la propriété privée ne suffit pas. Il faut aussi identifier les ennemis de classe, leur faire subir des purges, et les punir : c'est ici que s'opère la jonction entre l'idéologie maoïste et le droit, car, selon Mao, le système juridique a une fonction de suppression des ennemis de classes[201]. Ainsi, le droit et le système juridique se voient attribuer un rôle politique, et cette vision maoïste du droit influera profondément sur la nature des relations entre le PCC et le pouvoir judiciaire, et explique l'accent mis sur la « justice de masse ». Cette vision relègue aussi le droit au rang d'un simple instrument[202], utilisé uniquement lorsque l'utilité ou la nécessité l'exigent.

Un mot doit être dit, aussi, sur la conception chinoise marxiste des droits, dans la mesure où cela éclaire certains aspects du présent. Selon M. Yu, cette dernière comporte trois caractéristiques[203]. Les droits sont liés à des classes particulières, dont ils servent les intérêts, et il s'ensuit que l'on peut distinguer des droits bourgeois et des droits prolétariens. Les droits naturels n'existent pas. Par conséquent, les droits ne sont ni inhérents ni inaliénables, mais ils sont octroyés par l'État et la classe dirigeante. À ce titre, si l'État peut conférer des droits, il peut aussi les modifier, ou même les confisquer à leurs titulaires. Ces droits légaux ne constituent donc pas un reflet de « droits naturels ». Enfin, les droits sont par nature relatifs[204], et indissociables des obligations. À chaque droit correspond un devoir. Il ressort de cette conception que le droit n'a pas pour fonction de protéger les droits.

M. Zheng distingue deux périodes dans la mise sur pied du nouveau système juridique chinois. La première, qui s'étend de 1949 à 1953[205], est la période de formation. Certaines institutions voient le jour, parmi lesquelles la Cour populaire suprême, le Parquet Populaire Suprême, et quelques ministères sont crées dont le ministère de la Sécurité Publique et le ministère de la Justice. En même temps, des cours et des agences administratives sont établies aux niveaux provincial et local. À cette époque, le gouvernement central cumule les pouvoirs législatif, exécutif, judiciaire et militaire. Il en va de même, à plus petite échelle, pour les gouvernements locaux[206]. Dès 1950, le PCC édicte et promulgue des lois très importantes, dont la *Loi sur le mariage*, la *Loi sur la réforme agraire*, et la *Loi sur les syndicats*.

Parallèlement, le PCC développe la justice de masse, incarnée dans les tribunaux du peuple[207]. Le président du tribunal était habituellement le leader d'une unité de travail, alors que des activistes politiques[208] occupaient les fonctions de « juges ». Les pouvoirs judiciaires immenses de ces tribunaux allaient depuis la convocation jusqu'à celui de prononcer une sentence de mort. Ces tribunaux opéraient déjà dans les régions sous contrôle communiste avant 1949, mais ils deviennent plus répandus avec la réforme agraire, puis avec les diverses campagnes politiques. La justice de masse est exercée contre les cibles du moment, qu'il s'agisse des paysans riches, des industriels, des « contre-révolutionnaires », etc. Les parodies de procès se déroulaient en public, et l'issue était le plus souvent une condamnation à mort. Le PCC a développé en même temps le système de révision et d'approbation interne des décisions, en vertu duquel aucun jugement ne pouvait être rendu avant d'avoir reçu l'approbation du comité de parti ou des groupes du parti dans les institutions judiciaires. Cette porte ouverte à l'ingérence directe du parti[209] dans l'opération de la justice ne s'est jamais refermée. Par ailleurs, les tribunaux populaires, initialement destinés à une courte existence, ont duré plus de quatre décennies.

Ces deux systèmes ont cohabité un certain temps. Les causes de droit pénal étaient entendues dans les cours du système juridique ordinaire[210], celles mettant en jeu la sécurité nationale étaient jugées sous le contrôle du Bureau de la Sécurité Publique, devenu un véritable « État dans l'État », et les causes à caractère civil[211] étaient tranchées par des médiateurs au niveau local. Les tribunaux populaires connaissaient une activité intense pendant les campagnes politiques.

L'année 1954 est une date charnière pour le système juridique de la RPC. D'une part, la première constitution est adoptée. Les principes de l'indépendance du pouvoir judiciaire et de l'égalité de tous les citoyens devant la loi y sont déclarés. D'autre part, cette année voit l'établissement d'un système judiciaire complet[212], avec trois niveaux de cours sous la Cour populaire suprême, et la création d'une législature nationale. Il s'agit de changements importants par rapport à la période qui précède. Au moment où débutait la Campagne des Cent Fleurs, en 1957, 4 108 lois, codes et règlements avaient vu le jour en RPC.

La Campagne des Cent Fleurs est lancée par le PCC, officiellement pour recueillir l'opinion de la population sur l'ensemble de la situation. Peu d'intellectuels soupçonnent alors que, lorsqu'ils s'expriment, leurs propos seront retenus contre eux et leur vaudront d'être envoyés en camp de rééducation ou d'être autrement persécutés[213]. Toujours est-il que ce mouvement marque une véritable contestation politique contre le régime. Outre les revendications ouvrières, qui effraient le régime, ce dernier doit aussi faire face au désaccord des juges, qui se plaignent de l'interférence du PCC dans la sphère judiciaire. Plusieurs expriment leur réprobation face à la façon dont la campagne contre les contre-révolutionnaires a été menée, qui a abouti à la condamnation d'un grand nombre d'innocents. La réplique du PCC ne se fait pas longtemps attendre : c'est la Campagne Anti-Droitiers.

La nouvelle chasse aux opposants présumés se traduit, entre autres, par une attaque aux droits constitutionnels des citoyens chinois. L'étiquette de « droitier » se soldait pour la victime par la déchéance *de facto* de ses droits garantis par la Constitution[214], et ce sans aucune protection juridique face à cette situation[215]. Le PCC s'en prend à tout le système judiciaire, et aucun organe n'échappe à sa vindicte. Des institutions du pouvoir judiciaire sont carrément abolies, et ne resurgiront que plusieurs décennies après. La législature nationale continue d'exister, mais nombre de ses membres sont persécutés, et ceux qui restent légifèrent de moins en moins[216], par peur. Le ministère de la Justice est aboli en 1959. Selon M. Zheng, l'impact de cette campagne sur les institutions législatives et judiciaires est encore plus dévastateur que celui sur les intellectuels. Les Cent Fleurs marquent un point tournant dans les relations entre le PCC et le pouvoir judiciaire, et, à partir de 1957, le PCC prône le principe du « gouvernement par les hommes[217] » par opposition au « rule of Law ». Les partisans de l'édification d'un système juridique et de la légitimation des droits et intérêts individuels sont désormais assimilés à des droitiers bourgeois, et on leur impute l'opinion d'être opposés à l'idéologie communiste et au leadership du PCC[218].

À partir de 1957, la RPC reste secouée par des convulsions politiques qui entament de plus en plus le fonctionnement des institutions. Le PCC lance en 1958 le Grand Bond en Avant, dont les politiques désastreuses, cumulées à la sécheresse, font des millions de morts par famine[219]. Les trois années noires, 1959-1961, sont suivies par le Mouvement d'éducation socialiste[220] qui dure de 1962 à 1965. Par ses dérapages, ce dernier mouvement annonce la Révolution Culturelle.

La Grande Révolution Culturelle Prolétarienne est lancée par Mao en 1966. La Chine plonge alors dans un chaos dont elle est mal remise encore aujourd'hui. Nous ne pouvons rentrer ici dans les causes complexes[221] de ce mouvement. Mao a remis à l'ordre du jour le concept de lutte des classes, et ce mouvement a vite pris la forme de persécutions tenaces et sans merci contre toutes les personnes présumées hostiles au régime. Il ressort des témoignages des personnes ayant traversé cette tourmente que les membres d'une même famille ont été dressés les uns contre les autres, des enfants ont dénoncé leurs parents, et bon nombre de rancunes se sont assouvies alors en dénonçant le voisin, le collègue, etc. En pratique, les accusés comparaissaient devant les tribunaux populaires et subissaient des procès[222] à l'issue desquels ils étaient exécutés ou condamnés aux travaux forcés[223], après avoir été humiliés et torturés. Les « témoins » aux procès étaient obligés de trouver quelque chose d'incriminant à dire contre l'accusé, sous peine de faire eux-mêmes l'objet d'accusations. De grands intellectuels se sont alors suicidés.

Mao a lancé les Gardes Rouges, commandos de jeunes chargés de faire la Révolution, à l'assaut de tout ce qui incarnait la « bourgeoisie », le « féodalisme », « l'opposition à la révolution », etc. Dans leur ferveur, les Gardes Rouges s'en sont pris aux trésors archéologiques de la Chine, des temples et bibliothèques ont été mis à sac. Certaines familles ont dû se résoudre à détruire des livres, peintures et autres objets d'art, de peur que leur possession, si elle était découverte, ne déchaîne contre elles le fanatisme des Gardes Rouges. Les condamnations se faisaient sur la base de prétextes fallacieux, et il suffisait de peu[224] pour être envoyé dans les camps de rééducation ou condamné à mort. Des factions rivales s'affrontaient dans les écoles et les usines, et les luttes faisaient des morts. Toutes les institutions d'enseignement ont été fermées, ce qui a eu pour conséquence de créer une génération sacrifiée. Par moments, des régions entières du pays sont en proie à la guerre civile et Mao est obligé de faire appel à l'armée pour rétablir l'ordre. Le mouvement a décimé les élites chinoises[225] et a laissé aux survivants une méfiance amère[226] et un sentiment de trahison profond à l'égard du PCC. Surtout, la Révolution Culturelle est devenue dans l'esprit des Chinois, particulièrement des dirigeants actuels, l'archétype du règne de l'arbitraire, associé à l'absence de toute protection juridique.

Le nouveau droit du travail

Lorsque le PCC arrive au pouvoir, le soutien du milieu ouvrier est loin de lui être acquis. Dérogeant au schéma marxiste, la révolution chinoise s'est faite avec l'appui des paysans. Le milieu ouvrier est très largement non communiste et non révolutionnaire[227] en 1949, et le PCC doit rattraper le temps perdu. Dans son entreprise de refonte de la société, le Parti a d'autant plus besoin de s'allier les ouvriers, qu'il décapite[228] d'autres segments de la société, comme les capitalistes.

En même temps, l'industrialisation apparaît vite comme une priorité dans la reconstruction, et pour la mener à bien, la coopération des ouvriers en constitue la pierre angulaire. Le milieu ouvrier est appelé à devenir le « principal soutien du nouveau régime[229] », ce qui explique la nature des relations que le PCC entretiendra avec les ouvriers. Dans les premiers temps, le PCC déploie d'intenses efforts en vue de recruter[230] des membres du parti parmi les ouvriers. Puis, une première opération juridique, la nationalisation, par le PCC, des entreprises, a des conséquences politiques très importantes[231] pour l'avenir d'un mouvement ouvrier en RPC. En théorie, la nationalisation fait en sorte que les ouvriers deviennent les « maîtres des usines » et les « maîtres de l'État ». Cela enlève à l'avance toute légitimation[232] à d'éventuelles revendications ouvrières. La *Loi sur les syndicats* de 1950, dont il sera plus longuement question plus tard, place en réalité les syndicats chinois sous la tutelle du PCC.

Au fur et à mesure que le système juridique se consolide, une législation sur le travail voit le jour. Comme pour les autres domaines du droit, elle connaît peu ou pas de nouveau développement entre 1957 et 1979. Les sinologues, tant chinois qu'occidentaux, qui parlent du droit du travail entre 1949 et 1979 ne consacrent que très peu d'espace à ce sujet dans leurs ouvrages. M. Chen Ke, dans l'article de la *International Encyclopedia for Labour Law and Industrial Relations*[233] y consacre à peine deux pages, M. le professeur Tsien Tche-Hao, dans la version précédente du même article, en parle de façon succincte, et M. Lin Feng[234] consacre deux paragraphes au droit du travail chinois entre 1949 et 1979. M. Henry R. Zheng[235] en traite en à peine deux pages, et le même constat vaut pour MM. Morin et Pairault[236]. Pour sa part, le sinologue américain Jonathan Spence[237] dépeint en deux pages le sort de l'ensemble du droit en RPC pour la période de 1949 à 1979. Ces auteurs assimilent les campagnes politiques, surtout à partir de 1957[238], au début d'une grande noirceur qui n'a pris fin qu'avec le début des réformes en 1979. Durant cette période d'obscurantisme, le droit a été éclipsé, supplanté par l'arbitraire, la violence et l'incertitude. Ce point de vue est aussi corroboré par le fait que, comme le reste du droit chinois d'alors, les textes relatifs au droit du travail sont rédigés durant les seize premières années du régime, et que le silence qui se fait alors correspond à la Révolution Culturelle. Aussi notre partie consacrée à la législation qui existait alors sera-t-elle brève.

La législation qui voit alors le jour est étroitement liée à l'histoire politique et économique de la Chine de cette période[239]. Tout d'abord, nous apprenons du professeur Tsien que la législation alors édictée s'inspire de textes que le PCC avait promulgués dès le début des années 1930 dans le soviet du Jiangxi, zone sous son contrôle. Les sujets couverts par cette législation étaient : les contrats, l'horaire de travail et le repos, les salaires, la protection des femmes et des enfants, les syndicats et les questions de sécurité sociale[240]. Henry Zheng[241] retrace les grandes orientations du droit chinois du travail de l'époque. Au début des années cinquante, avant la nationalisation, le PCC utilise l'infrastructure industrielle capitaliste qui a survécu à la guerre, car il s'agit d'abord de reconstruire le pays[242]. Le système de travail est encore largement fondé sur la liberté contractuelle, aussi, les règlements sur le travail tendent-ils à protéger les intérêts des employés. Plus précisément, la législation met de l'avant le droit des employés à la négociation collective et restreint le pouvoir des employeurs eu égard au licenciement. À compter de 1956, année où est achevée la nationalisation, le système de travail dans les entreprises d'État est profondément modifié. Les entreprises engagent des ouvriers et employés qui leur sont assignés par les bureaux locaux du travail, lesquels répartissent la main-d'œuvre en fonction des exigences de la planification socialiste, sans tenir compte des compétences et préférences de la main-d'œuvre. C'est à partir de cette période que les entreprises sont tenues de fournir aux ouvriers et employés une sécurité sociale qui va du logement aux frais de sépulture, en passant par des crèches et des pensions de retraites. Il se crée un lien étroit entre les entreprises et le bien-être social qui contribue à l'immobilité de la main-d'œuvre. Dans ce contexte, la législation s'attache davantage aux questions de sécurité sociale, mais aussi au maintien de conditions de travail sécuritaires. Le recrutement par contrat ne touche plus qu'une infime partie de la main-d'œuvre, et encore sur une base temporaire. Ce système est vite perçu comme moins avantageux parce que les entreprises ne sont pas tenues de fournir à la main-d'œuvre sous contrat la sécurité sociale[243].

La législation adoptée alors consiste en un mélange de droit du travail comme tel et de législation touchant à la sécurité sociale. Les sources disponibles sont muettes sur l'effectivité de cette législation pour la période concernée. Toutefois, François Gipoloux émet l'opinion que les conflits qui ont opposé le monde ouvrier au PCC lors des Cent Fleurs, en 1957 avaient pour cause l'absence de légalité dans les relations industrielles[244]. Parlant d'un vide juridique général, il estime que les mécanismes de résolution de conflits de travail étaient dénués de consistance, et ajoute que s'il existait des repères légaux, ils étaient bafoués. À ce point, il est utile de distinguer la législation relative au droit du travail de celle relative à la sécurité sociale. Les bénéfices de cette dernière ont été appliqués, comme le dit Roland Lew[245], au moins pour les travailleurs des entreprises d'État. La stratégie du régime a consisté à acheter la stabilité dans les villes et une certaine adhésion[246] au PCC en conférant aux ouvriers des entreprises d'État[247] la sécurité d'emploi et la protection sociale qui constituent le « bol de riz en fer ». Les ouvriers des entreprises d'État aujourd'hui réagissent mal à l'introduction du système de contrat qui entame le « bol de riz en fer » et opposent une certaine résistance aux réformes qui visent à remettre en question leurs avantages[248].

Suivant les données fournies par François Gipoloux, le tableau est plus sombre quant à l'effectivité de la législation relative au droit du travail entre 1949 et 1979. Dès 1950, il existait un *Décret du ministère du Travail sur le processus de solution des conflits du travail*, qui, selon M. Gipoloux, revêtait peu d'utilité pratique. La même année, un *Projet d'ordonnance sur l'hygiène dans les usines*, remplacé en 1956 par le *Règlement sur l'hygiène dans les usines*, est promulgué. L'agitation ouvrière d'alors avait pour cause l'insatisfaction, entre autres, face aux salaires et aux conditions de travail[249]. Entre autres, les accidents de travail augmentaient beaucoup lors des campagnes pour l'augmentation de la production[250]. Les conditions de travail étaient très dures, au point que, selon François Gipoloux, les syndicats auraient pu faire de la question de la santé et sécurité au travail leur cheval de bataille[251]. Les infractions à la législation sur le travail affectaient particulièrement la santé des femmes. Entre autres, le taux de fausses couches dans l'industrie textile oscillait entre 10 % et 30 %[252]. Le caractère déplorable des conditions de travail, et en particulier le problème des accidents de travail, ne sont pas passés inaperçus auprès des autorités[253]. Cependant, les protestations des ouvriers qui se plaignaient du manque de sécurité ont été mal accueillies, et le discours officiel avait tendance à imputer la responsabilité des accidents aux ouvriers plutôt qu'aux violations des lois sur le travail[254].

Selon Alexandre Morin et Thierry Pairault, un seul texte définissait les droits et les obligations des travailleurs, de même que les sanctions en cas de manquement. Il s'agit de l'*Esquisse de règlement intérieur du travail dans les entreprises d'État,* promulgué le 14 juillet 1954. Ce texte met l'accent sur la discipline du travail, qui est un concept central car « c'est autour d'elle que s'articule toute l'organisation du travail en même temps qu'elle s'érige en fondement exclusif du droit du travail[255] ». L'importance accordée à la discipline du travail s'explique quand on sait que les usines étaient aux prises, dans des proportions variables, avec l'absentéisme[256] des ouvriers, de la délinquance industrielle[257], et un refus d'exécuter certaines tâches[258], bref, avec des comportements en tous points contraire à la morale socialiste. Cette indiscipline du monde ouvrier traduisait un certain désenchantement, qui a donné lieu, pendant les Cent Fleurs, à une contestation ouvrière dont le régime a eu peur.

Les répercussions des campagnes politiques sur le monde ouvrier

Cette question mérite d'être abordée, parce que l'épisode que François Gipoloux appelle « Les Cent Fleurs à l'usine » est déterminant pour les relations entre le pouvoir et le monde ouvrier. En particulier, l'accueil que les autorités ont réservé alors aux revendications ouvrières contribue à expliquer certains éléments de la situation actuelle.

Les motifs de contestation des ouvriers, en 1956, ne manquent pas. C'est l'année des nationalisations, avec les profonds bouleversements qu'elles entraînent dans le monde ouvrier. François Gipoloux relate en détails le déroulement des Cent Fleurs du point de vue des ouvriers. Ces derniers ont exprimé leur insatisfaction. Précisons toutefois que les grèves se sont déroulées dans certains secteurs industriels seulement, et n'ont pas affecté ceux qui étaient d'importance vitale sur le plan économique[259]. Cependant, cette contestation limitée est déjà de trop aux yeux du régime.

Les ouvriers sont mécontents des salaires, qui ne vont pas de pair avec l'inflation et ne font plus le poids avec les exigences plus élevées des normes de travail[260]. Ils contestent aussi le système d'affectation autoritaire de la main-d'œuvre, qui ne tient plus compte des aptitudes et ne laisse aucune place aux préférences des individus. Les ouvriers ont aussi le sentiment que personne ne se soucie de leurs difficultés ni de leurs conditions de vie. Dans un premier temps, avant la campagne Anti-Droitiers, les autorités répondent par une attitude plutôt conciliante et tentent de donner satisfaction aux ouvriers. Mais l'histoire ne finit pas là. Le PCC lance la campagne Anti-Droitiers et essaie d'y impliquer le monde ouvrier. Ce n'est pas chose aisée[261], et de plus les ouvriers continuent à revendiquer.

Les contestations ont trait à des questions de fond. Les ouvriers rejettent le primat accordé à l'industrie lourde, et ce rejet s'exprime dans le slogan « Un État prospère, un peuple pauvre[262] ». Entre autres, les demandes portent sur la production de biens de consommation, qui manquent. Les ouvriers contestent aussi l'affirmation du PCC selon laquelle l'augmentation de la production amènera automatiquement une amélioration du niveau de vie, et dénoncent le décalage entre les deux. Enfin, ils s'en prennent aux fondements idéologiques mêmes du régime en rejetant l'affirmation que les travailleurs sont les maîtres des usines[263]. En réalité, selon les contestataires, c'est le Parti qui règne en maître dans les usines. Cette fois-ci, la réponse des autorités consiste en un mélange de répression brutale et de concession et compromis[264]. Le Parti satisfait à des revendications matérielles des ouvriers là où c'est possible, et porte plus d'attention aux conditions de travail. Pour réduire les tensions, des cadres haïs sont mutés. Parallèlement toutefois, le PCC décide de pourchasser les « droitiers » dans les instances syndicales. Il s'agit des cadres syndicaux qui ont été trop sympathiques à la cause des ouvriers. Les plus en vue disparaissent, mais le régime semble opter pour un compromis avec les milieux syndicaux[265]. Le bilan de l'épisode s'articule comme suit. D'une part, il n'y a jamais eu d'alliance[266] entre le monde ouvrier et les intellectuels, ni pendant les Cent Fleurs, ni pendant la campagne Anti-Droitiers. En ce qui a trait aux syndicats, ces derniers perdent tout crédit aux yeux des ouvriers[267], qui en tirent la conviction qu'en cas de conflit, les syndicats sont inutiles. Dans la pratique, les syndicats restent la « courroie de transmission » des directives du parti.

La vie des Chinois demeure perturbée à partir de 1957. Les ouvriers, comme le reste du peuple chinois, subissent les répercussions des dissensions au sommet qui n'en finissent plus de se traduire par des campagnes politiques. Lorsqu'arrive la Révolution Culturelle, le chaos atteint les usines[268]. La vaste majorité du personnel compétent est envoyée en camp de rééducation, et les jeunes diplômés envoyés en zones rurales. Les citations de Mao et la politique du Parti tiennent lieu de droit, la discipline du travail est relâchée, les syndicats fonctionnent de moins en moins. Tout le développement économique est au ralenti, les ouvriers tentant de survivre comme ils peuvent dans le déchaînement des factions et des antagonismes. À la mort de Mao, l'infrastructure industrielle est dans des conditions déplorables, et les nouveaux dirigeants du PCC se trouvent devant une importante tâche de reconstruction.

Notes

1. Ne perdons pas de vue que le confucianisme a évolué au fil du temps. Il est plutôt classé comme philosophie que comme religion, en dépit de l'existence de temples dédiés à Confucius. Voir entre autres FONG Yeou-Lan, *Précis d'Histoire de la philosophie chinoise,* Paris, Payot-Le Mail, 1985 (réédition), 367 pages, pour qui il s'agit d'une philosophie, et Henri MASPERO, *Le taoïsme et les religions chinoises,* Paris, Gallimard, 1971, 658 pages, qui en parle comme d'une religion. Le débat sur la catégorisation du Confucianisme ne semble pas intéresser les sinologues, qui se concentrent sur d'autres questions posées par cette doctrine. Le Confucianisme est aussi connu sous le nom d'École des Lettrés.
2. Léon VANDERMEERSCH, *La formation du légisme. Recherche sur la constitution d'une philosophie politique caractéristique de la Chine ancienne,* Paris, École Française d'Extrême- Orient, 1965, 300 pages, p. 184.
3. On parle habituellement des « Cent écoles de pensée », dénomination qui a inspiré le nom de la sinistre campagne des « Cent Fleurs » dans la Chine de Mao. Parmi les autres écoles de l'antiquité chinoise, citons le Moïsme, le Taoïsme, celle de Mencius, qui sont les plus connues.
4. Il s'agit de l'époque dite des Royaumes Combattants (- 453 à - 221), dont le nom suffit pour évoquer les perturbations qui caractérisent l'époque.
5. Ou par les rites, traduits entre autres par *li,* revêtant l'idée de loi morale. Voir ci-dessous.
6. Henri MASPERO, *op. cit.*, p. 69. Le débat est présenté ainsi dans les livres chinois sur l'histoire du droit chinois. Voir entre autres : YANG Hegao (sous la dir. de), *Zhong Guo Falu sixiang shi* [*Histoire de la pensée jurique chinoise*], Beijing, Beijing Daxue Chubanshe [Presses de l'Université de Beijing], 1988, 584 pages, p. 140-165, et divers articles du *China Daily* qui opposent le « Rule of Law » au « Rule of Men ». Cependant, les débats abondent sur la nature du gouvernement par la loi prôné alors par les Légistes, et sur ce que la théorie politique chinoise contemporaine émergente entend par « Rule of Law ». Aussi faut-il se garder des analogies trompeuses.
7. CH'U T'ung-tsu, *Law and Society in Traditional China,* Paris, Mouton, 1961, 304 pages, p. 206.
8. *Ibid.*, p. 229-230.
9. Léon VANDERMEERSCH, « Pouvoir d'État et société civile dans la tradition confucianiste », in *Études Sinologiques,* Paris, PUF, 1994, 335-347, p. 332.
10. Hajime NAKAMURA, *Ways of Thinking of Eastern Peoples : India — China — Tibet — Japan, Honolulu,* East-West Center Press, 1964, 712 pages, p. 264.

11. Léon VANDERMEERSCH, « Pouvoir d'État... », *op. cit.*, p. 332.
12. *Ibid.*, p. 335. Il ne définit pas complètement ce qu'il entend par juridisme, mais il caractérise ce dernier par la nécessité de la sanction, par l'État et donc par les tribunaux, des rapports de droit.
13. *Ibid.*, p. 332.
14. *Ibid.*, p. 337. Sur ce point précis, voir ci-dessous.
15. *Ibid.*, p. 336.
16. Séraphin COUVREUR, *Mémoires sur les bienséances et les cérémonies*, Paris, Cathasia/Les Belles Lettres, 1950, coll. « Textes de la Chine/Les Humanités d'Extrême-Orient », Tome 1, Première partie, p. IX. Le père Couvreur, qui a traduit l'ensemble des classiques chinois, répertorie les sens suivants donnés au mot *Li* : « Li signifie rite religieux, cérémonie civile, bienséance, urbanité, politesse, courtoisie, honnêteté, respect, témoignage de respect, égards, convenance, décence, bonnes manières, bonne tenue, bonne conduite, observance, devoir, ordre social, loi sociale, loi morale, usage, coutume, rituel, cérémonial, règle de conduite, règle concernant les relations sociales... ». Ce livre constitue un des classiques chinois et consiste en citations diverses sur le *li*, destinées à instruire les hommes de bien. Il faisait, avec les autres classiques, l'objet des célèbres examens. Le *Li Ki* a été rédigé au Ier siècle av. J.-C., sur la base de textes antérieurs.
17. Séraphin COUVREUR, *op. cit.*, p. 3, paragraphe 16.
18. CH'U, *op. cit.*, p. 230-231.
19. Séraphin COUVREUR, *op. cit.*, par. 13.
20. *Ibid.*, p. 53, par. 52.
21. Ce qui nous fait dire que, dans la Chine impériale, le droit, comme régulateur des rapports sociaux, était aussi présent car la vision politique confucianiste est une vision idéalisée, celle de l'élite, de ce qui devrait être.
22. Léon VANDERMEERSCH, *op. cit.*, p. 193-193. Citons ici un article qui précise les différents mots chinois employés pour parler de loi, TSIEN Tche-hao, « Le concept de " loi " en Chine », *Archives de Philosophie du droit*, (1980) 25, 231-247.
23. Léon VANDERMEERSCH, *La formation du légisme, op. cit.*, p. 189.
24. Traduction de Léon VANDERMEERSCH, *ibid.*, p. 6-7, du passage d'un autre classique chinois, le *Shi Ji*.
25. Jacques GERNET, *Le monde chinois*, Paris, Armand Colin, 1972, coll. « Destins du Monde », 699 pages, p. 88.
26. *Ibidem.*
27. Léon VANDERMEERSCH, *La formation du légisme, op. cit*, p. 194.
28. *Ibidem.*
29. *Ibidem.*

30. CH'U T'ung-tsu, *op. cit.*, p. 278.
31. KIM Hyung I, *Fundamental Legal Concepts of China and the West. A Comparative Study*, Port Washington, N. Y., Kennikat Press, 1981, 175 pages, p. 11.
32. *Ibid*, p. 15.
33. YU Xingzhong, « Legal Pragmatism in the People's Republic of China », (1989) Journal of Chinese Law, 29 : 3, 29-51, p. 32.
34. *Ibidem*.
35. KIM Hyung I., *op. cit.*, p. 9.
36. Léon VANDERMEERSCH, « Pouvoir d'État... », *op. cit.*, p. 341. Il cite entre autres les rapports qui s'instituent entre les membres d'une même guilde.
37. *Ibid.*, p. 41-90.
38. Sauf si ce crime mettait en jeu la loyauté envers l'État. Dans ce cas, cette dernière avait préséance sur la piété filiale, *ibid.*, p. 74.
39. *Ibid.*, p. 71.
40. *Ibid.*, p. 72. À partir des Ming, la peine de mort n'était appliquée que si l'accusation était dénuée de fondement, mais même lorsqu'elle était fondée, le fils recevait le fouet et était condamné à trois ans de prison.
41. *Ibid.*, p. 73. Seuls les parents et les grands-parents maternels et paternels, ou les grands- parents du mari, étaient exemptés de châtiment pour avoir dénoncé un membre plus jeune de la famille.
42. *Ibid.*, p. 76-77. Cependant, les besoins des mères qui étaient veuves depuis vingt ans, recevaient une attention particulière.
43. *Ibid.*, p. 61.
44. *Ibid.*, p. 63. Le droit de légitime défense des plus jeunes envers les aînés n'a été introduit en droit chinois qu'en 1907, mais cela a suscité une telle réprobation que l'article a été amendé presque aussitôt.
45. *Ibid.*, p. 102.
46. *Ibid.*, p. 26.
47. *Ibid.*, p. 111.
48. Cette défense avait un caractère d'exception, p. 112.
49. *Ibidem*.
50. *Ibid.*, p. 107.
51. *Ibid.*, p. 109.
52. *Ibid.*, p. 118.
53. *Ibidem*.
54. *Ibid.*, p. 177 et suiv.
55. *Ibid.*, p. 178.
56. Wallace JOHNSON, *The T'ang Code. Volume 1, General Principles*. Princeton, New Jersey, Princeton University Press, 1979, 317 pages, p. 27. Les dix crimes sont : fomenter une rébellion, comploter la sédition, la trahison, la contumace, la dépravation, une attitude

grandement irrévérencieuse, un manque de piété filiale, la discorde, « unrighteousness », et l'inceste. Il s'agit de crimes portant atteinte à l'État ou à la famille, p. 17.

57. *Ibid.*, p. 183.
58. *Ibid.*, p. 184.
59. Jean ESCARRA, *Le droit chinois*, Paris, Librairie du Recueil Sirey, Pékin, Éditions Henri Vetch, 1936, 562 pages, p. 70. Voir, dans la même veine, John C. H. WU, « The individual in Chinese political traditions », in Charles A. MOORE (sous la dir. de), *The Status of the Individual in East and West*, Honolulu, University of Hawaii Press, 1968, 606 pages, 391-410, p. 395.
60. Jean ESCARRA, *op. cit.*, p. 71.
61. Richard J. SMITH, *China's Cultural Heritage. The Ch'ing Dynasty, 1644-1991*, Boulder, Colorado, Westview Press, 1983, 321 pages, p. 26.
62. Ainsi, du vivant des parents, les fils n'avaient pas le droit d'établir un foyer à part de celui des parents. C'était considéré comme un manquement grave à la piété filiale, sanctionné par le droit. John C. H. WU, *op. cit.*, p. 396.
63. Y. P. MEI, « The Individual in Chinese Social Thought », in Charles A. MOORE, *op. cit.*, 333-346, p. 340.
64. Au Ve siècle avant Jésus-Christ, époque de Confucius. etc. Voir John C. H. WU, *op. cit.*, p. 392.
65. *Ibid.* En particulier, le penseur Mencius donne au peuple le droit de se rebeller contre un tyran.
66. Y. P. MEI, *op. cit.*, p. 336.
67. Jeremy PALTIEL, « Cultural and Political Determinants of the Chinese Approach to Human Rights », in Errol P. MENDES and Anne-Marie TRAEHOLT (sous la dir. de), *Human Rights : Chinese and Canadian Perspectives*, The Human Rights Research and Education Centre, University of Ottawa, Ottawa, 1997, 595 pages, p. 25-73, p. 30.
68. *Ibid.*, p. 36.
69. Marie-Claire BERGÈRE, *Le mandarin et le compradore. Les enjeux de la crise en Asie orientale*, Hachette Littérature, Paris, 1998, 255 pages, p. 92.
70. Il se pose ici un problème de définition que nous ne pouvons qu'évoquer. M. Vandermeersch emploie l'expression « société civile », qu'il distingue de l'État, alors que Mme Bergère parle de la « sphère publique ». Nous croyons que les deux auteurs désignent en fait la même réalité, à savoir la sphère sociale où l'influence de l'État n'avait pas de prise, ou presque pas. Mme Bergère, toutefois, est d'avis que l'avènement de la société civile en Chine est impossible.
71. Léon VANDERMEERSCH, « Pouvoir d'État.... », *op. cit.*, p. 337. Mme Bergère partage ce point de vue, voir Marie-Claire BERGÈRE, *Le mandarin..., op. cit.*, p. 89.

72. Marie-Claire BERGÈRE, *Le mandarin..., op. cit.*, p. 185. Pour les fins de ce travail, qu'il suffise de dire que ce qui distingue les deux auteurs réside dans le degré de séparation perçu entre la société civile et l'État en Chine impériale. M. Vandermeersch n'a pas vraiment traité du rapport entre les deux, les percevant comme trop séparés l'un de l'autre. Mme Bergère, pour sa part, met davantage l'accent sur des rapports caractérisés par un degré à géométrie variable d'interpénétration entre ces deux entités.
73. *Ibid.*, p. 186
74. Jeremy PALTIEL, *op. cit.*, p. 29.
75. Voulant dire ici satisfaire aux obligations qui découlent de son statut familial et social, *ibidem*.
76. En Chine impériale, le détenteur du pouvoir ne peut être que vertueux, et c'est parce qu'il est vertueux qu'il obtient le Mandat du Ciel de régir l'empire, *ibid.*, p. 39.
77. *Ibid.*, p. 40.
78. Jean ESCARRA, *op. cit.*, p. 77.
79. Wallace JOHNSON, *op. cit.*, p. 18.
80. Jean ESCARRA, *op. cit.*, p. 77.
81. *Ibid.*, p. 76.
82. *Ibid.*, p. 79-80. Il écrit, en 1936 : « Mais il faut dire que la notion de loi souveraine ne se répand que très lentement en Chine, où l'on persiste à apprécier beaucoup plus les commandements de la morale, l'équité, le sentiment des valeurs sociales, en un mot le *jen yi* si violemment combattu par Han Fei tseu. Le rite, *li*, continue de l'emporter sur le *fa* ». En parlant des paysans, il poursuit : « La loi positive n'est acceptée que dans la mesure où elle représente une coutume elle-même jugée conforme à la loi naturelle. Et bien que le gouvernement – dont le fondement et la justification même relèvent de cet examen – aille en s'affermissant en même temps que la notion d'État, liée à celle de loi, ses ordres sont obéis, non parce qu'ils sont des injonctions de l'autorité établie, mais parce qu'ils répondent au sens populaire du correct, du convenable, de l'équitable, du conforme – *jen yi* – et seulement dans la mesure où ils y répondent ».
83. Précisons que Robert Van Gulik a traduit aussi un recueil de décisions qui ont été compilées en 1211. Des sinologues spécialistes du droit chinois comme Derk BODDE et Clarence MORRIS, *Law in Imperial China*, Harvard University Press, Cambridge, Massachusetts, 1967, 615 pages, ont aussi recours aux introductions et préfaces de Robert Van Gulik pour se faire une idée de l'organisation de la justice en Chine impériale.
84. Robert VAN GULIK, *Trois affaires criminelles résolues par le juge Ti*, Christian Bourgois, Paris, 1987, 312 pages. La préface occupe les pages 9-34.

85. Étienne BALAZS, *La Bureaucratie céleste. Recherches sur l'économie et la société de la Chine traditionnelle*, Paris, Gallimard, 1968, coll. « Bibliothèque des Sciences Humaines », 346 pages, p. 271.
86. *Ibid.*, p. 272.
87. Le premier Code chinois à avoir survécu dans sa totalité est le code Tang, (voir, ci- dessus, Wallace JOHNSON, *op. cit.*) du nom de la dynastie sous laquelle il a vu le jour (618-907). Il a influencé aussi le droit japonais et le droit annamite, entre autres.
88. VAN GULIK, *op. cit.*, p. 30.
89. *Ibid.*, p. 21.
90. *Ibid.*, p. 32.
91. *Ibidem.*
92. WANG LIU Hui Chen, *The Traditional Chinese Clan Rules*, New York, J. J. Augustin Incorporated Publisher, Locust Valley, 1959, « Monographs of the Association for Asian Studies VII », 264 pages, p. 37.
93. *Ibidem.*
94. *Ibid.*, p. 38.
95. Sybille van der SPRENKEL, *Legal Institutions in Mandchu China. A Sociological Analysis*, London, University of London, The Athlone Press, 1962, coll. « London School of Economics Monographs on Social Anthropology », n° 24, 180 pages, p. 98.
96. *Ibid.*, p. 101. Dans certains cas, les aînés de villages avoisinants pouvaient être sollicités comme arbitres.
97. *Ibidem.*
98. Philip C. C. HUANG, *Civil Justice in China/Representation and Practice in the Qing*, Stanford (Ca), Stanford University Press, 1996, 272 pages.
99. Les questions relatives aux successions, à la propriété de la terre, mais aussi les mariages.
100. Philip C. C. HUANG, *op. cit.*, p. 11.
101. Que l'on se plaît à imaginer dans les sphères d'une justice dite « informelle », « alternative », etc.
102. Philip C. C. HUANG, *op. cit.*, p. 17.
103. *Ibid.*, p. 123.
104. *Ibid.*, p. 125.
105. Sybille van der SPRENKEL, *op. cit.*, p. 96.
106. Louis ASSIER-ANDRIEU, *Le droit dans les sociétés humaines*, coll. « Essais et Recherches », Paris, Nathan, 1996, 316 pages, p. 187.
107. *Ibid.*, p. 188.
108. CH'U T'ung-tsu, *op. cit.* Sur ce point précis, voir les pages 177-185.
109. D'autres travaux vont dans le même sens. Entre autres, la culture juridique de certains milieux en Chine a été modifiée lorsque le recours aux tribunaux a été perçu comme avantageux sur le plan économique. Alors, la préférence pour la résolution hors cour des différends a cédé le pas, chez les marchands de Shanghai au début

du siècle et jusqu'à 1949, à l'utilisation de la Cour Mixte Internationale pour le règlement des litiges commerciaux. Voir Tahirih V. LEE, « Risky business : Courts, Culture and the Marketplace », in *University of Miami Law Review,* (1993) 47, 1335-1414, plus particulièrement p. 1411. Certaines cours étrangères avaient plus de crédibilité aux yeux des Chinois que leurs propres cours.

110. Cela reste vrai aujourd'hui.

111. Simine WANG, *Le travail des femmes et des enfants en Chine,* Paris, Pedone, 1933, 298 pages, p. 215.

112. Le commerce était perçu comme une vile occupation dans la Chine impériale, en raison de la domination du confucianisme qui profère une aversion prononcée à l'endroit des commerçants. Le confucianisme ayant tenu lieu d'idéologie d'État pendant plus de deux millénaires, à l'exception de la dynastie Qin qui a embrassé le Légisme, les préjugés négatifs relatifs au commerce et aux commerçants ont perduré. Le modèle de la réussite était en Chine le lettré-fonctionnaire, ainsi que le reflète la pyramide sociale confucéenne. Cela n'a pas empêché le commerce de se développer en Chine, mais explique en partie l'absence de législation relative au commerce.

113. Henri MASPERO et Étienne BALAZS, *Histoire et institutions de la Chine ancienne,* Paris, P.U.F., 1967, coll. « Annales du Musée Guimet – Bibliothèque d'Études », tome LXXIII, 322 pages, p. 227.

114. *Ibidem.*

115. Jacques GERNET, *Le monde chinois, op. cit.* [note 64], p. 280.

116. Jacques GERNET, *La vie quotidienne en Chine à la veille de l'invasion mongole 1250-1276,* Paris, Hachette, 1959, 287 pages, p. 94.

117. *Ibidem.*

118. *Ibid.*, p. 100.

119. Henri MASPERO et Étienne BALAZS, *op. cit.*, p. 228.

120. Jacques GERNET, *Le monde chinois, op. cit.*, p. 280.

121. Jacques GERNET, *La vie quotidienne..., op. cit.*, p. 104. M. Gernet pense que ces travailleurs, qui vivaient au jour le jour, étaient des migrants ruraux. Ces derniers ont tendance à se regrouper en fonction d'affinités lignagères ou régionales.

122. Sybille van der SPRENKEL, *op. cit,* p. 92.

123. *Ibid.*, p. 95.

124. Il en allait ainsi des tribunaux des clans, comme nous le verrons bientôt. Voir WANG LIU Hui Chen, *op. cit.*, p. 37.

125. *Ibid.*, p. 93.

126. *Ibidem.*

127. Voir Jonathan D. SPENCE, *The Gate of Heavenly Peace/The Chinese and Their Revolution, 1895-1980,* New York, Penguin Books, 1981, 512 pages, qui trace toute l'histoire intellectuelle de cette période.

128. Jean CHESNEAUX, *Le mouvement ouvrier chinois de 1919 à 1927*, Paris, Mouton, 1962, 652 pages. Précisons que Jean Chesneaux est membre du Parti Communiste Français, et a beaucoup travaillé sur l'histoire économique de la Chine des XIXe et XXe siècles, ainsi que sur les rébellions paysannes.
129. Alain ROUX, *Le Shanghai ouvrier des années trente. Coolies, Gangsters et Syndicalistes*, Paris, L'Harmattan, 1993, coll. « Chemins de la Mémoire », 334 pages.
130. Marie-Claire BERGÈRE, « Modernisation économique et société urbaine », in Marie-Claire BERGÈRE, Lucien BIANCO, et Jurgen DOMES, (sous la dir. de), *La Chine au XXe siècle**, de 1949 à aujourd'hui*, Paris, Fayard, 1990, 448 pages, 295-323, p. 310.
131. Jean Chesneaux décrit très bien les origines rurales d'une partie des ouvriers, et les liens qu'ils conservent avec leur village. Il n'en tire pas les mêmes conclusions qu'Alain Roux.
132. *Ibid.*, p. 319.
133. Alain ROUX, *op. cit.*, p. 19.
134. *Ibidem.*
135. Jean ESCARRA, *Le droit chinois, op. cit.* [note 98], p. 205.
136. *Ibid.*, p. 206.
137. *Ibidem*, et Simine WANG, *op. cit.* [note 150], p. 106. Mme Wang parle précisément de système familial, où le patron vivait au milieu de ses ouvriers.
138. Jean ESCARRA, *Le droit chinois, op. cit.*, p. 206. Rappelons que la Chine est encore peu industrialisée à l'époque, et c'est d'ailleurs à ce retard industriel que les communistes s'attelleront en priorité, dès leur arrivée au pouvoir. La Chine était et reste un État agricole, avec quelques poches d'industrialisation.
139. Jean ESCARRA, *Le droit chinois, op. cit.*, p. 209.
140. Simine WANG, *op. cit.*, p. 2.
141. *Ibid.*, p. 57.
142. *Ibid.*, p. 66.
143. *Ibid.*, p. 133.
144. *Ibid.*, p. 134.
145. *Ibid.*, p. 136. Ce mouvement était à l'état embryonnaire, mais a participé aux grèves.
146. BERGÈRE, Marie-Claire, « Modernisation... », *op. cit.*, p. 319.
147. *Ibid.*, p. 321.
148. *Ibid.*, p. 319.
149. Simine WANG fait remonter la première manifestation ouvrière au 1er mai 1920, *op. cit.*, p. 108.
150. Alain ROUX estime que le nationalisme, surtout anti-japonais, a joué dans les grèves, même lorsqu'elles étaient organisées. Par ailleurs, selon lui, une partie des grèves étant spontanées, elles étaient plus

l'expression de la colère qu'une revendication révolutionnaire. Voir page 303.

151. Marie-Claire BERGÈRE, *op. cit*, p. 320.

152. La Chine des Seigneurs de la Guerre est aussi celle des concessions étrangères, et la présence des Occidentaux en Chine est perçue, au moins par certains intellectuels, comme une atteinte à la souveraineté et à la dignité de la Chine. Un mouvement nationaliste a vu le jour en Chine à partir des Traités Inégaux qui ont forcé la Chine à s'ouvrir, suite à la Guerre de l'Opium, au XIXe siècle. Le fait que l'extra-territorialité prévale dans plusieurs concessions étrangères accentuait le sentiment d'humiliation. La Chine était faible, sinon écrasée sur le plan international. Sur l'extraterritorialité, voir Jean ESCARRA, *La Chine et le droit international*, Paris, Pedone, 1931, 419 pages.

153. Alain ROUX, *op. cit.*, p. 309.

154. Jean CHESNEAUX, *op. cit.*, p. 131-132.

155. Sur la grève insurrectionnelle, voir entre autres le chapitre qui lui est consacré dans cet ouvrage classique de Jean Chesneaux, aux pages 480-516. Rappelons qu'à l'époque, Shanghai était la ville en Chine, le centre du capitalisme, qui connaissait alors son âge d'or.

156. Voir entre autres Lucien BIANCO, « Seigneurs de la guerre et révolution nationaliste (1923-1927) », in Marie-Claire BERGÈRE, Lucien BIANCO, et Jurgen DOMES, (sous la dir. de), *La Chine au XXe siècle*, d'une révolution à l'autre, 1895-1949,* Paris, Fayard, 1989, 441 pages, 123- 159, p. 156-157.

157. Jean CHESNEAUX, *op. cit.*, p. 514.

158. Il est resté dans les villes, après la purge, des militants communistes qui travaillaient clandestinement. Leur nombre exact n'est pas encore connu, mais, quoi qu'il en soit, leur action n'a pas suffi pour rétablir un lien de confiance entre le PCC et les ouvriers.

159. Jean CHESNEAUX, *op. cit.*, p. 78.

160. Les Japonais ont installé en Mandchourie un royaume fantoche, avec l'empereur Pu-Yi. Par ailleurs, tout le développement de la Mandchourie s'est d'abord fait autour de la voie ferrée.

161. Jean CHESNEAUX, *op. cit.*, p. 58-74.

162. *Ibid.*, p. 91. Jean Chesneaux la définit ainsi : « Petits employés de boutiques, [...] soldats licenciés, colporteurs, coolies prêts à s'engager à la journée pour n'importe quelle besogne, gardiens de nuit, bateliers, balayeurs, domestiques des riches familles, tous ces éléments instables et déclassés, sans cesse menacés par le chômage [...] ».

163. Jean Chesneaux les décrit aux pages 98-107.

164. Ce fait constitue, selon Chesneaux, un changement notable par rapport à l'apprentissage tel qu'il était pratiqué au sein des guildes.

165. *Ibid.*, p. 96.

166. *Ibid.*, p. 98. Alain ROUX détaille la variante de ce système appliquée au recrutement des ouvrières du textile, *op. cit.*, p. 41-53.
167. Jean CHESNEAUX, *op. cit.*, p. 104.
168. *Ibid.*, p. 106.
169. Jean ESCARRA, *Le droit chinois, op. cit.*, p. 206-211. Ces mêmes lois sont brièvement décrites et expliquées dans l'ouvrage de LO Huai, *La nouvelle législation chinoise, ses fondements, ses tendances*, Paris, Pedone, 1932, 189 pages, p. 137-145.
170. Simine WANG, *op. cit.*, p. 219. Le gouvernement chinois s'est intéressé pour la première fois à la condition ouvrière en 1919, et Mme Wang précise que l'esprit d'intervention gouvernementale était alors nouveau en Chine (p. 216).
171. Jean ESCARRA, *Le droit chinois, op. cit.*, p. 206-211 ; et LO Hoai, *op. cit.*, p. 139-141.
172. Simine WANG, *op. cit.*, p. 239.
173. *Ibid.*, p. 284-285. Mme Wang ne précise pas le nom de la loi, et nulle mention de cette loi ne figure dans nos autres sources.
174. *Ibidem.*
175. *Ibid.*, p. 223-237.
176. Jean ESCARRA, *Le droit chinois, op. cit*, p. 209.
177. Jean CHESNEAUX, *op. cit.*, p. 105.
178. Simine WANG, *op. cit.*, p. 247-248. Mme Wang s'étend longuement sur le sujet et ses propos ont une saveur résolument contemporaine.
179. *Ibid.*, p. 270-271.
180. LO Hoai, *op. cit.*, p. 138-139.
181. Alain Roux, *op. cit.*, p. 8-9.
182. *Ibid.* Marie-Claire BERGÈRE, « Modernisation... », *op. cit.*, p. 321, partage ce point de vue.
183. *Ibidem.*
184. Voir LO Hoai, *op. cit.*, p. 141-145, et Jean ESCARRA, *op. cit.*, p. 208.
185. Alain ROUX, *op. cit.*, p. 8-9.
186. Voir Roland LEW, « Chine : Un État ouvrier ? Le monde ouvrier chinois sous le " socialisme réel " », in AUBERT, C. *et al.* (sous la dir. de), *La société chinoise après Mao/Entre autorité et modernité*, Paris, Fayard, 1986, coll. « L'espace du politique », 43-90, p. 47.
187. Werner MEISSNER, « La voie orthodoxe », in Marie-Claire BERGÈRE, Lucien BIANCO, et Jurgen DOMES, (sous la dir. de), *La Chine au XXe siècle**, de 1949 à aujourd'hui, op. cit.*, 9-33, p. 11-12.
188. Jacques GUILLERMAZ, *Le Parti communiste au pouvoir*, 1. *De l'avènement du régime au mouvement d'éducation socialiste (1949-1962)*, Paris, Payot, 1979, 409 pages, p. 21.
189. Werner MEISSNER, *op. cit.*, p. 22-23.

190. Yves CHEVRIER, « L'économie urbaine », in Marie-Claire BERGÈRE, Lucien BIANCO, et Jurgen DOMES (sous la dir. de), *La Chine au XXe siècle**, de 1949 à aujourd'hui, op. cit.*, 181-213, p. 184. Selon M. CHEVRIER, ce modèle a exercé une influence « plus idéologique, sociale et politique que fonctionnelle [...] ». Une telle remarque est importante pour le droit chinois élaboré alors.
191. Il y a d'abord la Campagne des Cent Fleurs, suivie par la campagne anti-droitiers, en 1957. Le désastreux Grand Bond En Avant est lancé en 1958, et fait des millions de morts par la famine pendant les trois ans qu'il dure. Ensuite, de 1962 à 1965, on voit le Mouvement d'éducation socialiste, qui dérape vite en purges contre les intellectuels et les artistes, persécutions qui culmineront durant la Révolution culturelle (celle-ci commence, rappelons-le, en 1966, et dure jusqu'en 1976).
192. Dès 1950, le PCC recourt aux campagnes de masse, avec les simulacres de procès qu'on leur connaît. Toutefois, jusqu'en 1957, il y a eu en Chine un système juridique dûment doté de diverses institutions, qui cœxistait avec ce système de justice de masse. À partir de 1957, la Chine sombre dans un chaos au sein duquel l'ordre et la justice disparaissent, pour céder la place à une vindicte populaire savamment dirigée contre tout opposant, réel ou présumé.
193. ZHENG Shiping, *Party vs. State in Post-Mao China. The Institutional Dilemma,* Cambridge University Press, 1997, coll. « The Cambridge Modern China Series », 294 pages, p. 58.
194. Nous sommes en pleine Guerre Froide, et la majorité des pays occidentaux refusent de reconnaître la République Populaire de Chine. Cette dernière n'a de relations qu'avec les pays du « bloc soviétique » et, plus tard, avec les pays non-alignés.
195. REN Xin, *Tradition of the Law and the Law of Tradition/Law, State, and Social Control in China,* Westport (Ct), Greenwood Press, 1997, coll. « Contributions in Criminology and Penology », n° 50, 175 pages, p. 4. Un autre auteur signale une différence importante entre la Chine et l'URSS quant au rôle de la police. Mao aurait veillé, contrairement à Staline, à la garder sous contrôle. Frederic C. TEIWES, « Establishment and Consolidation of the New Regime », in Denis TWITCHETT et Arthur F. WRIGHT (sous la dir. de), *The Cambridge History of China, Vol. 14. The People's Republic, Part I : The Emergence of Revolutionary China,* 1949-1965, 1987, 51-143, p. 108-109.
196. Il s'agit de M. Vyshinsky. Voir YU Xingzhong, *op. cit.* [note 72], p. 36.
197. *Ibid.*, p. 37.
198. Frederic C. TEIWES, *op. cit.*, p. 64. Cependant, les leaders du PCC ont toujours gardé une perspective critique sur le modèle soviétique.

199. *Ibid.*, p. 52. À ce sujet, elle précise qu'il existe en Chine impériale une tradition de prise du pouvoir par la violence et la rébellion, tradition fièrement revendiquée par Mao lui-même.
200. *Ibid.*, p. 53.
201. *Ibid.*, p. 52.
202. YU Xingzhong, *op. cit.*, p. 40. Nous reviendrons ultérieurement sur ce point.
203. *Ibid.*, p. 48.
204. Cet argument revient dans le débat sur le relativisme culturel.
205. ZHENG Shiping, *op. cit.*, p. 54-55.
206. *Ibid.*, p. 55.
207. Au niveau du comté ou au niveau municipal.
208. *Ibid.*, p. 57.
209. *Ibidem.*
210. Jonathan D. SPENCE, *The Search for Modern China*, New York, W. W. Norton & Company, 1990, 879 pages, p. 705.
211. Les conflits familiaux, surtout.
212. ZHENG Shiping, *op. cit.*, p. 60.
213. Aujourd'hui, il est difficile de savoir s'il s'agissait d'un piège machiavélique de Mao cherchant à identifier ses opposants, ou si le PCC a été pris de court par l'ampleur de la contestation et a réagi d'autant plus brutalement. François GODEMENT, « La tourmente du vent communiste », in Marie-Claire BERGÈRE, Lucien BIANCO, et Jurgen DOMES (sous la dir. de), *La Chine au XXe siècle**, de 1949 à aujourd'hui, op. cit*, 35-60, p. 42.
214. ZHENG Shiping, *op. cit.*, p. 69.
215. Il faut savoir aussi que ces campagnes ont brisé des familles, car un couple dont l'un des conjoints était étiqueté droitier, ou contre-révolutionnaire, décidait parfois de divorcer pour préserver si possible les chances des enfants. Le principe de culpabilité par association jouait à fond lors de ces campagnes, et les enfants payaient pour l'étiquette de classe assignée à leurs parents.
216. ZHENG Shiping, *op. cit.*, p. 72-73.
217. *Ibid.*, p. 73.
218. CHEN Ke, « People's Republic of China », in Prof. Dr. R. BLANPAIN, (sous la dir. de), *International Encyclopedia for Labor Law and Industrial Relations*, Suppl. 185 (November 1996), La Haye, Kluwer Law International, 1997, 114 pages, par. 50, p. 29.
219. Les « rouges » ont pris le pas sur les « experts » dans la formulation et l'application des politiques. Le bilan reste difficile à établir mais il se situe entre 15 et 30 millions de morts, avec un déficit démographique supérieur à 50 millions de personnes. François GODEMENT, *op. cit.*, p. 51.

220. Mao vise d'abord les cadres locaux dans les campagnes, accusés de revenir à des pratiques corrompues, etc. À l'origine, ce mouvement avait pour but de critiquer les cadres locaux plutôt que de les éliminer. Cependant, ce volet du mouvement est appliqué avec peu de zèle. Par la suite, Mao décide de l'appliquer à la sphère culturelle. *Ibid.*, p. 57-60.

221. Les ouvrages abondent. Dans le style concis, voir Eberhard SANDSCHNEIDER, « La révolution culturelle et les crises de succession, 1966-1976 », in Marie-Claire BERGÈRE, Lucien BIANCO, et Jurgen DOMES (sous la dir. de), *La Chine au XXe siècle**, de 1949 à aujourd'hui, op. cit.*, p. 61-87. Pour une description détaillée de l'impact psychologique de ce mouvement dans une famille de l'élite, voir CHANG Jung, *Les cygnes sauvages*, Paris, Plon, 1992, 514 pages. Pour avoir le point de vue d'un garde rouge sur les événements, voir HUA Linshan, *Les années rouges*, Paris, Seuil, 1987, 379 pages. En langue anglaise, pour le point de vue d'un jeune homme issu d'une famille moyenne, voir HENG Liang et Judith SHAPIRO, *Son of the Revolution*, New York, Random House, 1983, 302 pages. Voir aussi, pour l'histoire intellectuelle de cette période, Jonathan SPENCE, *The Gate of Heavenly Peace, op. cit.* Les cinéastes chinois ont réalisé plusieurs films, dont le plus éloquent sur la distorsion profonde des relations humaines engendrée par ce mouvement est sans doute *Adieu, ma concubine*, de Chen Kaige.

222. Du point de vue du droit, on peut dire qu'il s'agit de parodies de procès dans la mesure où l'issue du procès était décidée d'avance, les témoins agissaient sous la menace tantôt directe, tantôt indirecte ; l'accusé n'avait pas le droit à une défense et ne bénéficiait d'aucune possibilité d'appel.

223. Les accusés étaient envoyés au *laogai*, ou camp de rééducation, sur lequel le dissident Harry Wu écrit beaucoup, après y avoir lui-même passé dix-neuf ans.

224. Le simple fait d'avoir de la famille à l'étranger était incriminant, les membres restés en Chine ne pouvant être que des espions... Ou encore le fait d'aimer la musique classique occidentale ou même chinoise, etc.

225. Le bilan, nous l'avons dit, est difficile à faire, mais il se chiffre en dizaines de millions de morts. Quant aux survivants, ils sont restés marqués, à des degrés divers, et certains ressentent encore les séquelles de la violence déchaînée qui était alors leur lot quotidien.

226. Certains professeurs ont opté pour le silence et se sont réfugiés derrière la ligne officielle pour éviter de subir à nouveau les foudres du pouvoir. Cette attitude a des répercussions sur la qualité de l'enseignement.

227. Roland LEW, *op. cit.*, p. 47.
228. *Ibid.*, p. 49.
229. *Ibidem.*
230. *Ibid.*, p. 48-49.
231. François GIPOLOUX, *Les Cent Fleurs à l'usine. Agitation ouvrière et crise du modèle soviétique en Chine/1956-1957*, Paris, Éditions de L'École des Hautes Études en Sciences Sociales, 1986, 373 pages, p. 7.
232. *Ibidem.*
233. CHEN Ke, *op. cit.*
234. LIN Feng, « Labor Law », in WANG Chenguang and ZHANG Xianchu (sous la dir. de), *Introduction to Chinese Law*, Hong Kong, Sweet and Maxwell Asia, 1997, 457-488, p. 458.
235. Henry R. ZHENG, *China's Civil and Commercial Law*, Singapour, Butterworths, 1988, 490 pages, p. 366-367.
236. Alexandre MORIN, et Thierry PAIRAULT, *La Chine au travail* (*I*), *op. cit.*, p. 13-14.
237. Jonathan D. SPENCE, *The Search for Modern China, op. cit.*, p. 704-705.
238. La date de rupture varie selon les auteurs. Pour certains, la Révolution Culturelle est la date butoir, alors que d'autres remontent à la campagne anti-droitiers de 1957.
239. Alexandre MORIN et Thierry PAIRAULT, *op. cit.*, p. 14, et Henry ZHENG, *op. cit.*, p. 366.
240. TSIEN Tche-Hao, « China », in BLANPAIN, Prof. Dr. R., (sous la dir. de), *International Encyclopedia for Labor Law and Industrial Relations*, Suppl. 12 (July 1979), Deventer, Kluwer, 74 pages, p. 15 (supplément de 1979, remplacé depuis par celui de 1996 rédigé par M. CHEN Ke, *op. cit.*).
241. Henry R. ZHENG, *op. cit.*, p. 367-369.
242. François GIPOLOUX, *op. cit.*, p. 17, rappelle que l'industrialisation apparaît comme « la clé de l'indépendance nationale ». Les années 1949-1952 sont considérées comme la période de reconstruction nationale.
243. Cette perception est encore très répandue aujourd'hui.
244. François GIPOLOUX, *op. cit.*, p. 276.
245. Roland LEW, *op. cit.*, p. 53.
246. *Ibid.*, p. 54
247. Il faut savoir que les ouvriers faisaient figure de véritables privilégiés par rapport aux paysans. François GIPOLOUX, *op. cit.*, p. 154. En 1956, le niveau de vie d'un ouvrier chinois était de 221 % supérieur à celui d'un paysan.
248. Voir entre autres Patrice de BEER, et Jean-Louis ROCCA, *La Chine à la fin de l'ère Deng Xiaoping*, coll. « Marabout », Paris, Le Monde – Éditions, 1995, 210 pages, p. 73, pour la description de la sécurité

sociale dont bénéficient les ouvriers des entreprises d'État, et p. 89-90 pour les raisons de la résistance des « unités de travail » aux réformes. Pour que les ouvriers résistent, il faut qu'ils aient le sentiment de perdre quelque chose [...]

249. François GIPOLOUX, *op. cit*, p. 189.
250. *Ibid.*, p. 148-149.
251. *Ibid.*, p. 150-151.
252. *Ibid.*, p. 81.
253. *Ibid.*, p. 150.
254. *Ibid.*, p. 151.
255. Alexandre MORIN et Thierry PAIRAULT, *op. cit.*, p. 18.
256. François GIPOLOUX, *op. cit.*, p. 83.
257. *Ibid.*, p. 87-88.
258. *Ibid.*, p. 86.
259. *Ibid.*, p. 194.
260. *Ibid.*, p. 209.
261. *Ibid.*, p. 238.
262. *Ibid.*, p. 252.
263. *Ibid.*, p. 253.
264. *Ibid.*, p. 256.
265. *Ibid.*, p. 262.
266. *Ibid.*, p. 275.
267. *Ibid.*, p. 276.
268. Les lignes qui suivent s'appuient sur le texte de M. CHEN Ke, *op. cit.*

CHAPITRE II

LE CONTEXTE ÉCONOMIQUE ACTUEL

LE CADRE IDÉOLOGIQUE DES RÉFORMES, DILEMMES ET CONTRADICTIONS

La reconstruction économique préoccupe l'équipe de dirigeants qui prend le relais à la mort de Mao Zedong[1]. C'est pour remettre le pays sur les rails que le PCC adopte au troisième plénum du XIe Comité central du parti communiste chinois, en décembre 1978, un programme de réformes et d'ouverture économiques, dit aussi celui des « quatre modernisations[2] ». Le PCC révise alors l'idéologie officielle en amorçant un changement de cap d'importance capitale. Dès lors, l'accent est mis sur le développement économique et non plus sur la lutte des classes[3]. Cette nouvelle orientation affecte tous les secteurs de l'économie et comporte de profondes répercussions, entre autres sur le monde ouvrier. Ces réformes ne vont pas sans poser de délicats problèmes de légitimité idéologique[4] pour le PCC. Aussi, la faction réformiste au sein du PCC s'attelle très tôt, mais sur une base pragmatique, à une révision en profondeur de l'idéologie qui permettra de concilier des dimensions des réformes heurtant de front l'orthodoxie marxiste[5]. La compréhension du cheminement idéologique du PCC depuis le début des réformes est indispensable pour situer le sort fait aux droits des travailleurs dans la Chine des réformes.

Il faut remonter au troisième plénum du XIe Comité central du parti communiste chinois, en décembre 1978, pour trouver les fondements de la nouvelle orthodoxie du PCC. Deng Xiaoping innove en affirmant que la tâche fondamentale du socialisme consiste à libérer et développer les forces productives[6]. Le critère de la productivité, ou en d'autre termes, du développement économique, devient alors celui qui sert à évaluer les politiques et les dirigeants[7].

Les réformistes justifient le primat accordé au développement économique en s'appuyant sur le nouvel argument que la Chine se trouve au « premier stade du socialisme[8] ». La caractéristique de ce stade est la pauvreté, et le moyen d'en sortir réside dans le développement économique. Ici se produit une rupture idéologique importante avec l'orthodoxie de la période précédente. On associe désormais le socialisme à la productivité, et non plus à l'égalité[9]. Aussi devient-il nécessaire de réinterpréter la notion d'égalité dans la Chine au « premier stade du socialisme ». En pratique, cela consiste à admettre que certains types d'inégalités dans les relations économiques, dont les relations de production, sont rationnels parce qu'ils contribuent à promouvoir la productivité[10]. Il faut donc non seulement accepter l'émergence des inégalités, mais aussi ajuster les relations de production aux exigences de la croissance : dans ce contexte, n'importe quelle pratique peut être considérée comme socialiste si elle contribue à la croissance économique[11]. L'expression « socialisme avec des caractéristiques chinoises » voit le jour.

Un tel discours comporte des répercussions pour les travailleurs chinois dont il sera plus longuement question plus loin. Cependant, dès le milieu des années quatre-vingt, le PCC adopte des mesures qui visent à modifier le système du travail, et à faire accepter dans les faits l'exploitation d'une partie de la main-d'œuvre[12]. Les réformes suscitent, au fil du temps, des tensions au sein de la société chinoise. Ceux qui avaient adhéré à l'égalité prônée aux premiers temps du PCC se sentent trahis, car l'égalité est mise à mal par les réformes. Par ailleurs, certaines régions de Chine se sentent laissées pour compte par les réformes, ce qui force le gouvernement central à s'intéresser au problème du développement inégal[13]. Les réformes ont donc généré, au sein de la population, une certaine frustration[14] qui explique en partie le mouvement de la Place Tian Anmen de 1989. Des ouvriers y ont également participé[15], et ce fait a effrayé le Parti Communiste qui redoute plus que tout une alliance entre les intellectuels, ses critiques habituels, et la « classe ouvrière ». Par ailleurs, la résistance aux réformes se fait sentir au sein même du PCC, chez la faction conservatrice.

La répression qui a suivi a renforcé la position des conservateurs opposés aux réformes, et les luttes intestines entre réformistes et conservateurs ont été aiguës entre 1989 et 1992 au sein du PCC. Parallèlement, Deng Xiaoping a pris conscience de la désaffection des Chinois à l'endroit du PCC, et a estimé que le seul moyen de conserver le pouvoir consistait à accélérer les réformes économiques[16]. C'est dans ce contexte qu'en 1992, il entreprend son voyage dans le sud, qui envoie le signal de la consolidation et de la poursuite des réformes économiques. La période qui s'ouvre alors est caractérisée par un pacte[17] tacite entre Deng Xiaoping et les Chinois : le PCC, par la poursuite des réformes, s'engage à améliorer le niveau de vie de l'ensemble de la population. En retour, cette dernière donne au PCC son adhésion politique inconditionnelle, ce qui implique la renonciation à toute contestation. Le PCC joue maintenant sa survie, qui dépend du bon déroulement de la poursuite des réformes. Aussi, les dirigeants chinois ont recours, de façon continue, surtout depuis Tian Anmen, au mot « stabilité ». Elle est pour eux la pierre angulaire des réformes en cours[18]. Pour tous les Chinois, du paysan le plus pauvre au plus haut dirigeant, « stabilité » n'est pas un vain mot. Les Chinois aspirent à la stabilité[19], et l'histoire tumultueuse de la Chine depuis le début du siècle, ponctuée de guerre civile, d'invasions étrangères, de campagnes politiques génératrices d'incertitude au quotidien[20], explique cette aspiration. Aussi, un parti qui peut assurer la stabilité aux Chinois peut se rallier la population, du moins jusqu'à un certain point. La nécessité de maintenir la stabilité sociale et politique pour poursuivre les réformes économiques suscite un certain consensus en Chine, surtout depuis la conclusion du pacte tacite entre le PCC et le peuple chinois après Tian Anmen[21].

La réponse de Deng Xiaoping aux querelles idéologiques entourant les réformes consiste en une formule[22] à la fois choc et vague, soit « l'économie socialiste de marché », qui caractérise selon lui le système économique de la Chine. Jean-Luc Domenach explique ainsi ce concept :

> L'économie n'est « socialiste » qu'au sens où elle demeure sous le contrôle global du Parti. Elle n'est pas gérée par lui, mais suivant des modes de propriété variés-privé, collectif ou public. Le marché est de type capitaliste, mais encadré par l'État, ponctionné par le Parti et animé par des acteurs publics et privés. Mieux et moins qu'un compromis organisé, il y a symbiose et mélange entre des éléments de socialisme et de capitalisme[23].

Selon Jean-Luc Domenach[24], Deng Xiaoping réalise en 1992 un véritable coup de force. Cette déclaration met fin aux hésitations de la période précédente relativement au développement d'une économie de marché en Chine : à partir de ce moment, il ne subsiste plus d'obstacle idéologique[25] face à l'orientation des réformes et à leur poursuite. Il faut comprendre la notion d'« économie socialiste de marché » comme étant l'aboutissement du cheminement idéologique du PCC depuis le début des réformes, et non pas comme une innovation *ex nihilo*. Ainsi, depuis 1978, la faction réformiste a élargi le champ des interprétations acceptables du marxisme[26] afin d'en arriver à justifier les réformes par l'idéologie officielle elle-même. Selon les besoins de l'heure, divers concepts devant servir de justification idéologique aux réformes ont vu le jour. La notion d'« économie socialiste de marché » n'en est que le plus récent avatar. Cela dit, certains pays d'Europe de l'Est, à l'époque où ils vivaient encore sous le communisme, ont aussi cheminé dans le sens d'un assouplissement idéologique, articulé sur une « euphémisation croissante des contrastes supposés entre socialisme et capitalisme[27] ». La trajectoire de la Chine n'est donc pas unique. Au XVe Congrès du PCC, tenu en septembre 1997, Jiang Zemin a réaffirmé que la Chine se trouve encore au « premier stade du socialisme » et il maintient le cap sur le développement économique[28]. Dans ce contexte, la notion d'« économie socialiste de marché » est censée apporter une réponse aux interrogations sur la présence d'éléments capitalistes en Chine, ainsi qu'à la résurgence des inégalités et de certaines formes d'exploitation.

UN APERÇU SOMMAIRE DES RÉFORMES DE L'AGRICULTURE ET DU COMMERCE

Les réformes entreprises par le PCC en 1978 visent, au sens large, la réinsertion de la Chine dans le marché mondial. Elles touchent d'abord l'agriculture et le commerce, pour s'étendre à l'industrie en 1984. Nous ne pouvons nous étendre sur les réformes dans l'agriculture, qui débordent du cadre de ce travail. De même, nous ne pourrons pas beaucoup élaborer sur les réformes du commerce, sauf en ce qui a trait aux entreprises étrangères. Les réformes de l'industrie sont traitées dans la section suivante.

Durant les premières années du régime, l'agriculture a été subordonnée aux besoins du développement de l'industrie lourde. Or, cette tendance est renversée, du moins entre 1978 et 1985, période durant laquelle les nouvelles politiques bénéficient grandement aux paysans. Les communes populaires disparaissent partiellement au profit d'un système d'exploitation familiale de la terre ; la commune conserve la propriété de la terre, mais l'État loue les terres par le biais de contrats de longue durée, afin d'encourager les paysans à investir et à soigner la production agricole ; les instruments de production sont privatisés[29]. Les marchés libres ont fait leur apparition, et les paysans peuvent y écouler une partie de leur production et garder le produit de ces ventes. Malgré la décollectivisation des terres, il subsiste plusieurs problèmes, et l'écart villes-campagnes se creuse dans plusieurs provinces. Les paysans ont aussi à faire face aux abus des pouvoirs locaux, qui prélèvent des impôts de manière souvent abusive[30]. Le lot du paysan chinois reste très dur, surtout dans des provinces reculées. Le système des soins de santé dans les campagnes se détériore[31], et l'accès à l'éducation des enfants des campagnes demeure très problématique[32].

La réforme du commerce extérieur, pour sa part, accorde une place de choix aux investissements directs étrangers (IDE), censés contribuer à la modernisation de l'industrie chinoise par l'apport de technologie[33] et par l'introduction de techniques de gestion. Bien sûr, ces investissements doivent aussi générer des devises étrangères. Les investisseurs étrangers sont attirés en Chine par deux éléments : la faiblesse des salaires et des coûts chinois, et le marché chinois[34]. La progression exceptionnelle des échanges extérieurs chinois découle du dynamisme des industries extraverties[35]. Les opérations de ces dernières se concentrent sur l'assemblage, et « les sociétés à capitaux étrangers ont pris sur ce segment une place dominante[36] ». La sous-traitance internationale occupe une position clé dans le commerce extérieur chinois, qui lui doit la moitié de sa croissance[37].

La décentralisation et l'affaiblissement du pouvoir central

Le degré d'affaiblissement de l'État chinois ne fait pas l'unanimité au sein des sinologues[38]. Une chose, cependant, est sûre, c'est que le gouvernement central a adopté une politique de décentralisation au profit des autorités locales depuis le début des réformes[39]. Ce fait a des répercussions lorsqu'il s'agit de mettre en oeuvre les lois, règlements et directives édictées par le gouvernement central. La décentralisation touche plusieurs domaines, dont le commerce extérieur. Avant 1978, les échanges extérieurs de la Chine étaient aux mains de douze sociétés de commerce extérieur (SCE) en accord avec le plan national[40]. Il s'agissait des SCE nationales. Depuis 1979, le gouvernement central a autorisé la création de SCE au niveau provincial, régional et municipal. D'une façon générale, la décentralisation a accru l'autonomie financière des provinces, et a réduit la capacité du budget de l'État à redistribuer les ressources, notamment pour ce qui a trait à l'IDE[41]. Ces SCE, aussi appelées Commissions économiques étrangères, sont de puissantes bureaucraties locales[42], et constituent l'intermédiaire obligé des compagnies étrangères auprès des autorités locales. Ce fait a des conséquences importantes pour les droits des travailleurs, sur lesquels nous reviendrons ultérieurement.

Notes

1. Nous passons sur l'épisode, bref, où HUA Guofeng dirige la Chine, car Deng Xiaoping revient en force en 1978 et devient la figure centrale des réformes. Cependant, un événement marquant de cette période est le procès de la « Bande des Quatre », jugée responsable des abus de la Révolution Culturelle. La Bande des Quatre est accusée, entre autres, d'avoir fait preuve d'« ultra-gauchisme ». Le procès de Jiang Qing, la veuve de Mao, s'est poursuivi après l'avènement de Deng Xiaoping.
2. Modernisations de l'agriculture, de l'industrie, de la technologie (et défense nationale) et des sciences : Jonathan D. SPENCE, *The Search for Modern China, op. cit.*, p. 622. La démocratie est la « cinquième modernisation » réclamée par les dissidents.
3. Graham YOUNG, « The Chinese Communist Party Under Deng Xiaoping : Ideology and Organizational Decay », in (sous la dir. de) Joseph Y. S. CHENG, *China in the Post-Deng Era*, The Chinese University Press, Hongkong, 1998, 707 pages, 111-136, p. 115. L'accent mis sur la lutte des classes a conduit à la Révolution Culturelle, avec son cortège de persécutions et de destructions [...]
4. Cette question est traitée en détails dans l'ouvrage de FENG Chen, *Economic Transition and Political Legitimacy in Post-Mao China. Ideology and Reform*, State University of New York Press, New York, 1995, 246 pages.
5. TONG Yanqi, « Political development in Reforming China », in (sous la dir. de) Joseph Y. S. CHENG, *China in the Post-Deng Era*, The Chinese University Press, 1998, 707 pages, 81-109, p. 86.
6. FENG Chen, *op. cit.*, p. 54.
7. TONG Yanqi, *op. cit.*, p. 104.
8. FENG Chen, *op. cit.*, p. 58.
9. *Ibid.*, p. 59.
10. *Ibid.*, p. 184.
11. Graham YOUNG, *op. cit.*, p. 115.
12. FENG Chen, *op. cit.*, p. 187.
13. Thierry PAIRAULT, « Les régions chinoises : industrialisation inégale et développements divergents », (juillet-septembre 1996) 147 *Revue Tiers Monde* 549-568.
14. Le PCC est conscient de cette situation, ainsi qu'en témoigne la presse officielle chinoise : « D'une part, le citoyen chinois moyen encourage les efforts de réforme, mais d'autre part, il est mal à l'aise par rapport aux effets de la réforme sur ses intérêts qui étaient préalablement stables ». « Faits et chiffres. Changement de priorités », (3 mars 1997) *Beijing Information* 28-29, p. 29.

15. Entre autres, divers syndicats indépendants ont vu le jour alors, et, à l'instar du plus connu, celui de M. HAN Dongfang, ils ont eu la vie courte. Les ouvriers des entreprises d'État protestaient contre divers aspects des réformes, dont l'arbitraire dans l'application des règles d'attribution des logements neufs sur les unités de travail. Voir Andrew G. WALDER, « Workers, Managers and the State : « The Reform Era and the Political Crisis of 1989 », in HOOK, B., (sous la dir. de), *The Individual and the State in China,* New York, Oxford University Press, 1996, 43-69.
16. Orville SCHELL, *Mandate of Heaven. The Legacy of Tian An Men Square and the Next Generation of China's Leaders,* New York, Simon & Schuster, 1994, 464 pages, p. 360-361.
17. *Ibid.*, p. 430.
18. JIANG Zemin, *Hold high the great banner of Deng Xiaoping Theory for an all-around advancement of the cause of building socialism with Chinese characteristics to the 21st century,* « Historical Party Congress/Full text of Ziang Zemin's report delivered at the 15th National Congress of the Communist Party of China on September 12, 1997 », [texte présenté en anglais par l'agence de presse Xinhua] (September 23, 1997), 17:5041 *China Daily, 15th Party Congress Supplement,* 5 pages, p. S-3.
19. « Faits et chiffres... », *op. cit.*, p. 28-29. Le sondage effectué montre que la majorité des Chinois attachent une importance primordiale à la stabilité sociale.
20. Aujourd'hui encore, les traumatismes générés par la Révolution Culturelle ne sont pas résorbés.
21. Orville SCHELL, *op. cit.*, p. 430.
22. Cette expression revêt toutefois une grande valeur symbolique, car elle marque la victoire des réformistes dans la lutte de pouvoir au sein du PCC. Elle a été intégrée en 1993 à l'article 15 de la Constitution chinoise.
23. Jean-Luc DOMENACH, *L'Asie en danger,* Paris, Fayard, 1998, 339 pages, p. 248.
24. *Ibid.*, p. 247.
25. TONG Yanqi, *op. cit.*, p. 103.
26. *Ibid.*, p. 86.
27. Bernard CHAVANCE, « De la réforme du socialisme à la transformation post-socialiste : la Chine en perspective historique », *Actuel Marx* (1997) 22, PUF (numéro intitulé : *Où va la Chine ?*), 69-90, p. 78.
28. Il ressort de la dernière révision de la constitution, effectuée en mars 1999, que la Chine est appelée à demeurer longtemps au premier stade du socialisme. Voir l'article de CHEN Jianfu, « La révision de la

Constitution en République Populaire de Chine » (traduit de l'anglais par David Kempf), (mai-juin 1999) 53 *Perspectives Chinoises* 66-73.

29. Diana HOCHRAICH, *La Chine : de la révolution à la réforme,* coll. « Alternatives économiques », Syros, Paris, 1995, 199 pages, p. 44.
30. Jacques SEURRE, « Émeutes paysannes dans le Shanxi, le Henan et le Hunan », (nov.- déc. 1995) 32 *Perpectives Chinoises* 11-14.
31. Charlotte CAILLIEZ, « L'effondrement du système de santé rural », (mai-juin 1998) 47 *Perspectives Chinoises* 38-45.
32. LI Chungling, « L'enseignement aux prises avec la misère. L'école primaire dans les zones pauvres », (nov.-déc. 1994) 26 *Perspectives Chinoises* 12-18.
33. Les lois chinoises ayant trait aux investissements étrangers sont très explicites quant aux attentes de la Chine en matière de transfert de technologie. À titre d'exemple, il est stipulé à l'article 5 de la loi de 1979, *Law of the People's Republic of China on Chinese-Foreign Joint Ventures (The)* (Adopted by the Second Session of the Fifth National People's Congress on July 1, 1979 and Promulgated on and Effective as of July 8, 1979) [tirée du site web : <http : //www.chinatoday.com/law>], que la technologie apportée par l'investisseur étranger doit être avancée, et conforme aux besoins de la Chine. Si l'investisseur étranger tente de tromper la Chine par le biais d'une technologie désuète, il sera responsable de toutes les pertes encourues.
34. Pierre JUDET, « La Chine monte en puissance », (juillet-septembre 1996) 147 *Revue Tiers Monde* 473-492, p. 485. Voir aussi Diana HOCHRAICH, *op. cit.,* 1995, p. 166.
35. Françoise LEMOINE, « L'intégration de la Chine dans l'économie mondiale » (Juillet- septembre 1996) 147 *Revue Tiers Monde* 493-523, p. 507.
36. *Ibid.*, p. 506.
37. Jean-François HUCHET, « L'héritage économique de Deng Xiaoping », (mars-avril 1997) 40 *Perspectives Chinoises* 6-16, p. 11.
38. Jacques ANDRIEU, « Chine : une économie communautarisée. Un État décomposé », (juillet-septembre 1996) 147 *Revue Tiers Monde* 669-687 ; et Jean-Louis ROCCA, « La corruption et la communauté. Contre une analyse culturaliste de l'économie chinoise », (juillet-septembre 1996) 147 *Revue Tiers Monde* 689-702.
39. Jean-Louis ROCCA, « La corruption et la communauté... », *op. cit.,* p. 691.
40. Kichiro FUKASUKU, David WALL et WU Mingyuan, *La « Longue Marche » de la Chine vers une économie ouverte,* coll. « Études du centre de développement de l'OCDE », Paris, OCDE, 1994, 123 pages, p. 31.
41. Françoise LEMOINE, *La nouvelle économie chinoise,* coll. « Repère », Paris, La Découverte, 1994, 126 pages, p. 81.
42. Anita CHAN, « L'agitation ouvrière derrière le " made in China " », (juillet-août 1994) 24 *Perspectives Chinoises,* 10-12, p. 12.

CHAPITRE III

LE TRAVAIL EN CHINE CONTEMPORAINE

LES TRAVAILLEURS ET TRAVAILLEUSES EN CHINE DE 1949 AU DÉBUT DES RÉFORMES

Les « unités de travail » et les conditions de vie des ouvriers urbains

La politique ouvrière maoïste des premières années du régime a consisté à octroyer au monde ouvrier une série d'avantages socio-économiques[1] pour obtenir son soutien. Malgré l'épisode des Cent Fleurs, le monde ouvrier a fait confiance[2] au nouveau régime, du moins jusqu'à la Révolution Culturelle. Le système qui a été mis en place est celui des unités de travail (*danwei*). Il existe encore aujourd'hui mais est en voie d'érosion par suite de l'orientation imprimée aux réformes.

Les employés et ouvriers du secteur étatique sont très dépendants de leur unité de travail, et c'est là un aspect fondamental de l'organisation sociale en Chine[3]. Il se fait sur la *danwei* une intégration de tous les aspects de la vie[4], ce qui fait que « les employés des unités de travail ne sont pas liés à leur entreprise par un simple lien salarial[5] ». Il s'agit de beaucoup plus que ça. Les employés des *danwei* avaient, jusqu'à récemment, un emploi garanti à vie, transmissible à un membre de leur famille en vertu d'une règle non écrite. Il n'y avait pas de lien entre la performance économique de l'entreprise et ses revenus, et, de même, le salaire d'un ouvrier ne dépendait pas de sa productivité[6]. Les licenciements étaient une réalité inconnue des travailleurs chinois avant les réformes.

La *danwei* fournit aux travailleurs, pour une somme modique, un logement, et dispensait jusqu'à ces dernières années une couverture sociale quasi complète[7]. Entre autres, les ouvriers du secteur d'État recevaient des subsides[8] pour les aider à acheter certaines denrées alimentaires, du charbon, etc. La couverture sociale comprenait l'accès à des soins de santé aux frais de l'entreprise[9], des indemnités en cas d'accident de travail, l'éducation des enfants, des garderies, le versement de prestations de retraite, en un mot, l'État « prenait en charge directement l'ensemble des prestations auxquelles le travailleur avait droit[10] ». Ces avantages, cumulés, faisaient en sorte que les ouvriers du secteur étatique recevaient presque tous les subsides et bénéfices sociaux[11]. Dans la pratique, les ouvriers urbains ont été, après les dirigeants du Parti et les cadres, ceux qui vivaient le mieux en Chine, au point qu'on puisse parler de l'« exception ouvrière[12] ». Cela est vrai si on les compare aux paysans[13] mais il convient d'apporter quelques précisions.

La situation de la classe ouvrière : rhétorique et réalité

Tout d'abord, le statut d'ouvrier reste peu considéré par rapport à celui des personnes exerçant une activité intellectuelle[14]. Le statut d'ouvrier a parfois été convoité par les cadres, pour leurs enfants. À l'époque où la politique consistait à envoyer les jeunes urbains à la campagne, être ouvrier d'usine leur évitait ce sort peu enviable, mais ce statut était perçu comme un pis-aller[15], dans l'attente de perspectives plus souriantes. Il existait deux grandes catégories[16] d'ouvriers urbains. D'une part, les ouvriers permanents, qui bénéficiaient des avantages décrits ci-dessus. D'autre part, les ouvriers temporaires d'origine rurale, au statut précaire et sans couverture sociale. Cette division du monde ouvrier est plus que jamais d'actualité, et source de tensions au sein du monde ouvrier.

Si l'ouvrier permanent bénéficiait d'avantages socio-économiques importants, il l'a payé par un manque de pouvoir et d'initiative au sein de l'usine[17], qui tient aussi à la place particulière des syndicats en Chine dont il sera question plus loin. De même, la dépendance de l'ouvrier permanent envers l'usine pour tous les aspects de sa vie l'empêchait de changer d'emploi et de lieu de travail. En d'autres termes, ce système faisait obstacle à la mobilité de la main-d'œuvre. Par ailleurs, les possibilités de promotion étaient limitées par le manque de compétences des cadres[18], eux-mêmes ouvriers promus cadres parfois sur la base de critères politiques. Hormis les dirigeants, les vrais privilégiés du régime étaient, jusqu'à récemment du moins, les cadres[19]. Ces derniers ont su s'arroger divers avantages, dont les meilleurs logements dans les *danwei.* La question de l'attribution des logements est au cœur[20] des sources de frustration des ouvriers. Les logements des ouvriers, au début des réformes, étaient le plus souvent dans des conditions matérielles cumulant la vétusté[21], l'étroitesse et l'insalubrité. Les installations d'eau courante étaient rares, et les installations sanitaires consistaient en des toilettes publiques rudimentaires, hors des immeubles, dans les cours. Les salaires des ouvriers ont augmenté durant les réformes, mais, en pratique, l'inflation a grugé les augmentations[22]. Enfin, il arrivait fréquemment que des couples mariés soient assignés à des unités de travail situées dans des villes ou provinces différentes. Les transferts relevaient de l'impossible, notamment à cause des permis de résidence qui fixent leurs détenteurs à un lieu déterminé.

Les restrictions à la mobilité de la main-d'œuvre par le permis de résidence

Le *hukou,* ou permis de résidence, constitue une pièce d'identité essentielle, nécessaire pour toutes les démarches administratives en Chine. Le PCC utilise le *hukou* comme moyen de contrôler la population, et surtout d'endiguer l'exode rural[23]. Il existe deux sortes de permis de résidence : les *hukou* qui permettent à leurs détenteurs d'habiter en ville, et les *hukou* des paysans, qui les fixent dans les zones rurales. Les deux sortes de *hukou* ne sont pas convertibles. Les détenteurs de *hukou* urbains sont tenus de résider dans la ville dont le nom apparaît sur le *hukou,* et cela complique encore les choses aujourd'hui pour les travailleurs dans un contexte de mobilité accrue de la main-d'œuvre. L'institution du *hukou* est en décalage par rapport à la nouvelle réalité.

Aujourd'hui, il est clair que l'institution du *hukou* est en faillite, du moins pour ce qui est d'empêcher les paysans de quitter les campagnes. Cependant, les migrants ruraux, ou *mingong,* qui vivent en ville le font illégalement, puisque leur *hukou* en est un rural. Aussi, les *mingong* sont comme des immigrants clandestins dans leur propre pays. Depuis quelques années cependant, les autorités chinoises reconnaissent une certaine utilité économique aux *mingong*, qui acceptent d'exécuter des travaux ingrats délaissés par le reste de la population urbaine. C'est pourquoi les *mingong* qui ont un contrat de travail en ville ont maintenant accès à un *hukou* urbain temporaire, valide suivant la durée de leur contrat de travail[24]. Cependant, la vaste majorité des *mingong* n'a pas le bénéfice d'un contrat de travail, et ceux-là sont des citoyens de seconde zone. Ils vivent dans des conditions matérielles déplorables[25] et sont victimes d'abus divers sur les lieux de travail, abus favorisés par la précarité de leur statut.

L'IMPACT DES RÉFORMES SUR LES ENTREPRISES

Les nouvelles venues, entreprises collectives et entreprises privées

Les réformes sont caractérisées par l'essor nouveau des entreprises collectives[26] et du secteur privé, ou, en d'autres termes, d'un secteur non étatique. C'est dans ce dernier secteur qu'ont eu lieu les décollages spectaculaires, surtout celui des entreprises rurales. Dans les provinces côtières de Chine, le développement de ces entreprises remet en question la notion d'un fossé villes-campagnes[27], car il « s'est opéré en étroite osmose avec celui des industries urbaines » : les entreprises rurales travaillent souvent en sous-traitance des industries urbaines[28] des provinces côtières, ce qui ne va pas sans poser des problèmes eu égard au respect des droits des travailleurs et de l'environnement. Le régime des droits de propriété de ces entreprises reste flou, ce qui crée des scénarios confus, entre autres au niveau de leur gestion[29].

Le secteur privé comporte deux catégories d'entreprises selon la classification chinoise : les entreprises dites individuelles, qui comptent huit employés ou moins, et les entreprises privées, qui comptent plus de huit employés. Entre 1949 et 1979, toute pratique commerciale à titre privé était interdite. Cependant, l'existence du secteur privé est reconnue par la Constitution chinoise depuis 1988[30]. Les entrepreneurs du secteur privé ne s'estiment pas liés[31] par le nouveau *Code du travail* et autres lois sur le travail, ce qui laisse les employés et ouvriers de ce secteur dans une grande précarité et à la merci de nombreux abus[32] dont nous traiterons plus loin.

Les entreprises à capitaux étrangers

Lorsque la Chine s'est ouverte aux capitaux étrangers en 1979, elle l'a fait sur une base d'abord très restreinte[33] géographiquement, en créant les « zones économiques spéciales » (ZES), enclaves territoriales où sont autorisés les investissements étrangers. Les ZES avaient en fait une fonction de laboratoire des réformes qui a été cruciale : les deux éléments que voulaient tester les autorités avec l'instauration des ZES, étaient des réformes ayant trait à la mise en place de marchés, et des réformes visant à donner un cadre réglementaire et administratif aux ZES ; ces dernières ont progressé plus lentement[34]. Les ZES ont un statut exorbitant du droit commun chinois[35], notamment en matière de fiscalité. Cinq ZES ont été crées, avec des correspondances géographiques significatives. Ensuite, en 1984, le Conseil d'État a créé les Zones de développement économique et technologique (ZDET), soit quatorze villes côtières[36].

Les investissements directs étrangers (IDE) sont concentrés dans les villes côtières, et leur géographie témoigne du fait que la Chine est aux prises avec un développement inégal. En fait, la Chine poursuit, depuis 1949, une stratégie délibérée[37] de « poches de développement ». Le gouvernement central est conscient du mécontentement crée par cette situation et encourage à présent les IDE dans d'autres parties de la Chine. Toutefois, les diverses provinces, et des divisions administratives à l'intérieur d'une même province, se livrent une féroce compétition pour attirer les investissements étrangers. Cette situation comporte des répercussions pour les droits des travailleurs, qui seront examinées plus avant dans ce travail.

Les IDE dans les ZES se sont d'abord concentrés dans le secteur tertiaire[38]. Ce fait a conduit le gouvernement chinois a édicter en 1986 une loi sur les IDE, qui visait à les promouvoir dans les industries de transformation à forte intensité technologique et à vocation exportatrice[39].

Après le voyage de Deng Xiaoping dans le sud en 1992, qui marque la confirmation de la poursuite des réformes, la Chine est devenue la première destination des IDE parmi les pays en voie de développement[40].

Pour les fins de ce travail, le mode de présence le plus important des IDE est incontestablement celui de la sous-traitance internationale. Toutefois, les lois chinoises distinguent plusieurs formes juridiques d'incorporation[41].

La majorité des entreprises qui délocalisent en Chine sont originaires de Hongkong, Macao, Taiwan, avec une part infime réservée à l'Asie du Sud-Est[42]. D'une façon générale, l'insertion de la Chine dans le marché mondial « s'est fondée sur ses avantages comparatifs dans les industries de main-d'œuvre, qui en ont fait un pôle d'attraction pour les mouvements de délocalisation des productions[43] [...] ». En cela, la Chine s'inspire d'un « modèle asiatique » de développement[44]

La restructuration des entreprises d'État

Les dirigeants ont appliqué avec prudence[45] les réformes dans les villes. Les cibles des réformes sont les entreprises du secteur étatique, pour la plupart déficitaires[46], sources de mauvaises créances pour le gouvernement central. Les réformes ont peu à peu franchi la porte de ces entreprises, mais il aura fallu attendre[47] le XVe Congrès du PCC, en septembre 1997, pour que le régime de propriété de ces dernières commence à être profondément modifié. Les enjeux de la restructuration sont très délicats pour le PCC. Toucher à la propriété d'État et au sort de la « classe ouvrière », deux des constituants du credo marxiste-léniniste dont se réclame le PCC, pose des problèmes de légitimité idéologique au régime. Le monde ouvrier résiste[48] à certains aspects des réformes, et le PCC, hanté par le spectre de Solidarnosc[49], craint particulièrement l'agitation ouvrière pour ses impacts politiques et sociaux.

La première étape des réformes des entreprises d'État a consisté à mettre fin à l'emploi garanti à vie, en 1986. Le système des contrats à durée déterminée a été instauré, se voulant un compromis[50] entre les licenciements, alors inacceptables politiquement et socialement, et la sécurité d'emploi. Les ouvriers recrutés en vertu de ces contrats bénéficiaient de tous les avantages[51] des ouvriers permanents, moins la permanence. L'État a aussi voulu rendre les entreprises responsables de leurs pertes et profits, et a adopté diverses mesures en ce sens. Si un constat d'échec de ces mesures apparaît quant aux résultats recherchés, ces mesures ont eu pour effet de modifier les rapports de pouvoir au sein des entreprises d'État. Les dirigeants des entreprises ont récupéré, dans la foulée de la décentralisation, « une bonne partie des pouvoirs de gestion [...] qui étaient impartis aux bureaux industriels au début des réformes[52] ». Entre autres, la détermination des salaires, l'attribution des logements et l'octroi des avantages sociaux relèvent désormais de l'entreprise[53] plutôt que des ministères nationaux ou des bureaux locaux de planification.

Les dirigeants des entreprises, au début, n'ont pas voulu recourir aux licenciements en raison des risques trop grands que cela comportait. En revanche, ils ont trouvé d'autres moyens de jouer sur la sécurité d'emploi des travailleurs. Pour éviter les licenciements directs, les entreprises d'État ont créé des usines et services annexes où recaser la main-d'œuvre licenciée[54]. En pratique, les dirigeants des entreprises ont tantôt accepté à titre de faveur de permettre le transfert à ces usines de travailleurs voulant devenir entrepreneurs[55], tantôt utilisé le transfert vers ces usines comme mesure de représailles envers les travailleurs récalcitrants, malades, ou ayant trop peu de rendement. Les conditions dans lesquelles s'effectuaient les transferts étaient très désavantageuses pour les ouvriers. Si l'usine ne pouvait leur offrir un emploi, ce qui arrivait souvent, les ouvriers étaient tout simplement renvoyés à la maison avec de substantielles réductions de salaires, et pas de bonis[56]. Dans certaines entreprises, les travailleuses ont été forcées de prendre des congés de maternité de 18 à 24 mois (au lieu des 56 jours prévus alors), avec réduction de salaire et sans bonis ; et celles qui insistaient trop sur leurs droits se voyaient assigner des emplois plus pénibles et moins rémunérés au retour[57].

Le cheminement idéologique du PCC lui permet de faire des entorses de plus en plus grosses au marxisme-léninisme, et l'heure des licenciements massifs a sonné. Les ouvriers des entreprises d'État font, de plusieurs manières, les frais de la situation déficitaire de ces dernières : onze millions et demi de travailleurs ont été licenciés en 1997, et les licenciements continuent de plus belle ; ceux qui conservent leur emploi voient leurs salaires versés avec parfois plusieurs mois de retard[58], le paiement des frais médicaux par les entreprises semble faire de plus en plus problème[59]. Les travailleurs à la retraite touchent sporadiquement leur rente de retraite[60], et sont parfois obligés de recourir, tant bien que mal, à des petits métiers pour générer un revenu minime[61] leur permettant d'acheter de quoi manger. Le sort des travailleurs licenciés est encore plus précaire. Le PCC exhorte ces derniers à se reconvertir dans les affaires[62], et tient un discours qui tend à les présenter comme responsables[63] de leur situation. Toutefois, s'il est vrai qu'une minorité de travailleurs licenciés parvient à démarrer une affaire et à en vivre[64], la vaste majorité d'entre eux est sans recours dans une société où la protection sociale hors de l'entreprise est à l'état embryonnaire. Ici et là, des initiatives locales[65] voient le jour pour venir en aide aux travailleurs licenciés, mais leur situation demeure sombre et ils déchantent brutalement des lendemains de la Chine des réformes[66].

LES SYNDICATS

Le syndicalisme entre 1949 et 1979

Les doubles thèmes de la continuité et de la rupture caractérisent le syndicalisme chinois sous la période maoïste. L'avènement au pouvoir du PCC modifie en profondeur la nature du syndicalisme chinois, et rompt avec la conception du syndicat comme organisation de défense des droits des travailleurs. En revanche, le type de relations entre les autorités gouvernementales et les syndicats demeure sensiblement le même. Selon François Gipoloux, « [...] durant sa brève histoire, le syndicalisme chinois a rarement fait preuve d'indépendance[67] », quel que soit le régime en place. Ce constat a son importance, non seulement pour comprendre la situation des syndicats dans la Chine maoïste, mais aussi pour apprécier leur position actuelle dans la Chine des réformes.

Dès 1950, avec la *Loi sur les syndicats*, le syndicat se voit assigner une position « d'organe de liaison entre l'État et les travailleurs[68] ». Cette loi marque aussi la fin du pluralisme syndical qui avait jusqu'alors prévalu, et le nouveau syndicat englobe tant les ouvriers que les employés[69]. Il s'agit ici d'un élargissement de catégorie important. Entre autres, les fonctionnaires et autres employés de l'État[70] peuvent maintenant se syndiquer, alors qu'auparavant cela leur était impossible. La *Loi sur les syndicats* met aussi fin au regroupement par métiers, pour y substituer un regroupement par branche de production et « selon les unités administratives territoriales » ; mais en pratique, cette sorte de regroupement par secteur ou branche de production implique l'abolition de divisions internes à l'entreprise selon les diverses catégories de personnel[71], et il s'agit d'un développement voulu[72] par le PCC. Cependant, une nouvelle hiérarchie, qui ne s'avoue pas, émerge au sein de l'entreprise : salarié, salarié syndiqué, salarié syndiqué et membre du parti[73]. Les syndicats opèrent sur le mode du « centralisme démocratique[74] » relativement à la prise de décisions.

L'adhésion au syndicat est libre en théorie, mais les avantages matériels[75] découlant du statut de syndiqué sont tels, par rapport au statut des non syndiqués, que l'adhésion devient quasi obligatoire[76]. Les syndiqués doivent verser chaque mois un pour cent de leur salaire au syndicat[77]. D'emblée, on remarque une disproportion entre les droits et les devoirs des travailleurs. Les devoirs sont énoncés de façon beaucoup plus stricte et précise que les droits, et ils portent sur des domaines très différents. Les membres ont, entre autres, le droit[78] d'élire et d'être élus, de formuler des propositions au syndicat, de critiquer les cadres de l'organisation, et bénéficient de la priorité dans les établissements culturels et sociaux gérés par les syndicats. Cependant, ces droits n'ont guère de poids par rapport aux obligations des travailleurs, dont l'essentiel consiste avant tout à respecter la discipline du travail et à respecter les lois et décrets de l'État.

La discipline du travail occupe une place centrale dans le discours du PCC, et devient dès lors le fondement[79] même du droit du travail. Nous avons dit ailleurs que cette insistance sur la discipline du travail a pour cause la démotivation des travailleurs chinois lorsque l'octroi de stimulants matériels et financiers[80] s'est vu remis en question. En 1954, a été promulgué le seul texte qui, jusqu'en 1982, définit les droits et devoirs légaux des travailleurs soit l'*Esquisse de règlement intérieur du travail dans les entreprises d'État*[81]. Ce dernier est riche d'enseignements pour qui le décode. On trouve, énoncée dans le préambule, l'affirmation que le travail est une « cause glorieuse, héroïque et noble, la discipline du travail est fondée sur la conscience des travailleurs[82] ». Les ouvriers sont tenus au respect consciencieux des normes, réglementations et politiques de l'entreprise, et cette minutieuse observance manifeste que chacun assume alors ses « responsabilités fonctionnelles de base », ainsi qu'il ressort de l'article 3[83].

Ce texte soulève la question de la mutation du rôle des syndicats. Ces derniers ont dès lors pour objectif principal la « lutte pour le développement de la production[84] ». Selon François Gipoloux, c'est là qu'apparaît le mieux la fonction du syndicat comme « courroie de transmission[85] », qui opère d'ailleurs à sens unique[86]. Le syndicat transmet fidèlement aux travailleurs les directives du PCC, mais fait peu de cas de leurs revendications. De plus, si le syndicat met de l'avant la défense des droits des travailleurs, il est accusé de « nier la direction du Parti communiste[87] », ce qui dans le contexte de l'époque constitue une accusation grave. La fin de la nationalisation, en 1956, marque encore une perte de pouvoir pour les syndicats. À partir de ce moment, la politique salariale, l'affectation de la main-d'œuvre, l'établissement des normes de travail, relèvent non plus des syndicats, mais des bureaux locaux du ministère du Travail ou de l'administration[88]. Et surtout, du fait que les travailleurs deviennent juridiquement les détenteurs des moyens de production, les « maîtres du pays », cette nouvelle position enlève toute légitimité à d'éventuelles revendications, et annihile la fonction du syndicat comme organisation vouée à la défense des droits des travailleurs. Les syndicats ont alors ainsi une position difficile à tenir. Ils doivent convaincre les travailleurs que leurs intérêts et ceux de l'État coïncident[89]. Cette fiction n'emportera pas l'adhésion, ainsi qu'en témoignent les événements du printemps de 1957 et, depuis, la crédibilité syndicale déclinante. Rien, dans les événements subséquents, n'a contribué à restaurer la confiance des travailleurs chinois envers leurs syndicats.

La situation actuelle des syndicats

La liberté syndicale au sens des conventions de l'OIT continue d'être bafouée en Chine. La Fédération panchinoise des Syndicats reste sous la coupe du PCC, et, aux dires des dissidents, n'a toujours pas le pouvoir d'assumer un rôle de défense des droits des travailleurs[90]. L'apparition d'entreprises à capitaux mixtes et la restructuration des entreprises d'État font des droits des travailleurs une question d'actualité. Le PCC répond de façon un peu différente aux revendications ouvrières, selon qu'elles émanent des ouvriers des entreprises à capitaux mixtes ou bien des entreprises d'État.

Dans les entreprises étrangères, et ce, jusqu'en 1994, la création de syndicats n'était pas nécessaire pour obtenir une autorisation d'établissement et ne faisait pas l'objet de surveillance gouvernementale[91]. Toutefois, les violations graves des droits des travailleurs dans ces entreprises et dans les entreprises privées ont conduit, en 1994, à l'élaboration d'un décret interministériel[92] qui, entre autres, recommande fortement la création de syndicats pour prévenir les abus, et les rectifier au besoin. Le nombre de syndicats dans les entreprises étrangères a augmenté ces dernières années[93]. Cependant, les syndicats se donnent plutôt pour mission de ne pas effrayer les investisseurs étrangers, et ils suivent la politique du PCC, qui cherche à attirer les investissements étrangers dans le pays[94]. Aussi, les enquêtes de terrain soulignent-elles que, dans la majorité des cas, le syndicat existant est au mieux, impuissant, au pire, de façade[95]. Ce point de vue contraste avec celui du président du bureau administratif des entreprises étrangères au sein du Syndicat Général Panchinois. Selon lui, les violations des droits des travailleurs sont moins susceptibles de se produire dans les entreprises étrangères dotées d'un syndicat que dans celles qui en sont dépourvues[96]. Le débat reste ouvert. Le gouvernement a donc entendu les appels à la création de syndicats dans les entreprises étrangères, et on trouve assez facilement, dans la presse officielle, des articles sur la situation des droits des travailleurs dans ces entreprises. L'accessibilité de telles informations serait calculée pour détourner l'attention des troubles dans les entreprises d'État[97].

Les manifestations et grèves des ouvriers des entreprises d'État constituent un sujet fortement censuré[98] pour les journalistes chinois et étrangers. Ce fait illustre le caractère délicat du problème aux yeux des autorités[99]. Dans certains cas, elles font débloquer des fonds d'urgence pour satisfaire temporairement les demandes de versements de salaires des ouvriers[100] et n'usent pas de violence contre les manifestants[101]. Cependant, en général, la répression sévit contre des activistes des droits des travailleurs[102], ce qui laisse présager que l'indépendance des syndicats chinois n'est pas, dans un avenir rapproché du moins, à l'ordre du jour.

Notes

1. Trini W. Y. LEUNG, « S'organiser pour défendre ses droits » (juillet-août 1998) 48 *Perspectives Chinoises* 6-23, p. 8.
2. Roland LEW, *op. cit.*, p. 60.
3. Alexandre MORIN et Thierry PAIRAULT, *La Chine au travail* (*I*), *op. cit.* [note 1], p. 12.
4. *Ibidem.* Depuis les mariages et les grossesses (car c'est la *danwei* qui donne ou refuse l'autorisation à un couple de faire un enfant), jusqu'à la politique, en passant par les loisirs.
5. Patrice de BEER et Jean-Louis ROCCA, *op. cit.* [note 287], p. 74.
6. *Ibidem.* Ce mode de fonctionnement est jugé incompatible avec les exigences de l'économie socialiste de marché. Cependant, les restructurations comportent aussi un lourd coût social.
7. Les paysans ne bénéficient d'aucune forme de sécurité sociale.
8. Roland LEW, *op. cit.*, p. 65.
9. Diana HOCHRAICH, *op. cit.*, p. 86-87.
10. *Ibid.*, p. 86.
11. Roland LEW, *op. cit.*, p. 65.
12. Patrice de BEER et Jean-Louis ROCCA, *op. cit.*, p. 147.
13. Roland LEW, *op. cit.*, p. 60.
14. *Ibid.*, p. 55.
15. *Ibid.*, p. 74. De même, à l'époque où les étiquettes de classe étaient encore utilisées, être ouvrier conférait une certaine sécurité, mettant à l'abri, pendant un temps du moins, des persécutions politiques.
16. *Ibid.*, p. 53.
17. *Ibid.*, p. 56.
18. *Ibid.*, p. 55.
19. *Ibidem.*
20. Andrew WALDER, *op. cit.* [note 322], p. 49.
21. *Ibid.*, p. 44. Ce tableau est largement vrai encore aujourd'hui, si l'on précise qu'une telle description s'applique aussi aux logements, entre autres, de jeunes professeurs sur des campus d'université dans les provinces pauvres.
22. *Ibid.*, p. 47.
23. En fait, les mouvements de population en Chine ont connu trois stades depuis 1949 : de 1949 à 1957, pas de restrictions, les paysans ont pu émigrer en ville. Puis, en 1958, le PCC a instauré le *hukou* comme instrument de contrôle de la mobilité de la population, et assujetti ainsi les migrations vers les villes à des conditions restrictives et strictes. Puis, à partir de 1984, le gouvernement chinois permet aux paysans de migrer dans des villes de taille intermédiaire, où sont situées les entreprises rurales qui jouent un rôle important dans

l'absorption de la main-d'œuvre rurale excédentaire. Voir MA Xia, « Migration Pattern and Its Change in Urban China », in MA Xia et WANG Weizhi, eds., *Migration and Urbanization in China*, Beijing, New World Press, 1993, 1-25, p. 1-3.

24. Jean-Philippe BÉJA, « Les travailleurs itinérants, des immigrés de l'intérieur », (janv.-fév. 1994) 21 *Perspectives Chinoises*, 30-36, p. 32.

25. Dorothy SOLINGER, « Sojourning in the Cracks and Crevices : Migrant Workers », (Summer 1996) *China Rights Forum* 4-7. Ils vivent dans des taudis et n'ont pratiquement pas accès à des soins de santé. Ajoutons cependant que l'accès aux soins de santé est problématique pour l'ensemble de la population chinoise.

26. À la base, il s'agit de petites entreprises qui n'ont pas été nationalisées mais collectivisées. Leur gestion était confiée aux collectivités locales (à l'époque, brigades de production ou communes populaires, dissoutes depuis). Aujourd'hui, les entreprises collectives ont changé de nature, le pouvoir de décision est transféré à la bureaucratie locale. Elles diffèrent des entreprises d'État en ce qu'elles sont soumises aux contraintes du marché et possèdent une plus grande autonomie de gestion : voir Bruno CABRILLAC, *Économie de la Chine*, Paris, PUF, 1997, coll. « Que sais-je ? », 127 pages, p. 57-58. Elles ont, en outre, joué un rôle important dans l'absorption de la main-d'œuvre rurale excédentaire depuis le début des réformes : voir Jean-François HUCHET, « Statistiques chinoises. 4 % de chômeurs en Chine ? », (novembre-décembre 1997) 44 *Perspectives Chinoises* 68-69, p. 69.

27. Claude AUBERT, « Chine rurale : le fossé villes/campagnes », (juillet-septembre 1996) 147 *Revue Tiers Monde*, 543.

28. *Ibid.*, p. 542.

29. Patrice de BEER et Jean-Louis ROCCA, *op. cit.*, p. 94.

30. SU Zhan, « Environnement juridique et développement du secteur privé en Chine » (1996) 37 *C. de D.* 777-797, p. 779. L'auteur explique qu'il existe un décalage entre cette reconnaissance théorique et l'insertion de ce secteur dans la société chinoise. Le droit est ici particulièrement tributaire de considérations idéologiques. Les entrepreneurs privés chinois se méfient, car ils craignent des revirements idéologiques quant à la légitimité du secteur privé. Aussi, leur sentiment d'incertitude les conduit-il à vouloir maximiser leurs profits dans le plus court laps de temps, ce qui ne va pas sans poser divers problèmes. Les enjeux idéologiques du retour du capitalisme en Chine par le secteur privé sont bien résumés dans l'ouvrage de Patrice de BEER, *La Chine. Le réveil du dragon*, Paris, Éditions Centurion, 1989, 379 pages, p. 94-99.

31. SU Zhan, *op. cit.*, p. 794.

32. Patrice de BEER, *La Chine. Le réveil du dragon*, *op. cit.*, p. 97-98.

33. Cette base géographique restreinte résulte d'un compromis entre la faction réformiste et la faction conservatrice face aux IDE et aux possibles répercussions politiques de leur présence en Chine. Les confiner à quelques zones permettait de bien les observer et de limiter les éventuels inconvénients découlant de leur présence en Chine. Par ailleurs, si l'expérience s'avérait un succès, elle pouvait toujours s'étendre progressivement. Kichiro FUKASUKU, David WALL et WU Mingyuan, *op. cit.*, p. 43-44.
34. *Ibid.*, p. 46.
35. Elles se rapprochent des zones franches, mais en diffèrent aussi par quelques aspects, soit la taille, la structure et la fonction. Les ZES sont beaucoup plus vastes que les zones franches. De plus, alors que les zones franches ont souvent à leur tête des sociétés de gestion dépendant de l'administration centrale, les ZES sont des divisions administratives à part entière. En d'autres termes, leurs administrations sont les administrations locales, ce qui implique qu'elles sont responsables de toutes les fonctions d'une administration locale (assurer les services d'éducation, de santé, l'infrastructure de base, etc.), alors que ce n'est pas le cas pour les zones franches : *ibid.*, p. 50.
36. En pratique, il y a très peu de différences entre les deux.
37. Thierry PAIRAULT, « Les régions chinoises... », *op. cit.*, p. 563.
38. Joseph C. H. CHAI, *China. Transition to a Market Economy*, coll. « Studies on Contemporary China », Oxford, Clarendon Press, 1997, 230 pages, p. 162.
39. Kichiro FUKUSAKU, David WALL et Mingyuan WU, *op. cit.*, p. 79. Cependant, malgré cette loi, « les investissements étrangers s'orientent en priorité vers l'industrie de main-d'œuvre à bas niveau technologique », Patrice de BEER et Jean-Louis ROCCA, *op. cit.*, p. 170.
40. Patrice de BEER et Jean-Louis ROCCA, *op. cit.*, p. 169. En 1993, les IDE ont augmenté de 150 %.
41. Pour plus de détails, voir HAN Zhihong, « La législation chinoise sur les investissements étrangers et son évolution » (1996) 37 *C. de D.* 799-812. Parmi les autres modes de présence juridique, les plus répandus sont les co-entreprises à capitaux mixtes et étrangers, et les entreprises coopératives sino-étrangères.
42. Jean-François HUCHET, « L'héritage... », *op. cit.* [note 344], p. 11. Hongkong, Macao et Taiwan sont responsables à eux seuls de plus de 80 % des IDE en Chine.
43. Françoise LEMOINE, « L'intégration... », *op. cit.*, p. 511.
44. Françoise LEMOINE, « La nouvelle économie... », *op. cit.*, p. 85. Ce modèle se caractérise aussi par une croissance accélérée des exportations, et le rôle décisif des capitaux étrangers et des importations de technologies.

45. Roland LEW, *op. cit.*, p. 69.
46. Jean-François HUCHET, « Le XVe Congrès et la réforme de la propriété. Une nouvelle étape décisive pour les entreprises d'État chinoises » (septembre-octobre 1997) 43 *Perspectives Chinoises*, 14-25. Il est admis officiellement que 50 % à 70 % des ces entreprises enregistrent des pertes, qui ont été multipliées par dix en dix ans, p. 15.
47. *Ibid.*, p. 14.
48. Roland LEW, *op. cit.*, p. 73.
49. Trini W. Y. LEUNG, *op. cit.*, p. 19.
50. Roland LEW, *op. cit.*, p. 69.
51. *Ibidem.*
52. Jean-François HUCHET, « Le XVe Congrès... », *op. cit.*, p. 19.
53. Andrew WALDER, *op. cit.*, p. 50.
54. Roland LEW, *op. cit.*, p.72.
55. Andrew WALDER, *op. cit.*, p. 54. Dans ce cas, les travailleurs devaient verser un montant mensuel à l'entreprise, pouvant aller jusqu'à la moitié de leurs salaires, pour conserver leurs avantages (logement, accès aux soins de santé, etc.).
56. *Ibidem.*
57. *Ibid.*, p. 55.
58. Trish SAYWELL, « Reform. Little Pioneers », (August 6, 1998) *FEER*, p. 60-62.
59. Trini W. Y. LEUNG, *op. cit.*, p. 8-9.
60. Trish SAYWELL, *op. cit.*, p. 61.
61. Propos recueillis par l'auteure lors de son séjour en Chine, auprès de personnes du troisième âge réparateurs de vélos sur les trottoirs, ou gardiens des parcs à vélos, etc.
62. « La reconversion des travailleurs est de la responsabilité du gouvernement », (décembre 1997) 6 *Bulletin des Travailleurs Chinois* [version française] 1-2, p. 1.
63. *Ibid.*, p. 2.
64. Trish SAYWELL, *op. cit.*, p. 60-62. Tout l'article est consacré aux ouvriers licenciés, en mettant l'accent sur ceux qui se reconvertissent avec succès dans les affaires.
65. *Ibid.*, p. 61. Par exemple à Shanghai.
66. Ce qui fait dire au directeur du Asia Monitor Resource Centre, groupe de défense des droits des travailleurs basé à Hongkong, que la situation est ni plus ni moins qu'explosive. *Ibid.*, p. 60.
67. François GIPOLOUX, *op. cit.* [note 270],p. 132.
68. *Ibid.*, p. 103.
69. *Ibid.*, p. 104.

70. *Ibid.*, François Gipoloux explique cet élargissement par la nécessité aux yeux du PCC, de contrôler des couches sociales dont l'adhésion au nouveau régime n'est pas acquise, et qui comptent des intellectuels dans leurs rangs.
71. *Ibid.*, p. 107.
72. En théorie, cela instaure une convergence d'intérêts entre les ouvriers et la direction.
73. Alexandre MORIN et Thierry PAIRAULT, *op. cit.* [note 1], p. 18.
74. François GIPOLOUX, *op. cit.*, p. 109.
75. L'assurance-travail, ou la sécurité sociale, ne s'applique qu'aux entreprises de plus de cent employés, et certaines autres catégories de travailleurs en sont exclus : les ouvriers temporaires, saisonniers, contractuels, ceux déchus de leurs droits politiques, ceux des coopératives d'artisanat et ceux des établissements commerciaux. Voir François GIPOLOUX, *op. cit.*, p. 118.
76. *Ibid.*, p. 104.
77. *Ibid.*, p. 115.
78. *Ibid.*, p. 105.
79. Alexandre MORIN et Thierry PAIRAULT, *op. cit.*, vol. 1, p. 18.
80. *Ibid.*, p. 19-20.
81. *Esquisse de règlement intérieur du travail dans les entreprises d'État* (14 juillet 1954), in MORIN, A., et Th. PAIRAULT, *op. cit.*, vol. 1, p. 20-24.
82. *Ibid.*, p. 20.
83. *Ibid.*, p. 22.
84. François GIPOLOUX, *op. cit.*, p. 116. Ils doivent aussi gérer le bien-être social, contrôler la santé et la sécurité au travail, et sont responsables de la formation et de l'animation culturelle.
85. *Ibidem.*
86. *Ibid.*, p. 125.
87. Alexandre MORIN et Thierry PAIRAULT, *op. cit.*, vol. 1, p. 17.
88. François GIPOLOUX, *op. cit.*, p. 132.
89. *Ibid.*, p. 133.
90. Le syndicaliste dissident HAN Dongfang a fondé en exil le *China Labour Bulletin*, dont nous utilisons la version française, le *Bulletin des travailleurs chinois*. M. Han dénonce inlassablement le manque de pouvoir des syndicats officiels chinois et la répression contre les activistes des droits des travailleurs.
91. LI Mao-Chang, « Legal Aspects of Labor Relations in China : Critical Issues for International Investors » (1995) 33 *Columbia Journal of Transnational Law* 521-557, p. 549.
92. *Laodong bu, Gongan bu, Quan Guo Zong Gong Hui, Guanyu jiaqiang waishang touzi qiye he siying qiye laodong guanli qieshi baozheng zhigong hefa quanyi de tongzhi,* [*Décret interministériel visant à renforcer la gestion du travail et à garantir les droits et intérêts légaux des travailleurs dans les*

entreprises privées et à capitaux étrangers], tiré de WANG Yiying et GONG Jianli (zhubian [sous la dir. de]), *Zhongguo laodong fa shiwu* [Manuel pratique de droit du travail chinois], Beijing, Jin re zhongguo chubanshe [Éditions de la Chine d'aujourd'hui], Beijing, 1994, 701 pages, p. 512-514. Référence disponible uniquement en chinois. Ce décret dresse un portrait des violations qui n'a rien à envier aux rapports des ONG occidentales sur la Chine. Tout y passe, la violence physique, les insultes, les retenues de documents d'identité, les amendes abusives sous des prétextes futiles, etc.

93. ZHAO Huanxin, « Unions to improve service : official », (September 12, 1997) *China Daily* 2.
94. Jean-Philippe BÉJA, « Les travailleurs itinérants... », *op. cit.* [note 373], p. 35. M. LI Mao-Chang estime d'ailleurs que, dans le contexte, mieux vaut pour les investisseurs étrangers avoir affaire au syndicat officiel, puisque ce dernier suit la ligne du PCC en faveur des investissements étrangers. Selon lui, un syndicat indépendant serait nettement moins coopératif. LI Mao Chang, *op. cit.*, p. 551.
95. Anita CHAN, *op. cit.* [note 349], p. 12.
96. ZHAO Huanxin, *op. cit.*, p. 2.
97. Trini W.Y. LEUNG, *op. cit.*, p. 10.
98. *Ibid.*, p. 9. Il arrive parfois que certains journaux chinois rapportent des manifestations, mais cela reste rare.
99. Les raisons idéologiques du caractère délicat de la situation ont été abordées ci-dessus.
100. *Ibidem.*
101. M. Han Dongfang cite avec approbation la manière dont les manifestants ont été traités par les autorités dans deux villes du Sichuan, Chengdu et Yibin. Il s'agit d'une interview de M. Han Dongfang, dans l'article « La répression des autorités de zigong contre les manifestants », 8 *Bulletin des Travailleurs chinois*, p. 7.
102. Voir le cas de Li Qinxi rapporté dans le même *Bulletin des Travailleurs Chinois*, n° 8. Il a été arrêté après avoir appelé à la création de syndicats indépendants dans les entreprises d'État. Voir aussi Judy M. CHEN, « Detained for Organizing Laid-Off Workers. Zhang Shanguang », (Fall 1998) *China Rights Forum* 48, p. 48.

Deuxième partie

Le droit du travail en Chine

CHAPITRE IV

LE CONTEXTE JURIDIQUE CONTEMPORAIN

Un certain retour du droit, et des questions en suspens

La théorie du droit, ou le pragmatisme juridique

La théorie du droit chinois contemporain est en pleine évolution, et ces quelques lignes ne sauraient en rendre compte. Cependant, il importe de signaler ici ce qui en constitue, sinon le courant dominant, du moins un courant très important[1]. Les juristes chinois peuvent être regroupés sous deux grandes catégories : les partisans de la théorie conventionnelle marxiste du droit, et les partisans de l'approche pragmatique du droit[2]. Ces derniers contestent que la théorie marxiste du droit se soit développée en Chine en combinant les principes de base du marxisme avec l'expérience chinoise. Selon eux, la théorie du droit marxiste chinoise ne serait qu'une imitation du modèle soviétique développé il y a plus d'un demi-siècle. Ils appellent les juristes chinois à dépasser la méthodologie dogmatique et la rhétorique des fondateurs du marxisme pour développer une nouvelle théorie du marxisme vraiment adaptée aux besoins de la Chine. Les études en droit devraient se concentrer sur des problèmes qui sollicitent l'attention de façon urgente, soit ceux générés par les réformes en cours. Cette approche pragmatique du droit n'a jamais vraiment été explicitée en Chine, ni par les dirigeants, ni par les juristes. Elle se fonde encore sur les principes du dogme marxiste lorsqu'il faut trouver une justification théorique, mais dans la pratique, la rhétorique marxiste demeure largement ignorée[3].

Les caractéristiques de l'approche pragmatique du droit peuvent se résumer ainsi[4] : un accent démesuré est mis sur la vision du droit comme instrument, le droit est un produit de la réalité, le droit est le serviteur de la politique du PCC, et les droits légaux ne sont pas pris au sérieux. Cette dernière affirmation mérite d'être explicitée. Le concept de « droits » est présent dans la théorie marxiste chinoise du droit. Il en ressort l'existence d'un lien entre les droits des citoyens et leurs obligations envers l'État. Les positions des théoriciens du droit chinois relativement aux droits individuels peuvent être ainsi résumées : les droits sont liés à des classes ; les droits « naturels » n'existent pas ; un droit n'est ni inhérent ni inaliénable, mais est conféré par l'État et par la classe dominante ; les droits légaux ne sont pas un reflet des droits « naturels », mais ils dérivent de la citoyenneté ; les droits des citoyens sont énoncés dans la Constitution ; or, comme il revient à l'État d'octroyer des droits, de même l'État peut les reprendre à leurs titulaires ou les modifier en fonction de ce qu'il estime nécessaire[5]. Enfin, il n'existe pas de droit auquel ne corresponde un devoir. M. Yu souligne que des droits ayant une autre source que la volonté de l'État sont inacceptables pour le PCC, car de tels droits feraient interférence avec la liberté du PCC dans la mise en œuvre de ses politiques[6].

La vision instrumentale du droit est commune aux marxistes et aux tenants du pragmatisme. Le droit est un instrument du PCC. Après avoir déterminé le contenu de la réalité, le PCC utilise le droit afin de légiférer une politique appropriée. Les droits, séparés des devoirs et obligations, n'ont aucune place dans ce processus. Comme la fonction assignée au droit consiste à mettre en œuvre la politique du PCC, il s'ensuit que toute loi édictée et toute révision du droit suivent les impératifs de la politique. Le contenu du droit est donc une formalisation de la politique du PCC[7].

Depuis 1978, l'objet de la politique du PCC est passé de la lutte des classes au développement économique. Nous avons vu plus haut comment le PCC justifie ce changement de cap. La réalité de l'heure est liée aux besoins du développement, et le droit est un instrument au service du développement économique[8]. Les personnes en position de définir le sens des politiques possèdent un moyen puissant pour élaborer le droit et décider de la direction à imprimer au développement social[9]. L'idée selon laquelle le droit est un produit de la réalité vient en partie des idées marxistes relatives à la nécessité d'une réforme juridique continue[10], et a joué un rôle très important dans le développement législatif en Chine ces quarante dernières années[11]. Les théoriciens chinois du droit croient qu'il faut édicter des lois convenant à chaque stade de développement de la société. Il faut de la congruence entre le droit et la société. Cette vision des choses explique le développement foisonnant de la législation économique depuis le début des réformes. Cependant, là où le bât blesse, c'est que, si la réalité produit le droit, on ne sait comment est déterminé le contenu de la réalité[12], ni quand un changement dans la réalité exige une réforme du droit.

Des problèmes relatifs à l'application du droit

L'effectivité du droit fait problème, à divers degrés, en Chine[13]. La Révolution Culturelle ayant décimé les élites, tout l'enseignement a souffert, et le droit n'a pas fait exception. Il y a lieu, aussi, de garder en mémoire le sort qui a été fait aux juristes pendant la campagne anti-droitiers de 1957. Les juristes qualifiés ont été remplacés par des non-juristes, en fonction de leur loyauté envers le PCC et de leur « bonne » origine de classe.

Les universités ont rouvert à la fin des années soixante-dix, mais encore fallait-il trouver des juristes formés et capables d'enseigner. Or, sur les 170 000 juges que compte aujourd'hui la Chine, peu ont une scolarité en droit[14]. Par ailleurs, une des conséquences de la vision pragmatique du droit réside dans la perception du PCC que les juges sont des instruments politiques, plutôt que des arbitres impartiaux. Cette façon de voir est ancrée dans l'histoire du PCC et dans son idéologie[15]. Il faut aussi savoir que, dans les cours de comté, où le plus gros des causes est entendu, les juges sont en majorité des militaires démobilisés n'ayant aucune formation en droit[16]. Le système judiciaire chinois permet à une personne qui n'a pas de diplôme de droit de devenir juge, si elle a satisfait à une évaluation dont la nature n'est pas précisée[17].

Les conditions de travail des juges sont difficiles et peu attrayantes. À l'heure actuelle, les meilleurs juristes travaillent souvent pour des cabinets d'avocats ou encore pour des compagnies à capitaux mixtes[18]. Les juges, eux, sont sous-payés et exposés à bien des tentations. La corruption est présente chez certains membres du pouvoir judiciaire[19]. En Chine, les juges sont rémunérés par les gouvernements locaux. Aussi arrive-t-il souvent que leurs décisions soient rendues en faveur de celui qui les paye. Ceux qui agissent à contre-courant, et il y en a, courent des risques[20].

Le degré d'interférence du pouvoir politique[21] dans les décisions du pouvoir judiciaire est tel que l'avènement du « Rule of Law » en Chine risque de ne pas se réaliser dans un avenir immédiat. Quel que soit le degré d'indépendance conféré au pouvoir judiciaire en Chine, le rôle dirigeant du PCC, tel que l'énonce la Constitution, prime[22]. Il existe plusieurs divergences de fond entre la vision occidentale du « Rule of Law » et la vision chinoise. La question qui se pose alors est : pourquoi le PCC est-il au-dessus des lois ? La réponse met en lumière une rhétorique que le PCC a longtemps employée à propos des relations entre la classe ouvrière et le pouvoir, soit celle du consensus, de la communauté d'intérêts. M. Liu fait état d'une présomption de consensus entre le pouvoir (l'État) et les sujets de droit[23]. Alors que ces deux derniers sont souvent considérés comme opposés en Occident, et que la doctrine du « Rule of Law » est conçue pour limiter l'arbitraire possible dans l'exercice du pouvoir, le PCC pose que le gouvernement ne fait qu'exécuter la volonté populaire. Il est stipulé à l'article 13 de la Constitution que tout appartient au peuple, que tout le pouvoir de l'État s'incarne dans le peuple. Il s'ensuit, selon le PCC, que, dans ce type d'État, la relation entre les gouvernants et les gouvernés en est une de consensus et non de conflit. Ce raisonnement imprègne une partie importante de la théorie du droit en Chine[24].

Il convient enfin de souligner aussi l'existence de difficultés relatives à l'exécution des jugements, qui a des causes complexes[25]. Tous ces problèmes font que les Chinois ont une confiance mitigée[26] dans leur système judiciaire. Par ailleurs, certaines perceptions traditionnelles par rapport au droit ont encore cours. Ainsi, on trouve au sein de la population une vieille antipathie[27] face au droit. Tel est le climat juridique dans lequel, en Chine, baigne le droit du travail.

Les rapports de la Chine au droit international

La conception asiatique des droits de la personne

Parler d'une conception asiatique des droits de la personne soulève immédiatement la question du relativisme culturel. Un bref examen de cette notion s'impose donc, avant d'en étudier un des avatars, l'asiatisme. L'économie de ce travail fait que nous ne pouvons traiter du relativisme culturel en détail, mais simplement en esquisser quelques traits.

L'idéologie relativiste n'est pas des plus récentes. Issue principalement de l'anthropologie[28] et de la philosophie, elle s'est disséminée par la suite chez les africanistes et les orientalistes[29], les sociologues et les psychologues, et enfin, à l'occasion, chez les juristes. Notons simplement que ses origines ne sont pas juridiques. Or cette doctrine est maintenant utilisée pour justifier les positions des États par rapport aux droits de la personne[30], ce qui nous plonge résolument dans le droit et non plus dans l'anthropologie.

L'élément commun à toutes les doctrines relativistes consiste en une critique de l'ethnocentrisme, lancée par l'ouvrage de Claude Lévi-Strauss, *Race et Histoire*[31]. L'ethnocentrisme dénoncé est celui de l'Occident face aux sociétés dites primitives des pays du Tiers Monde. Soulignons aussi que les tenants du relativisme culturel regroupent plusieurs camps, allant des radicaux aux modérés[32]. Dans le domaine juridique, voici comment cela se traduit. Les premiers nient farouchement que les droits de la personne puissent être universels, et refusent que la conduite des États face à leurs ressortissants s'évalue à la lumière des standards internationaux des droits de la personne. Ces derniers ne seraient pas un outil valide parce qu'ils sont le produit de la culture occidentale, et vouloir ériger cette dernière en critère de référence est une marque d'ethnocentrisme juridique, d'impérialisme culturel, etc. Les seconds prônent la tolérance face à des façons autres de résoudre des litiges mettant des droits en jeu[33].

Ann Elisabeth Mayer étudie certains pays d'Islam qui adoptent la version radicale du relativisme culturel appliqué au droit. Les points sensibles qu'elle relève dans ces pays concernent surtout les droits des femmes[34] : la position de certaines femmes vivant dans plusieurs pays musulmans, fait l'objet de vives critiques au regard du droit international. Ces critiques elles-mêmes sont réfutées en faisant appel à la religion, à la culture, et parfois à la doctrine de non-ingérence dans les affaires intérieures d'un État. Le point de vue sur lequel s'appuie cette réfutation constitue, un peu simplifié, le mode de réponse commun des pays se réclamant du relativisme culturel.

La conception asiatique des droits de la personne, avatar du relativisme culturel juridique, est le produit d'un contexte précis, celui de la réussite économique, quelque peu entamée par la crise depuis 1997, de certains pays d'Asie orientale[35] et d'Asie du Sud-Est : Singapour, la Malaisie, l'Indonésie et la Chine. L'enjeu, ici, vise moins les droits des femmes et les critiques sur ce point, que le besoin de se protéger des influences occidentales, jugées néfastes, et plus particulièrement de la démocratie. Cette dernière constituerait une menace à la stabilité politique, pierre angulaire du développement économique. Les dirigeants de ces pays se replient sur le relativisme culturel juridique pour justifier les répressions et tâcher de conserver leur pouvoir[36].

Le contenu de la conception asiatique des droits de la personne consiste en un amalgame d'éléments comme[37] : la solidarité familiale, l'ardeur au travail, l'exaltation de la frugalité et de la loyauté envers l'État... Ces valeurs seraient le fondement de la réussite économique. On y discerne une forte influence du confucianisme[38]. L'asiatisme a connu son apogée un peu avant la Conférence de Vienne sur les droits de la personne en 1993, car les pays s'en réclamant ont produit une déclaration régionale, la « Déclaration de Bangkok ». S'y trouve affirmée l'idée que les droits de la personne sont fonction des contextes culturel et politique spécifiques de chaque État, et aussi que le développement économique constitue l'objectif prioritaire des pays concernés[39].

L'histoire de Chine offre des précédents en matière de glorification des valeurs dites asiatiques. Le mouvement réformiste de la fin du XIXe siècle prônait l'adoption des acquis matériels de l'Occident mais le respect des valeurs traditionnelles[40]. La nouveauté a résidé dans l'ampleur du mouvement, qui a pris le cadre régional et non plus étatique. Cependant, l'influence de ce mouvement, en Asie, se limite aux cercles de certaines élites gouvernementales qui l'ont utilisé pour défendre leur légitimité. L'asiatisme n'a pas réussi, en revanche, à préciser et encore moins à cimenter une identité régionale[41]. La crise économique qui sévit a fait s'effondrer le mouvement. Mais la Chine se réclame encore de l'asiatisme, auquel elle a apporté quelques éléments de son cru.

La Chine et les droits de la personne

Les événements politiques d'ordre interne dictent les positions officielles chinoises sur les droits de la personne[42]. Le massacre de la Place Tian Anmen a fait naître la nécessité que la Chine réponde aux critiques de la communauté internationale sur la situation des droits de la personne chez elle. Depuis lors, la Chine s'emploie à trouver des distinctions entre les standards chinois des droits de la personne et les standards qu'elle qualifie d'occidentaux. Le premier *Livre blanc* chinois sur les droits de la personne est paru en 1991, le second en 1995, le troisième en 1996[43]. L'asiatisme, tel qu'il s'est élaboré au début des années 1990, arrivait à point nommé pour aider la Chine à formuler une réponse à l'Occident, et cela lui était encore plus facile du fait de son essor économique, qui l'autorisait à joindre sa voix aux pays d'Asie dont on vantait sans fin la performance. Aussi, le fait que la Chine ait activement pris part à la rédaction de la Déclaration de Bangkok s'explique-t-il aisément. La Chine a ajouté un concept qui ne se retrouve pas dans l'asiatisme comme tel, celui du droit à la subsistance, et insiste sur l'importance du droit au développement, lié au premier. Le contenu de ces deux concepts, vu par les Chinois, sera brièvement retracé dans la présente section.

Tout d'abord, le contenu du concept du droit à la subsistance a évolué, au fil du temps. La constante est que le gouvernement affirme qu'il s'agit du plus important des droits de la personne[44] pour tous les pays, et donc pour la Chine. En 1991, deux ans après Tian Anmen, le gouvernement chinois admet qu'il existe des problèmes de droits de la personne dans le pays, et pose que leur résolution passe par la réalisation du droit à la subsistance du peuple chinois[45]. Le contenu de ce concept semble alors désigner essentiellement le droit de manger à sa faim et le droit à des vêtements chauds. Le gouvernement chinois affirme dans le même document, statistiques à l'appui, que le droit à la subsistance est réalisé, et qu'il s'agit là d'une étape considérable dans la protection des droits de la personne en Chine. Cependant, la protection du droit à la subsistance et l'amélioration des conditions de vie du peuple chinois demeurent des questions d'importance cruciale. Le gouvernement chinois doit veiller à préserver l'indépendance du pays face à l'impérialisme, car même si le problème de la nourriture et des vêtements est résolu, l'économie chinoise reste peu développée. Dans ce contexte, le désordre social ou tout autre désastre constitue une menace[46] pour le droit à la subsistance du peuple. Il s'ensuit que la tâche urgente, et à long terme, du gouvernement chinois, consiste, conformément au voeu et aspirations des Chinois[47], à maintenir la stabilité et à concentrer ses efforts sur le « développement des forces productives[48] ». Depuis, le gouvernement central reprend périodiquement cet argument, qui sert à justifier la poursuite des réformes économiques et une politique essentiellement répressive envers toute forme de contestation.

Les deux premiers *Livres blancs* établissent aussi un lien entre le droit à la subsistance et le droit au travail de chaque citoyen chinois. Ainsi, le droit au travail constitue une condition essentielle à la réalisation du droit à la subsistance, et s'actualise dans un emploi[49].

Le droit au développement est mentionné, mais non défini, dans le *Livre blanc* de 1995. Il est associé au droit à la subsistance, qui devient le droit à l'existence, dans l'article 1. D'après la formulation de ce premier article, le droit au développement formerait un tout avec le droit à l'existence :

> China is a developing country with a population of 1.2 billion and relatively poor per-capita resources. It suffered foreign invasion, exploitation and oppression for a long time. The right to exist and develop thus historically became the urgent demand of the Chinese people. Since 1991, by firmly upholding economic construction as the central task, the Chinese government has pursued the basic policy of continually improving the people's right to existence and development on the basis of economic development[50].

Le contenu du droit au développement tel que les autorités l'ont mis en œuvre fait l'objet de vives critiques et se répercute aussi directement sur le respect des droits des travailleurs. Dans les instruments internationaux, le droit au développement s'entend désormais comme englobant le développement social et culturel, allant bien au-delà du simple développement économique[51]. Le discours officiel des dirigeants chinois entérine cette vision, et fait grand cas des droits économiques, sociaux et culturels, perçus comme des droits collectifs. Cette position a longtemps été celle des pays du Bloc soviétique, qui disaient faire primer les droits collectifs sur les droits individuels du

Pacte international relatif aux droits civils et politiques. La Chine a tenu le même discours et a signé en 1997, mais non ratifié, le *Pacte international relatif aux droits économiques, sociaux et culturels.* Elle a également récemment signé, mais non ratifié, le *Pacte international relatif aux droits civils et politiques.*

Le droit au développement vu par la Chine fait peu de cas des droits individuels. En cela, il existe une certaine continuité entre la tradition juridique chinoise impériale et confucianiste, qui fait passer les droits de l'individu après ceux du clan et de la société, et la vision du droit au développement mise aujourd'hui de l'avant par les autorités. Dans les deux cas, l'accent est mis sur l'intérêt collectif, et le discours contemporain qui réfère aux obligations des individus avant de référer à leurs droits trouve un écho profond dans la culture juridique chinoise traditionnelle.

L'évolution subséquente du contenu du droit à la subsistance, et sa relation avec le droit au développement, s'inscrivent dans la tentative des autorités chinoises d'arriver à une position de relativisme culturel juridique plus nuancée. Dans sa plus récente version telle que la rapporte le professeur Chen Zishang[52], le droit à la subsistance recouvre plus que la satisfaction de besoins matériels comme manger, se vêtir, avoir un toit sur la tête, et désigne encore autre chose que le droit à la vie. Il implique que la société reconnaisse et garantisse à chacun de ses membres la sécurité de sa personne, la liberté, la dignité, de même que les conditions matérielles et spirituelles de base qui lui sont nécessaires. Les fondements du droit à la subsistance sont les droits économiques, les droits politiques fondamentaux (« basic »), et les autres droits regroupés sous la catégorie des droits sociaux[53]. Le droit à la subsistance constitue la pierre angulaire de tous les autres droits de la personne. De nature hybride, il est en même temps un droit de l'individu à la liberté et un droit collectif du peuple, de la nation et de l'État. Les conditions suivantes doivent être remplies pour garantir le droit à la subsistance : l'indépendance de l'État ; la liberté de la nation et son égalité par rapport aux autres ; une situation où le peuple n'est plus ni victime d'oppression, ni exploité, ni réduit en esclavage, mais est devenu le maître du pays ; un développement de la production dans toute la société tel qu'il y ait assez de biens produits pour satisfaire les besoins de tous les membres de la société ; et l'établissement assuré d'une distribution rationnelle de ces biens. La nature collective du droit à la subsistance prime sur sa nature individuelle, car il faut d'abord réaliser le droit à la subsistance de l'État et de la nation avant de réaliser celui de l'individu. La relation entre le droit à la subsistance et le droit au développement s'articule ainsi : la réalisation du droit à la subsistance constitue le préalable à la réalisation du droit au développement, qui en est le prolongement[54].

En ce qui concerne les droits internationaux de la personne, la Chine reconnaît le caractère universel de certains droits, mais elle affirme que la réalisation des droits de la personne s'effectue suivant des modèles variés. Chaque pays a le droit de choisir le modèle qui lui convient, en raison des différences de développement économique et culturel entre les pays, ainsi que des différences de mentalité et de traditions historiques... Ce dernier point illustre, selon M. Chen, le caractère particulier des droits de la personne[55]. Ces derniers forment une combinaison de droits individuels et de droits collectifs[56]. Cela étant, la souveraineté de l'État est plus importante que les droits de la personne. Les droits de l'individu ne sont pas absolus, et la réalisation de certains droits individuels ne doit pas porter atteinte aux droits collectifs, ni à la protection des intérêts de l'État[57]. En somme, la question des droits de la personne relève de la juridiction interne de chaque pays[58]. Ces développements doctrinaux suscitent de multiples questions que nous ne pouvons traiter ici. Ne notons que quelques points de repère : les droits collectifs, et la dimension collective de certains droits de nature hybride, l'emportent sur les droits de l'individu ; le droit à la subsistance conserve sa place prééminente, avec le droit au développement ; le respect de la souveraineté de l'État vient avant le respect des droits de la personne.

L'insistance de la Chine sur le droit au développement, comme celle des autres signataires de la Déclaration de Bangkok, s'inscrit dans le contexte (passé, pour certains) de succès économiques importants qu'ont vantés les pays occidentaux. Les pays signataires de la Déclaration de Bangkok ont en commun le fait d'avoir à leur tête des régimes autoritaires, qui bafouent les droits civils et politiques de leurs ressortissants à divers degrés. Dans ce contexte, mettre l'accent sur la dimension économique du développement, et poser cette dernière en nécessité et voie vers un mieux-être toujours en devenir, sert à justifier des politiques répressives. Les cibles de ces politiques sont non seulement les opposants politiques ou catégorisés comme tels, mais aussi les travailleurs[59]. Le droit au développement réduit à sa dimension économique sert à nier les autres droits, qu'il s'agisse des droits sociaux et culturels ou des droits civils et politiques[60]. Cela étant, les dirigeants chinois sont conscients des problèmes sociaux[61] et du développement inégal, et il serait inexact de les taxer d'inaction complète dans ce domaine. Cependant, il reste que les discours du PCC confirment l'importance attachée au développement économique :

> The fundamental task of socialism is to develop the productive forces. During the primary stage, it is all the more necessary to give first priority to concentrating on their development. [...] Hence we are destined to make economic development the central task of the entire Party and the whole country and make sure that all other work is subordinated to and serves this task. [...] Development is the absolute principle. The key to the solution of all China's problems lies in our own development[62].

Lorsque le *Code du travail* de 1994 a été promulgué, il a été présenté dans la presse officielle comme un outil de protection des droits des travailleurs, et les dirigeants chinois insistent beaucoup sur ce point. Cependant, si le souci de protection ressort nettement de la formulation de l'article premier, il n'en reste pas moins que la protection n'est qu'un des objectifs du *Code du travail*. Le prochain chapitre traitera de la place de la protection des droits des travailleurs face aux autres objectifs énoncés dans l'article premier.

Notes

1. YU Xingzhong, *op. cit.* [note 72].
2. *Ibid.*, p. 38.
3. *Ibid.*, p. 39.
4. *Ibid.*, p. 39-40.
5. *Ibid.*, p. 48.
6. *Ibid.*, p. 49.
7. *Ibid.*, p. 40.
8. *Ibid.*, p. 41.
9. *Ibid.*, p. 42.
10. *Ibid.*, p. 43.
11. En 1949, le PCC a décidé que la réalité la plus pressante était la nécessité de bâtir un appareil étatique, considéré alors comme la composante essentielle de la dictature du prolétariat. Par conséquent, plusieurs lois et règlements relatifs à des institutions ont vu le jour. En 1952, lorsque le PCC estime que la corruption constitue la réalité du moment, une législation destinée à lutter contre la corruption est alors édictée. Mentionnons aussi que chaque constitution chinoise de la RPC porte la marque de l'environnement économique dans lequel elle a été édictée. Les fréquentes révisions de la Constitution reflètent l'évolution de la détermination du contenu de la réalité effectuée par le PCC. Entre autres, la Constitution de 1982 enchâsse les Quatre Modernisations, celle de 1988 l'existence du secteur privé, et celle de 1993 « l'économie socialiste de marché » [...]
12. YU Xingzhong, *op. cit.*, p. 44.
13. Notre but ici est de poser un constat, non pas un jugement. Les juristes Chinois eux- mêmes soulèvent la question.
14. Frank CHING, « Rough Justice. The Law is no longer an ass, but many judges still are », (August 20, 1998) *FEER* 13-14, p. 14. Les juges de la Cour populaire suprême sont tous titulaires au moins d'un baccalauréat en droit, et souvent d'une maîtrise en droit. Mais, dans les cours inférieures, il est rare qu'un juge possède un diplôme en droit. Le manque de formation en droit de certains juristes explique sans doute en partie le fait qu'il y a place pour une nette amélioration dans la technique législative. Ce dernier point est, entre autres, abordé dans l' article de Pierre ISSALYS et Xuefeng QI, *op. cit.* [Note 17].
15. *Ibidem.* Rappelons que le droit a été défini par le PCC comme l'instrument d'une classe servant à en opprimer une autre.
16. *Ibidem.* Il s'agit d'une question délicate, peu fouillée.
17. *Ibidem.*
18. Jean-Pierre CABESTAN, « Chine... », *op. cit.* [note 14], p. 662.

19. Frank CHING, « Rough Justice », *op. cit.*, p.14. Voir aussi Jean-Pierre CABESTAN « Chine : un État de lois sans État de droit », *op. cit.*, qui exprime une vision très sombre sur l'ensemble de la situation du droit en Chine.
20. Frank CHING, « Rough Justice », *op. cit.*, p.14.
21. Jean-Pierre CABESTAN, *op. cit.*, p. 665-666.
22. LIU Nanping, *Judicial Interpretation in China [Opinions of the Supreme People's Court]*, Hongkong, Sweet & Maxwell Asia, 1997, 264 pages, p. 197.
23. *Ibid.*, p. 204-205.
24. *Ibidem.* M. Liu signale que la théorie du droit en Chine laisse place aux contradictions, et à une certaine critique de la présomption de consensus. Cependant, les juristes chinois ne peuvent aller très loin dans cette critique.
25. Donald. C. CLARKE, « Power and Politics in the Chinese Court System : The Enforcement of Civil Judgments », (Spring 1996) *Columbia Journal of Asian Law* 10:1, 1-92.
26. Susan V. LAWRENCE, « Crooked Cops », (August 20, 1998) *FEER* 12.
27. LI Zhaojie, « Cultural Relativity and the Role of Domestic Courts in the Enforcement of International Human Rights : A Survey of the Problems and Practice in China », in MENDES, E. P., and A.-M. TRAEHOLT (sous la dir. de), *Human Rights : Chinese and Canadian Perspectives,* The Human Rights Research and Education Centre, University of Ottawa, 1997, 595 pages, 185-219, p. 197.
28. Ann Elizabeth MAYER, *Islam and Human Rights. Tradition and Politics,* Boulder and San Francisco, Westview Press, 1991, 258 pages, p. 9.
29. Sélim ABOU, *Cultures et droits de l'homme,* Paris, Hachette, 1992, coll. « Pluriel intervention », 141 pages, p. 24.
30. Ann Elisabeth MAYER, *op. cit.*, p. 9.
31. Sélim ABOU, *op. cit.*, p. 25.
32. *Ibid.*, p. 24.
33. Ann Elisabeth MAYER, *op. cit.*, p. 21.
34. *Ibid.*, chapitres 5 et 6.
35. Marie-Claire BERGÈRE, *Le mandarin...*, *op. cit.*, p. 137.
36. *Ibid.*, p. 138.
37. *Ibid.*, p. 136.
38. Il est ironique, d'un point de vue de sinologue, de voir que les « marchands » se sont réclamés du confucianisme pour fonder leurs succès économiques. Confucius tenait les marchands en piètre estime, et l'État chinois, dominé par le confucianisme, s'est toujours méfié des marchands. Ces derniers sont presque au bas de la pyramide sociale vue par Confucius.

39. Voir l'article de Pitman B. POTTER « Defining the Right t Development/Philosophical Differences and their Political Impli cations », (Fall 1996) *China Rights Forum* 28-31.
40. Marie-Claire BERGÈRE, *Le mandarin..., op. cit.*, p. 138.
41. *Ibid.*, p. 140.
42. Jeremy PALTIEL, *op.cit.*, p. 54.
43. *Livre Blanc de 1996 sur les droits de la personne en République Populair de Chine*, Office d'information du Conseil des affaires d'État, *Beijin Information*, 21 avril 1997, 13-24.
44. *White Paper. Human Rights in China*, Beijing, Information Office o the State Council Of the People's Republic of China, November 1991 <http : //www.chinanews.org/WhitePapers/HumanRightsE.html>, 1(chapitres. Et *White Paper. The Progress of Human Rights in China*, Beijing Information Office of the State Council of the People's Republic o China, December 1995, <http : //www.chinanews.org/WhitePapers ProgressOfHumanRightsE.html>, 10 chapitres. Et *Livre Blanc de 199 sur les droits de la personne en République Populaire de Chine*, Office d'in- formation du Conseil des affaires d'État, *Beijing Information*, 21 avri 1997, 13-24.
45. *White Paper..., op.cit.*, 1991, chap. 1.
46. *Ibidem.* Compte tenu de la peur qu'ont éprouvée les dirigeants chinois pendant Tian Anmen, ce discours trouve tout son sens.
47. *Ibidem.* On pourrait aisément céder à la tentation du cynisme et songe qu'il s'agit d'un souhait imputé au peuple Chinois, mais la réalité est plus complexe. D'une part, l'histoire de Chine du XXe siècle consiste en une succession de régimes politiques, de guerres, qui amènent à chaque fois des convulsions politiques de grande ampleur, et le chaos de la Révolution Culturelle a durement éprouvé l'ensemble des Chinois. Aussi, le mot stabilité a-t-il des résonances profondes pour les Chinois, à qui elle a cruellement manqué depuis deux siècles. D'autre part, Orville Schell et d'autres sinologues soulignent l'adhésion d'une partie importante de la population chinoise au Pacte post-Tian Anmen, qui, s'il est respecté, permet aux Chinois de faire des affaires et chercher à améliorer leurs conditions matérielles de vie. Les dissidents chinois ne remettent pas en question la nécessité du développement économique et la politique d'ouverture économique de la Chine. En cela, ils sont d'accord avec la majorité de la population chinoise. Cependant, les dissidents s'objectent au prix exigé du PCC pour avoir le droit de chercher à améliorer son sort individuel. Le débat reste ouvert.
48. *Ibidem.* Rappelons qu'il s'agit du développement économique. Voir partie précédente.
49. *White Paper..., op. cit.*, 1991, chap. 5, et *White Paper..., op. cit.*, 1995, chap. 4. Notons que l'emploi dont il est question n'est aucunement qualifié.

50. *White Paper...*, *op. cit.*, 1995, chap. 1.

51. Nous ne pouvons retracer ici tout le débat sur la nature, les débiteurs et titulaires du droit au développement. Sur ces questions, voir Lucie LAMARCHE, *Perspectives occidentales du droit international des droits économiques de la personne*, Bruxelles, Éditions Bruylant et Éditions de l'Université de Bruxelles, 1995, 513 pages ; Karel De VEY MESTDAGH, « The Right to Development in International Law », (1981) 28 *Netherlands International Law Review* 30-53 ; Kéba M'BAYE, « Le droit au développement comme droit de l'homme », (1972) 5 *Revue des Droits de l'Homme* 505-534 ; Pitman B. POTTER, *op. cit.* [note 490]. Quant à la vision du développement comme comportant aussi une dimension sociale et culturelle, se trouve dans le document des Nations Unies *Déclaration sur le droit au développement*, Doc. off. AG NU, 4 déc. 1986, A/RES/41/128, 3 pages.

52. CHEN Zishang, « Philosophical Foundations of Human Rights in China », in (sous la dir. de) Errol P. MENDES & Anne-Marie TRAEHOLT, *op. cit.* [note 478], 161-182, p. 170. M. CHEN Zishang, professeur à l'Université de Beijing (« Beida »), est un des plus importants théoriciens du marxisme en Chine. Si ses écrits ne constituent pas une « source autorisée », du moins son point de vue n'a rien de celui d'un dissident et n'a fait l'objet d'aucune réprobation des autorités.

53. *Ibidem*.

54. *Ibid.*, p. 171.

55. *Ibid.*, p. 174.

56. *Ibid.*, p. 178.

57. *Ibid.*, p. 180.

58. *Ibid.*, p. 181.

59. Il n'est que de songer au sort des syndicalistes chinois ou autres militants des droits des travailleurs arrêtés, détenus ou expulsés. Voir l'encadré intitulé « Un syndicaliste condamné à dix ans de prison » dans l'article de Francis DERON, « Jiang Zemin admet une grave crise sociale en Chine », p. 4, *Le Monde*, Sélection hebdomadaire du samedi 2 janvier 1999.

60. Lucie LAMARCHE, *op. cit.* [note 502], p. 131. Mme Lamarche montre que certains pays en voie de développement ont fait mine de confondre la dimension humaine du développement avec les droits de la personne. De même, elle s'inscrit en faux contre l'argument, employé par certains pays, que la réalisation des droits de la personne ne se fera qu'après que sera atteint un niveau de développement suffisant, le développement étant assimilé, voire réduit, à la croissance économique.

61. Francis DERON, *op. cit.*, p. 4.

62. JIANG Zemin, *Hold high the great banner of Deng Xiaoping Theory for an all-around advancement of the cause of building socialism with Chinese characteristics to the 21st century*, « Historical Party Congress/Full text of Ziang Zemin's report delivered at the 15th National Congress of the Communist Party of China on September 12, 1997 », [texte présenté en anglais par l'agence de presse Xinhua] (September 23, 1997), 17:5041 *China Daily*, *15th Party Congress Supplement*, 5 pages, p. S-3.

CHAPITRE V

LE *CODE DU TRAVAIL* DANS LA CHINE DES RÉFORMES

UNE PRÉSENTATION SÉLECTIVE DU *CODE DU TRAVAIL*

Généralités sur le Code du travail

Le Code du travail a mis quatre décennies[1] à voir le jour. L'histoire politique heurtée de la Chine depuis la fin des années cinquante explique en partie cette situation. Cependant, la nature particulièrement délicate du sujet pour un État socialiste a aussi contribué à prolonger les hésitations du législateur chinois[2]. Il faut aussi mentionner que les questions relatives à l'étendue de l'application de cette loi, de même que la nécessité de formuler des politiques juridiques adaptées aux grandes différences régionales en Chine, ont rendu la tâche ardue au législateur chinois[3].

Les Chinois voient dans le *Code du travail* une norme de conduite[4], qui reflète la volonté de l'État et est mis en œuvre par l'État. Cette loi est conçue comme un programme général. Le législateur a repris l'élément distinctif de la relation de travail, soit le lien de subordination, dans le *Code du travail.* Il s'agit d'une rupture idéologique importante avec la période précédente, durant laquelle le législateur ne reconnaissait pas l'inégalité des parties à la relation de travail. Ce changement de position a été amené par le passage vers l'économie de marché. Le législateur chinois reconnaît à présent que la relation de travail doit faire l'objet d'une protection juridique spéciale[5]. Si le *Code du travail* est d'application large, toutefois, les paysans et les fonctionnaires de l'État ne sont pas couverts par ce dernier. Un des buts du législateur, en promulguant ce *Code du travail,* était de réduire les différences de statut entre les travailleurs ordinaires et les cadres, héritées de l'économie planifiée[6]. Le législateur a aussi voulu harmoniser les relations de travail et créer un régime applicable dans les différents types d'entreprises en Chine[7]. Le *Code du travail* fait l'objet d'une certaine propagande en sa faveur. Il est présenté dans les divers ouvrages de doctrine comme source d'indéniables progrès par rapport à la situation qui prévalait auparavant. À titre d'exemple, des commentaires comme celui-ci donnent le ton général : « Sous l'économie planifiée, avant que cette loi ne soit édictée, les relations de travail étaient régies par un cadre administratif. Quand leurs droits légaux étaient enfreints, les travailleurs ne pouvaient que réagir auprès des autorités supérieures [...] et n'avaient pas de moyens juridiques fiables pour résoudre les conflits [...]. La promulgation de cette loi constitue une nouvelle étape[8] [...] ». Le fait que les obligations des parties à la relation de travail soient nettement précisées marque aussi une amélioration par rapport à la situation qui prévalait avant la promulgation du *Code du travail*[9].

Des précisions s'imposent sur l'édition utilisée pour les fins de ce travail. Nous travaillons avec ce qui se rapproche de nos lois annotées, ou d'un texte assorti des commentaires du législateur. L'ouvrage en question, en langue chinoise, et à ce jour non traduit dans son ensemble en langue occidentale, est un commentaire du *Code du travail*, article par article. La maison d'édition est celle de la Cour populaire suprême, soit la plus haute cour de République Populaire de Chine. Cette nouvelle édition se veut un outil de diffusion de la loi, ainsi que des autres textes législatifs s'y rapportant, dont la réglementation : l'objectif énoncé de cette publication est de remédier aux problèmes des violations du *Code du travail*[10]. De toute évidence, il s'agit d'un commentateur autorisé. Les commentaires ont été élaborés conjointement par la Cour et par le ministère du Travail[11]. En droit chinois, du moins théoriquement, seules les interprétations législatives de la Cour populaire suprême, réservées aux problèmes les plus importants, ont une force contraignante[12]. Ces interprétations sont habituellement diffusées dans le *Bulletin de la Cour populaire suprême* ou dans les *Cahiers de législation* du ministère de la Justice[13]. Les commentaires de la présente édition ne figurent ni dans le *Bulletin...*, ni dans les *Cahiers...* Cependant, leur importance et leur portée ne fait pas de doute, compte tenu de l'introduction de cette édition. Ils constituent de la doctrine. Le poids attaché à cette dernière en droit chinois contemporain, à titre de source du droit, demeure difficile à évaluer dans une culture juridique en pleine mutation.

Pour l'instant, la doctrine remplit essentiellement une fonction explicative et porte l'empreinte profonde de l'idéologie[14]. Nous croyons que cette description s'applique parfaitement aux commentaires de cette édition, qui, compte tenu de leur provenance, ont une importance plus grande que des textes de doctrine ordinaire.

Le *Code du travail* compte 107 articles. Il est stipulé à l'article 106 qu'il appartient aux autorités provinciales, régionales et municipales de mettre en œuvre le *Code du travail,* en tenant compte des conditions locales. Voici les titres de ses douze chapitres :

1- Des principes généraux ;
2- De l'accroissement des emplois ;
3- Du contrat de travail et des conventions collectives ;
4- De la durée du travail, du repos et des congés ;
5- Des salaires ;
6- De l'hygiène et de la sécurité dans le travail ;
7- De la protection des mineurs et des femmes ;
8- De la formation professionnelle ;
9- De l'assurance sociale et des avantages sociaux ;
10- Des conflits du travail ;
11- Du contrôle ;
12- De la responsabilité légale.

Par ailleurs, le *Code du travail* est complété par dix-sept circulaires d'application[15]. Il faut aussi compter avec les nombreux règlements et certaines autres lois, sur lesquels nous reviendrons, pour se faire une idée de l'abondance de la législation sur le travail. L'étude de tout droit suppose que l'on aborde d'abord les sources. Nous suivrons cette approche, mais il importe de souligner des différences importantes entre le droit occidental et le droit chinois[16]. En particulier, un élément qu'il faut toujours garder en mémoire lorsqu'on parle du droit chinois, est l'influence qu'exerce sur lui la politique[17].

Les sources en droit interne

Au chapitre des sources internes, on retrouve en Chine le principe de la suprématie de la Constitution[18]. Un certain nombre de ses dispositions ont trait au droit du travail[19]. Cependant, les standards énoncés dans la Constitution ne sont pas justiciables[20]. En d'autres termes, il faut que ces standards soient incorporés dans des lois précises pour pouvoir être invoqués devant les tribunaux[21]. Toute législation doit être compatible avec les dispositions de la Constitution. Cependant, en pratique, les contrôles de la constitutionnalité sont rares[22].

Vient ensuite la législation de portée nationale, édictée par l'Assemblée Populaire Nationale (APN) et son Comité Permanent. Le *Code du travail* est une loi de portée nationale, et revêt le statut d'une loi ordinaire[23] parce qu'elle a été élaborée par le Comité Permanent de l'APN[24]. Diverses autres lois, reprenant chacune un sujet couvert par un chapitre du *Code du travail*, ont été édictées ou sont en voie d'élaboration[25], en vue de préciser le contenu de ses dispositions. En vertu de l'article 100 de la Constitution, une loi de portée nationale prévaut habituellement sur la législation locale, sauf si la loi nationale est formulée en termes trop généraux ou si elle ne contient aucune disposition pertinente[26].

La réglementation constitue l'échelon inférieur de la législation. Les dix-sept circulaires d'application du *Code du travail* sont en réalité des règlements, édictés par le ministère du Travail. Ces circulaires s'appliquent à l'échelle nationale, et la législation et les règlements locaux doivent être compatibles avec elles.

La réglementation, tout comme la législation, se divise en deux grandes catégories. La première est de portée nationale, la seconde n'a qu'une portée locale. Par « local », on entend l'échelon provincial et celui de « certaines circonscriptions territoriales de rang inférieur aux provinces[27] ». Cette « zone réglementaire » est très vaste. C'est ici que se pose parfois un problème de transparence du droit. En effet, il existe des règlements internes, non accessibles au public, qui régissent les travailleurs, et dont il est difficile de contrôler la légalité du contenu ; à tout cela, s'ajoutent enfin, mentionnons-le, les règlements internes de l'employeur[28].

La réception, dans la législation chinoise, des sources internationales en droit du travail

Les rapports de la Chine avec le droit international sont en pleine évolution. D'une manière générale, en ce qui a trait aux rapports du droit interne chinois avec le droit international, la Constitution est muette ; toutefois, la pratique chinoise est à l'effet que les traités internationaux signés et ratifiés par la Chine sont intégrés dans l'ordre juridique interne[29]. Ainsi, il n'est pas nécessaire, en droit chinois, de transformer le traité international en une loi interne. Cependant, les traités internationaux, ratifiés par la Chine, relatifs aux droits de la personne, ne font pas l'objet d'une application directe en droit interne. Pour ce faire, il faut une loi interne d'habilitation qui permette aux cours chinoises d'appliquer directement les dispositions du traité[30]. Or, très peu de lois d'habilitation portent sur les droits de la personne. Il s'ensuit qu'il y a fort peu de chances pour qu'une cour chinoise applique directement les dispositions d'un traité relatif à ces questions, auquel la Chine est partie.

Pour diverses raisons tenant à son histoire politique interne, la Chine n'a repris qu'en 1983 sa participation aux activités de l'OIT : elle reconnaît aux conventions de l'OIT qu'elle a ratifiées le statut de source du droit[31]. Cependant, ici resurgit le relativisme culturel. Les positions de la Chine consistent à affirmer que les standards internationaux du travail seront mis en œuvre en fonction de ses caractéristiques nationales, lesquelles incluent le niveau de développement et la culture[32]. La Chine n'a pas signé les conventions 87 et 98 de l'OIT[33], et, comme nous l'avons vu précédemment, la situation des syndicats en Chine n'est pas conforme aux normes internationales. Une vingtaine de conventions de l'OIT y ont été ratifiées[34]. En outre, la Chine a signé, mais non ratifié, le *Pacte international relatif aux droits économiques, sociaux et culturels,* de même que le *Pacte international relatif aux droits civils et politiques.* Plusieurs commentateurs[35] estiment que, d'une part, la Chine mettra bien du temps avant de ratifier ces deux traités et, d'autre part, qu'elle émettra des réserves face à des dispositions comme celles ayant trait aux droits des travailleurs.

Un aperçu de quelques institutions caractéristiques du Code du travail

La convention collective

L'institution des conventions collectives en Chine remonte à 1922[36]. À partir de 1949, quelques textes s'y rapportant ont vu le jour. Cependant, la pratique des conventions collectives s'est perdue en raison des événements[37] qui ont bouleversé le pays, de la fin des années cinquante au milieu des années soixante-dix. C'est en 1988 que les conventions collectives sont à nouveau mentionnées, dans un texte de loi s'appliquant à l'entreprise privée[38]. Les syndicats ont un rôle à jouer dans la négociation des conventions collectives, en vertu de la *Loi sur les syndicats* de 1992. Les articles 33, 34 et 35 du *Code du travail* sont relatifs aux conventions collectives. Le ministère du Travail a promulgué le *Décret concernant les conventions collectives*[39] en 1994. La convention collective a fait l'objet d'une campagne de promotion de la part du ministère du Travail dans les entreprises collectives, dans les entreprises restructurées en compagnies à responsabilité limitée, dans les sociétés par actions, et dans les cœntreprises à capitaux étrangers[40]. Le modèle de convention retenu en Chine s'inspire de celui des États-Unis[41].

En droit chinois, les conventions collectives sont conclues seulement au niveau de l'entreprise, et non par secteurs ou par branches[42]. Selon un spécialiste chinois du droit du travail, le professeur Wang Quanying[43], un tel régime comporte des avantages et des inconvénients. Dans les premiers, on relève que ce type de convention est adapté à la situation particulière de chaque entreprise, elle est facile à négocier du fait de son étendue restreinte d'application, et en cas de grève, la société est peu affectée. M. Wang voit comme désavantage le fait que les relations de travail varient d'une entreprise à l'autre. Si un syndicat est faible dans une entreprise, une convention collective négociée par un syndicat en position désavantageuse ne sera que de peu d'utilité aux travailleurs[44].

Selon le commentateur autorisé, une convention collective protège mieux les droits des travailleurs que le contrat de travail individuel. Il affirme qu'en réalité, la relation des parties qui négocient un contrat de travail en est une d'égalité formelle, mais non réelle, car le pouvoir de négociation du travailleur est inférieur à celui de l'employeur[45]. Un travailleur dont les droits sont bafoués et qui est régi par une convention collective est donc en meilleure position pour se défendre que s'il a signé un contrat individuel de travail[46]. M. Wang, pour sa part, estime que les conventions collectives sont d'autant plus utiles qu'il est difficile d'éviter que certains travailleurs soient en butte à de la discrimination[47]. Le commentateur autorisé ajoute que la convention collective peut jouer un rôle supplétif et ainsi combler les vides juridiques, ou bien qu'il n'est pas approprié, au vu des circonstances, d'utiliser le contrat de travail[48]. Il attribue à la convention collective le rôle de garante de la paix sociale, ou, à défaut, d'outil de prévention des conflits[49].

Après avoir discuté la façon dont les commentateurs chinois perçoivent et présentent la convention collective, venons-en à ses caractéristiques juridiques. Les parties habilitées à négocier sont l'employeur et la collectivité des salariés. Habituellement, c'est le syndicat qui négocie avec l'employeur ou ses représentants. Cependant, la loi prévoit[50] que, faute de syndicat dans une entreprise, ce sont les représentants élus des travailleurs qui négocient avec l'employeur.

Rien ne doit empêcher que cette négociation arrive à son terme[51]. On observe ici une certaine insistance sur la paix sociale, et aucun moyen de pression n'est mentionné dans le texte. Les commentateurs chinois mettent l'accent sur la nécessité d'arriver à un consensus et sur le fait que les négociations doivent se faire de manière paisible[52]. Si les parties n'arrivent pas à s'entendre lors des négociations, elles y seront fortement incitées car le législateur prévoit un arbitrage des conflits par les services administratifs du travail[53]. Il s'agit d'un arbitrage obligé et de nature étatique, dérogeant par là au droit international, qui exige un arbitrage neutre et impartial[54].

L'article 6 du *Décret concernant les conventions collectives* énumère les mentions obligatoires que doit comporter la convention. Il s'agit essentiellement de questions monétaires et de questions touchant à la santé et à la sécurité au travail. Il n'y est pas fait mention de la sécurité syndicale.

La convention collective, si elle est conclue, établit des standards minima. Le contrat individuel de travail ne peut contenir de standards moins avantageux que ceux prévus par la convention, et si tel est le cas, les dispositions concernées sont nulles[55].

Une fois conclue, la convention a un effet obligatoire, mais la responsabilité des parties signataires n'est pas identique. La particularité de la situation réside dans le fait que ni le syndicat, ni, le cas échéant, les représentants élus des travailleurs, ne sont responsables de l'exécution des conventions collectives. Ils n'ont qu'une responsabilité morale, alors que le travailleur encourt une responsabilité économique et pénale en cas de violation de ses obligations stipulées dans la convention[56]. Signalons aussi que le législateur a prévu un contrôle, à divers niveaux administratifs, des conventions collectives[57], eu égard à la capacité des parties, la légalité des dispositions de la convention, etc.

Les différends qui naîtraient lors de l'exécution d'une convention peuvent se régler de trois manières : par la médiation, par l'arbitrage, ou enfin, devant les tribunaux[58]. Ils se règlent selon les dispositions prévues à l'*Ordonnance pour le règlement des conflits du travail en RPC*[59]. Si les parties choisissent de recourir à la médiation, elles font affaire avec le comité de médiation de leur entreprise. Il s'agit d'un comité tripartite[60]. Les parties peuvent aussi choisir de soumettre leur différend au comité d'arbitrage[61]. Il faut savoir que l'exécution de la décision arbitrale est soumise au contrôle judiciaire des tribunaux. Ces derniers peuvent invalider la décision dans les cas suivants : si le comité d'arbitrage a excédé son pouvoir ; si la composition du comité viole la procédure ; ou bien pour une preuve jugée insuffisante ; ou, enfin, au motif d'une erreur de droit[62].

Le contrat individuel de travail

Dès le début des réformes, le PCC a permis le recours au système des contrats dans les entreprises situées dans les zones économiques spéciales[63]. Cependant, l'instauration du contrat dans le reste de la Chine s'est faite plus tard, car le PCC avait des réticences à s'attaquer au « bol de riz en fer ». C'est en 1986 que les contrats à durée déterminée font leur entrée dans les entreprises d'État[64]. Or, pour les Chinois, le simple fait de recourir à la contractualisation équivaut à une précarisation de l'emploi[65]. Voilà le contexte dans lequel on peut s'expliquer que le commentateur autorisé et les auteurs de doctrine en général insistent sur les avantages du contrat de travail par rapport au système d'embauche de l'économie planifiée[66]. Se trouve ainsi vanté comme un progrès important, le fait, entre autres, que les travailleurs peuvent maintenant choisir leur employeur[67]. D'ailleurs, de manière systématique, les auteurs de doctrine présentent le contrat de travail comme l'outil par excellence de la réalisation du droit au travail des travailleurs, et de la protection des droits et intérêts légaux de ces travailleurs[68].

Les principales caractéristiques juridiques du contrat individuel de travail sont résumées ici. En ce qui a trait à la négociation du contrat de travail, le commentateur autorisé affirme que la relation entre les parties en est une d'égalité[69]. Le consentement des parties doit être libre[70]. Une fois le contrat de travail conclu, la relation entre les parties se caractérise par un lien de subordination[71].

Des exigences de forme et des exigences de fond s'appliquent au contrat de travail. Il peut être verbal ou écrit : le commentateur autorisé privilégie la forme écrite, pour des motifs qui jettent un éclairage intéressant sur le rapport au droit en Chine. Il souligne en effet que « le droit du travail est inachevé, la connaissance du droit et le respect de la loi laissent fortement à désirer, et le degré d'exécution de la loi n'est ordinairement pas élevé ». Il ajoute qu'il est plus facile de faire la preuve d'un contrat écrit, s'il survenait un litige[72]. MM. Morin et Pairault font remarquer que cette position contraste avec la préférence que l'on attribue volontiers aux Chinois pour la forme verbale des engagements[73], du moins pour les actes juridiques conclus entre eux. L'article19 du *Code du travail* énumère diverses mentions obligatoires, constituant des exigences de fond du contrat de travail. Elles portent sur « la durée du contrat de travail, les tâches, la protection du travail et les conditions de travail, la rémunération du travail, la discipline du travail, les conditions de rupture du contrat de travail, et les sanctions en cas de contravention aux dispositions du contrat de travail[74] ». Notons la référence à la discipline du travail, qui résiste à la modernisation du droit chinois. Elle a été longtemps le concept central du droit du travail en Chine[75], et conserve manifestement sa pertinence pour le législateur chinois des années quatre-vingt-dix. Le texte de l'article 19 laisse la possibilité de négocier d'autres éléments.

Une des nouveautés en droit chinois du travail qu'introduit le *Code du travail* est la possibilité de résiliation unilatérale du contrat de travail, par le travailleur[76] ou par l'employeur[77]. L'idée même de rupture du contrat de travail heurte de front les habitudes établies pour des travailleurs qui ont connu la sécurité de l'emploi à vie. Par le passé, les unités de travail pouvaient se départir d'un travailleur perçu comme posant des problèmes en invoquant des motifs d'ordre politique[78]. Toutefois, hormis ces cas, les employeurs ne recouraient que rarement à la rupture du contrat de travail, à cause des conséquences compliquées d'une rupture pour les deux parties[79]. Cinq motifs de rupture du contrat de travail sont énumérés dans le *Code du travail* : la résiliation unilatérale[80] la démission du travailleur[81], le licenciement pour motifs non économiques[82], le licenciement économique[83] et la résiliation par accord des parties[84]. Dans ce dernier cas, les parties négocient des avantages[85].

Des restrictions à la rupture du contrat de travail par l'employeur figurent à l'article 29. D'une part, si le travailleur souffre d'une maladie professionnelle ou a eu un accident de travail, l'employeur, selon le commentateur autorisé, ne peut absolument pas mettre fin au contrat de travail[86]. D'autre part, lorsque le travailleur est légalement en congé de maladie, pour une maladie dont la cause n'est pas reliée au travail, ou que la travailleuse est en congé de maternité, l'employeur ne peut pas non plus mettre fin au contrat. Cependant, le commentateur autorisé nous apprend qu'il ne s'agit pas d'une prohibition absolue. En effet, l'employeur peut déroger à l'interdiction si l'entreprise connaît des difficultés d'exploitation[87].

Trois types de contrats de travail sont énoncés à l'article 20 : le contrat à durée déterminée, le contrat à durée indéterminée et le contrat à la tâche. Le contrat à durée déterminée est un contrat synallagmatique. Sa durée ne peut excéder cinq ans, sauf dans le cas de travailleurs comptant dix ans et plus de service auprès de l'employeur. Dans ce cas, le législateur permet que leur contrat soit converti en contrat à durée indéterminée[88]. Le commentateur autorisé cite comme avantage du contrat à durée déterminée qu'il permet et encourage la mobilité de la main-d'œuvre[89]. Les contrats à durée indéterminée sont surtout utilisés par des entreprises de haute technologie qui veulent conserver leurs travailleurs, et là où il existe une nécessité particulière de protéger la confidentialité[90]. Les auteurs de doctrine distinguent le contrat à la tâche du contrat temporaire. La différence entre les deux semble résider dans le fait que le contrat temporaire s'appliquerait spécifiquement aux travailleurs saisonniers qui sont recrutés par les entreprises d'État, alors que le contrat à la tâche peut être exécuté par un travailleur ordinaire[91]. Il existe des contrats temporaires spécifiques pour les paysans-ouvriers (*mingong*). Ceux dont le contrat dure plus d'un an jouissent des mêmes droits du travail que les travailleurs ordinaires. Ils peuvent obtenir un permis de résidence urbain temporaire, mais ce dernier expire avec leur contrat, et ils doivent alors retourner à la campagne[92].

La modification du contrat de travail par consentement des deux parties est permise, à condition qu'elle n'entraîne aucune contravention à la loi[93]. La théorie du changement de circonstances fait son entrée en droit chinois du travail à l'article 26(3) du *Code du travail*. Face à cette situation, les parties peuvent soit modifier le contrat si la situation s'y prête et qu'elles sont d'accord, soit résilier le contrat. Dans ce cas, l'employeur a un droit unilatéral de résiliation si les parties ne s'entendent pas[94]. Par ailleurs, pour que l'employeur puisse invoquer avec succès cette faculté, il faut que certaines conditions soient réunies : le souci du législateur ici est d'éviter les abus[95] en balisant le recours à cette possibilité.

Le *Code du travail* contient l'interdiction de la discrimination à l'embauche à l'endroit des femmes[96], et celle d'embaucher des mineurs âgés de moins de seize ans[97]. De même, il instaure un régime spécifique de protection des femmes et des mineurs. L'embauche des personnes handicapées est traitée de façon très imprécise[98] par le droit chinois du travail.

Le *Code du travail* prévoit également une période d'essai, de six mois au maximum[99], qui n'est pas obligatoire et dont la durée peut être déterminée par les parties : le commentateur autorisé estime que cette période d'essai constitue un avantage pour chacune des parties[100]. La période d'essai vise la situation d'une personne qui travaille pour une première fois, ou celle d'une personne qui, travaillant déjà, change de poste et de qualifications professionnelles[101].

Une fois conclu, le contrat constitue la loi des parties[102]. Il a aussi des effets à l'égard des tiers[103]. L'article 3 du *Code du travail*, relatif aux droits des travailleurs, dit : « Les travailleurs jouissent d'un droit égal à un travail et au choix d'un métier, d'un droit à la rémunération de leur travail, d'un droit au repos et aux congés, d'un droit à la sécurité et à l'hygiène dans le travail, d'un droit à la formation professionnelle, d'un droit à l'assurance sociale, d'un droit à la résolution des conflits du travail et de tout autre droit légal du travail[104] ». Notons simplement que l'emploi dont il est question ici n'est aucunement qualifié. Les travailleurs ont aussi le droit de participer à la gestion démocratique de l'entreprise[105], de même que le droit d'organiser des syndicats conformément à la loi[106]. Leurs devoirs sont énoncés à l'article 3(2) : « Les travailleurs doivent achever leurs tâches, élever leurs compétences professionnelles, appliquer les règlements d'hygiène et de sécurité, respecter la discipline du travail et la morale professionnelle[107] ». Ils ont aussi, en vertu de l'article 22 du *Code du travail*, l'obligation de respecter les secrets commerciaux de l'employeur. Lorsqu'un employé enfreint le contrat de travail, le principe de gradation dans les sanctions s'applique : les sanctions peuvent consister en mesures administratives ou en mesures économiques[108]. La responsabilité de l'employeur pour violation du contrat varie selon la nature de la violation. Si l'employeur a édicté des règlements de travail contraires aux lois et règlements nationaux, il se voit imposer des sanctions administratives[109]. S'il a conclu un contrat frappé ultérieurement de nullité, ou s'il a rompu le contrat de manière illégale, il fait face à des sanctions économiques[110]. Enfin, il encourt une responsabilité pénale s'il a usé de violence ou de menaces, ou a tenté de restreindre la liberté physique du travailleur, ou pour les autres motifs énoncés à l'article 96 du *Code du travail*. De même, si l'employeur a donné des ordres dont l'exécution a causé un accident grave ou des morts, ou ont eu d'autres conséquences importantes, il est passible de poursuites pénales[111]. Le *Code du travail* prévoit, aux articles 85 à 88, des mécanismes généraux d'inspection du travail par les services administratifs du travail. Il faut se reporter à la circulaire d'application[112] sur cette question pour connaître les pouvoirs d'inspection des inspecteurs du travail et leur objet.

Le contrat de travail peut être frappé de nullité[113] dans deux cas : s'il enfreint les lois ou règlements, ou si le consentement est vicié par la menace ou du dol. Le commentateur autorisé ajoute comme motif de nullité le fait, pour le contrat, de porter atteinte à l'intérêt collectif[114]. La formulation de l'article 18, dans son deuxième alinéa, laisse croire qu'il s'agit d'une nullité partielle, et c'est l'interprétation donnée par le commentateur autorisé[115]. La nullité doit être prononcée par un comité d'arbitrage ou par les tribunaux[116].

L'article premier, ou la tension entre la protection et la flexibilité

Les buts du *Code du travail* sont énoncés à son article premier, dont nous rappelons le libellé :

> Le présent code a été rédigé, conformément à la Constitution, afin de protéger les droits légaux des travailleurs, de réajuster les relations salariales, d'édifier et de défendre un système de travail adapté à une économie socialiste de marché, de promouvoir le développement économique et le progrès social[117].

La Constitution chinoise apparaît comme première source des droits des travailleurs. L'objectif de protection figure au premier chef de l'article. La précision du caractère légal des droits protégés par le *Code du travail* fait ressortir que ces derniers ne peuvent avoir qu'une loi comme source, ce qui traduit une vision très positiviste du droit. Les objectifs de « réajuster les relations salariales, d'édifier et de défendre un système de travail *adapté à une économie socialiste de marché* » désignent en réalité un autre principe du *Code du travail*, celui de l'autonomie des entreprises[118]. Il s'inscrit dans celui, plus large, de « promouvoir le développement économique ». L'expression « système de travail » englobe non seulement le système des employeurs, mais encore l'emploi, les salaires, la sécurité sociale, la formation professionnelle, la santé et la sécurité au travail[119], etc. L'objectif de la promotion du progrès social fait l'objet de fort peu de commentaires chez les auteurs chinois.

L'objectif du développement économique, défini essentiellement par le gouvernement chinois comme la croissance économique, demeure plus que jamais à l'ordre du jour en Chine[120]. L'année 1999 marque le cinquantième anniversaire de la fondation de la République Populaire, et les autorités offrent un déluge de statistiques visant à démontrer aux Chinois combien ils se trouvent mieux aujourd'hui qu'il y a vingt ans. Les statistiques sont axées sur le progrès matériel accompli depuis le début des réformes[121]. Rappelons que la légitimité du régime communiste repose sur sa performance économique[122].

La volonté de protection

Dans les milieux officiels chinois, le *Code du travail* est présenté, nous l'avons mentionné précédemment, comme une œuvre de progrès pour les travailleurs par rapport à la situation qui prévalait avant son entrée en vigueur. Les principes fondamentaux du droit du travail, énoncés dans la Constitution, se retrouvent dans le *Code du travail.* Il s'agit du droit de choisir son emploi, du droit à l'égalité dans le travail, du droit à une rémunération, du droit à des repos et congés, du droit à la protection de la santé et sécurité des travailleurs, du droit de recevoir une formation, du droit à l'assurance sociale, et de celui de participer, selon le droit en vigueur, à la gestion démocratique de l'entreprise[123]. Par ailleurs les auteurs insistent sur l'instauration d'un régime de contrat de travail et de recours juridiques plutôt que de nature administrative pour illustrer le progrès marqué par cette loi.

La promulgation du *Code du travail* revêt aussi une portée idéologique considérable, en ce que l'existence d'inégalités est admise, du moins en ce qui concerne les relations de travail dans les entreprises privées, ou à capitaux étrangers, ou individuelles[124]. Cette remise en cause du principe de l'égalité se retrouve dans d'autres titres du *Code du travail,* dont il sera question plus loin.

Le salaire, les horaires, la santé et la sécurité au travail

Le cinquième titre du *Code du travail* traite des salaires. Les principes sous-jacents de la réforme des salaires sont[125] d'une part, celui qui prône un salaire égal pour un travail égal, et d'autre part, celui qui pose le salaire comme étant fonction du travail réellement effectué, soit à chacun selon son travail[126].

Jusqu'à l'entrée en vigueur du *Code du travail,* les salaires étaient fixés par le gouvernement central. Il existait différentes échelles de salaires, fonction des divers statuts et occupations. Tout changement devait être approuvé par le gouvernement. De plus, les salaires ont été maintenus à un bas niveau, lequel était compensé par les allocations diverses et la couverture sociale composant le système du « bol de riz en fer[127] ».

Un salaire minimum régional est instauré en vertu de l'article 48 du *Code du travail.* Le même article stipule aussi que les salaires versés aux travailleurs ne peuvent être inférieurs aux normes locales en matière de salaire minimum. En pratique, l'article 47 confère à l'employeur une grande discrétion car c'est lui qui décide du niveau des salaires dans son entreprise, et des modalités de répartition de ceux-ci. Aux termes du même article, l'employeur fixe les salaires « selon les particularités de la production et le rendement économique de son unité[128] ». Ces deux éléments se prêtent à une évaluation subjective, susceptible de varier d'un employeur à l'autre. L'article 49 ouvre la porte à des différences importantes entre les régions en ce qui a trait au niveau des salaires. Ces différences sont clairement évoquées à l'alinéa 5, et le critère de fixation est le niveau de développement[129] d'une région par rapport à une autre. On retrouve ici l'image d'une Chine à plusieurs vitesses. Les autres critères de modification ou fixation du salaire minimum dans une localité donnée incluent « le coût minimal de la vie pour le travailleur et ceux qu'il fait vivre[130] ». Là encore, il faut s'attendre à des variations considérables, ne serait-ce qu'entre les villes et les campagnes. Il faut y superposer d'autres ordres de variations, ce qui fait que l'image générale est celle d'une situation au cas par cas plutôt que d'un régime uniforme.

Les modalités de versement du salaire sont précisées à l'article 50. Le salaire doit être payé sous une forme monétaire, au mois. Toutefois, il peut en être autrement si les parties l'ont précisé dans le contrat[131] ou si les règles de l'entreprise prévoient autre chose[132]. Le libellé de la suite de l'article se lit ainsi : « Il ne doit être opéré aucune retenue ou déduction injustifiée[133] » . Ici, une brèche s'ouvre dans la protection car il existe une possibilité que soit effectuée une retenue ou déduction, pour des raisons considérées valables par l'employeur. Selon M. Lin, il faut comprendre ces lignes comme faisant une référence implicite à la situation de plusieurs entreprises d'État, qui éprouvent des difficultés à verser régulièrement leurs salaires aux ouvriers[134]. D'autres situations couvertes par cette exception seraient des désastres naturels ou encore une saison de basse productivité[135]. Les retenues sont considérées comme justifiées dans le cas où les travailleurs auraient causé des dégâts matériels à l'entreprise. Dans ce cas, l'employeur peut déduire, en guise de compensation, jusqu'à 20 % du salaire. Cependant, si ce qui reste après déduction est inférieur au salaire minimum local, alors les travailleurs doivent toucher ce dernier. Par contre, l'employeur peut effectuer des déductions pour impôt, assurance sociale[136], etc.

Au chapitre des horaires, le régime établi par le *Code du travail* à l'article 36 prévoit une semaine de quarante-quatre heures[137] de travail par semaine, en moyenne, et une journée de travail de huit heures. Comme le texte de l'article fait référence à une moyenne de temps de travail hebdomadaire, cela implique que le nombre d'heures travaillées par semaine peut se situer un peu à la hausse ou à la baisse sans contrevenir pour autant au régime légal.

L'article 39 entame la protection conférée aux travailleurs par l'article 36. En effet, si l'employeur a, pour des raisons liées à la production, besoin de faire travailler davantage le personnel, il peut le faire à condition d'avoir obtenu préalablement l'autorisation des services administratifs du travail. Dans ce cas, les horaires de travail sont allongés et on rogne sur les jours de repos[138]. Le temps supplémentaire est limité à une heure par jour de travail, et dans des cas plus rares, à trois heures par jour, à condition que cela n'excède pas trente-six heures par mois[139]. Cette règle souffre des exceptions dans les situations mentionnées à l'article 42. Ces dernières ont trait à des événements exceptionnels, où l'intérêt public justifie le temps supplémentaire. Le taux de rémunération pour le temps supplémentaire est défini à l'article 44.

Les jours de congés légaux sont précisés à l'article 40. Les travailleurs ont droit à une journée de repos hebdomadaire, voulant dire vingt-quatre heures d'affilée, aux termes de l'article 38. Un régime de congés payés annuels est instauré par l'article 45, mais la formulation de l'article est très vague sur ce point.

Le titre VI du *Code du travail* est consacré à la santé et à la sécurité au travail. Il s'agit de principes assez généraux, et il existe une abondante production réglementaire sur cette question. Cependant, une des nouveautés instaurées par le *Code du travail* réside dans la création de divisions d'arbitrage et d'inspection du travail à tous les échelons des collectivités locales et provinciales[140]. La mise en œuvre des mesures de santé et sécurité au travail incombe à chaque employeur, qui a aussi le devoir d'éduquer[141] les travailleurs sur ces questions. Il revient à l'employeur de fournir aux travailleurs des conditions de travail protégeant leur santé et leur sécurité, y compris, si besoin est, du matériel de protection conforme aux exigences légales[142]. Si des travailleurs doivent exécuter des tâches dangereuses, l'employeur est censé leur donner une formation appropriée leur permettant d'acquérir les compétences requises[143]. Les travailleurs ont un droit de refus face à un employeur qui enfreint les règles de sécurité, et ils peuvent porter plainte si l'employeur adopte des comportements qui mettent leur santé ou leur vie en danger[144]. La responsabilité encourue pour violation de ces dispositions va de l'amende à l'arrêt de la production imposé par les services administratifs du travail, et jusqu'à, enfin, la responsabilité pénale[145].

Les régimes spéciaux de protection pour les femmes et les mineurs

Les femmes ont, en vertu de l'article 13 du *Code du travail,* un droit égal au travail à celui des hommes. La discrimination à l'embauche est aussi prohibée, par le même article, sauf s'il s'agit d'emplois décrétés comme ne convenant pas aux femmes en vertu de dispositions gouvernementales[146]. Le titre 7 du *Code du travail* traite de la protection des mineurs et des femmes[147]. Les mesures de protection des femmes ont trait à certains types de travaux que les employeurs ne doivent pas exiger d'elles pendant leurs règles, la grossesse, et l'allaitement d'un enfant de moins d'un an. Entre autres, l'interdiction de rallonger l'horaire des travailleuses enceintes de plus de sept mois est stipulée à l'article 61, de même que celle de les affecter à une équipe de nuit. La durée minimale du congé de maternité est de trois mois, aux termes de l'article 62.

L'interdiction du travail des enfants mineurs est énoncée à l'article 15 du *Code du travail.* Le terme « mineurs » désigne les travailleurs qui ont plus de 16 ans mais moins de 18 ans. Les travaux interdits aux mineurs sont énumérés à l'article 64 du *Code du travail* : le travail des mines, des tâches définies comme dangereuses ou comportant des risques d'intoxication, etc. L'obligation pour l'employeur de faire subir un examen médical à périodes fixes aux travailleurs mineurs est prévue par l'article 65 du *Code du travail,* sans plus de précisions.

Les motifs de résiliation du contrat de travail par l'employeur et par le travailleur

Comme nous l'avons vu précédemment, le droit de résiliation du contrat de travail par l'employeur est balisé dans le *Code du travail.* Le législateur donne aussi un droit unilatéral de résiliation du contrat de travail au travailleur, dans certaines circonstances. Les motifs permettant une telle résiliation sont mentionnés à l'article 32 : l'usage de la violence contre le travailleur par l'employeur, ou si ce dernier use de menaces contre le travailleur, ou bien restreint la liberté physique du travailleur, par des moyens illégaux, en vue de le contraindre à travailler, ou encore si l'employeur n'a pas versé son salaire au travailleur ou n'a pas fourni les conditions de travail stipulées dans le contrat.

Il ressort de cette énumération des motifs une reconnaissance explicite du fait que les travailleurs peuvent être victimes d'abus de la part de leurs employeurs. Une lecture au deuxième degré des motifs énumérés nous place devant un tableau sombre des relations de travail dans la Chine des réformes. En 1994, le législateur a édicté une circulaire[148] appelant à la constitution de syndicats officiels dans les entreprises du secteur privé ou à capitaux étrangers afin de combattre des situations de violence physique et psychologique que vivent les travailleurs. Il est intéressant de noter que, trois ans plus tard, le commentateur autorisé du *Code du travail* ne restreint pas ces situations aux seules entreprises privées ou à capitaux étrangers. La rhétorique selon laquelle les travailleurs sont les maîtres de l'usine est donc répudiée. Le législateur répond aux inégalités par des mesures de protection de la partie la plus faible.

La flexibilité, ou le nouveau paradigme de l'efficacité

Depuis quelques années, le discours dominant en Chine en est un qui accorde la priorité à l'efficacité[149], et ce nouveau paradigme se substitue à celui de l'égalité[150]. Le nouveau discours valorise l'indépendance, le succès et une mentalité d'entrepreneur[151]. Dans le même temps, les entreprises d'État en Chine subissent de profondes transformations, qui passent par diverses formes de restructurations. Elles font l'objet du plus vaste mouvement de privatisation depuis la nationalisation des années cinquante[152]. Elles ont longtemps été les enfants chéries du régime communiste, qui a fait reposer sur elles sa légitimité. Or, une nouvelle perception des entreprises d'État a cours depuis le XVe Congrès du PCC en septembre 1997. Elles ne sont plus le joyau du socialisme, mais un fardeau dont il faut se départir pour favoriser la croissance économique et conserver le pouvoir[153]. Ce discours marque un revirement idéologique complet par rapport au credo passé du régime. Les fondements de cette nouvelle position sont la croyance du régime que les problèmes des entreprises d'État, et leur politique sociale[154] du « bol de riz en fer », constituent une menace pour la croissance économique[155] En plus d'être une source de mauvaises créances qui grèvent le budget de l'État, elles ont le tort, aux yeux d'un régime inquiet du chômage, de ne pas créer assez et en quantité suffisante de nouveaux emplois[156]. L'enjeu, ici, est ni plus ni moins qu'une profonde modification de la conception des rapports entre l'État et la société. En effet, la politique sociale du bol de riz en fer, inextricablement liée et aux entreprises d'État et, jusqu'à récemment encore, pilier du régime, est à présent perçue comme faisant obstacle à la croissance[157]. Si une réforme de la politique sociale est en cours, ses fondements idéologiques sont la responsabilisation[158] de l'individu et de sa famille. La vision nouvelle sous-jacente est que les allocations de sécurité sociale ne reviennent pas de droit à l'individu. Celles-ci devraient être fonction de la contribution de l'individu à la société : le gouvernement central affirme ne pas vouloir créer une culture de la dépendance[159]. Face au retrait croissant de l'État[160], la famille devient, à nouveau, le rempart contre l'indigence ; la redéfinition des rapports entre l'État et la société passe par la privatisation des services sociaux[161], mais aussi par celle des entreprises d'État[162] ou d'une partie d'entre elles.

La situation souvent désastreuse de ces entreprises s'explique par l'absence d'imputabilité de leurs dirigeants, qui a longtemps caractérisé leur mode de fonctionnement. De fait, les entreprises d'État n'ont pas été obligées de s'en tenir à des budgets stricts, et le gouvernement central a systématiquement assumé leurs pertes[163]. Le PCC a constaté que la croissance économique seule ne suffit pas pour remédier à l'inefficacité des entreprises du secteur étatique[164]. Dans cette perspective, les licenciements massifs apparaissent comme un mal nécessaire[165]. Ce sont habituellement les autorités locales qui décident de procéder aux licenciements, et non le gouvernement central[166]. Soucieuses de prévenir une union politique des exclus, les autorités ont créé plusieurs catégories de personnes sans travail[167].

On retrouve ainsi dans le contexte chinois certains éléments associés à la flexibilité[168] telle qu'elle est vécue dans les pays occidentaux industrialisés. Le discours occidental selon lequel il faut « libérer » les marché des contraintes du droit du travail tel qu'il s'est développé jusque dans les années 1980[169], trouve un écho dans la position des autorités chinoises, du moins celles relatives aux entreprises d'État. La foi dans l'institution du marché, credo néolibéral par excellence, comme outil de développement, se retrouve partiellement en Chine dans l'engouement des autorités pour le concept d'« économie socialiste de marché », au nom de quoi on devrait sacrifier l'équité. Plus précisément, il faut, selon les autorités chinoises, d'abord produire, ensuite redistribuer : en effet, on ne saurait avoir ensemble l'équité et le développement[170]. Les dirigeants chinois, nous l'avons vu, accordent la priorité à l'efficacité, ce qui se traduit pour eux par l'accent mis sur la croissance économique[171]. En Occident, la flexibilité prend la forme de l'érosion de la plupart des éléments de la sécurité du travail : nous sommes confrontés, entre autres, au chômage de masse[172]. Or, Mme He souligne qu'un des deux grands maux de la Chine des réformes réside précisément dans le chômage de masse[173]. Il y a un lien entre la mondialisation et la flexibilité de la main-d'œuvre et du travail prônée pour les entreprises[174], au nom de la compétitivité[175]. Apparaissent les travailleurs sous contrat, les travailleurs temporaires, ceux à temps partiel, le recours à la sous-traitance[176], tous éléments présents en Chine, particulièrement dans les provinces côtières et du Sud, motrices du développement économique et lieu des délocalisations. Dans les pays industrialisés, la flexibilité, comme l'érosion de la protection sociale, découlent aussi de la privatisation[177]. Or, les dirigeants communistes, à divers degrés, recourent à cette dernière non seulement pour certaines entreprises d'État, mais aussi dans la réforme du logement[178], dans celle de l'accès aux services sociaux[179], etc. Les mutations de la société chinoise s'inscrivent en partie, mais pas complètement, dans le courant de la mondialisation.

La réduction de personnel fondée sur la théorie du changement de circonstances

La tendance de l'heure est aux fusions, rachats, transferts d'entreprises, etc. Tous ces changements occasionnent des modifications d'effectifs du personnel, et notamment, des licenciements massifs justifiés au nom de l'efficacité économique[180]. Une des assises juridiques pour procéder à des réductions massives de personnel dans ces situations est l'article 26 (3) du *Code du travail* :

> L'employeur peut mettre fin au contrat de travail à condition d'en avertir par écrit le travailleur trente jours à l'avance au cas où :

(3) les conditions objectives ayant présidé à l'élaboration du contrat de travail auraient tellement changé que son application en est devenue impossible et dans la mesure où les deux parties n'arriveraient pas à en négocier un nouveau.

Le commentateur autorisé du *Code du travail* confirme que les situations visées par cet article incluent les restructurations, et aussi la force majeure. Le commentateur autorisé distingue clairement les situations couvertes par cet article de celles visées par l'article 27, dont il est question plus avant. Les parties disposent de plusieurs options face à cette situation. Elles peuvent convenir de diminuer ou augmenter la prestation, de la modifier, d'étirer dans le temps son exécution, et enfin, faute d'entente, l'employeur peut résilier le contrat. Le commentateur reconnaît l'existence d'un potentiel d'abus[181] dans l'utilisation, par l'employeur, de cet article. La réalité rapportée, tant en Chine même que par des organisations non gouvernementales orientales[182], confirme que les réductions de personnel ont lieu dans des entreprises qui ne sont pas en faillite, ou au bord de l'être. Même des entreprises non étatiques effectuent des réductions de personnel[183].

Les travailleurs chinois vivent mal cette remise en cause du paradigme de l'égalité, car, en plus d'éprouver d'intenses difficultés matérielles et psychologiques, ils sont dépeints par la presse officielle comme étant responsables[184] de leur incapacité à se retrouver du travail, par manque de souplesse.

La réduction de personnel fondée sur l'article 27

Les situations qui permettent à l'employeur de procéder à des licenciements en vertu de cet article sont au nombre de deux : l'employeur est au bord de la faillite et fait l'objet d'une procédure de redressement judiciaire, ou les conditions de production connaissent de grosses difficultés. Ces deux situations sont le lot de bon nombre d'entreprises d'État, à divers degrés.

Le commentateur autorisé présente l'article 27 en défendant la nécessité des licenciements, tout en étant conscient qu'ils peuvent mettre la stabilité en péril[185]. Les licenciements auraient pour cause les changements dans l'évolution du marché ou les difficultés de gestion des entreprises[186]. Les licenciements sont aussi justifiés au nom de la nécessité, pour les entreprises, d'être compétitives, et de se développer[187].

La première balise de l'employeur dans l'utilisation de cette mesure est une situation de faillite, où l'entreprise fait l'objet d'une procédure de redressement judiciaire. Les causes d'une telle situation, selon le commentateur autorisé, résident dans une mauvaise gestion[188] de l'entreprise qui aura occasionné de lourdes pertes.Le recours aux licenciements est inévitable, selon le commentateur autorisé, lorsque l'entreprise est en redressement judiciaire[189].

Les difficultés dans les conditions de production constituent la seconde balise. Pour que l'employeur puisse légalement procéder à des réductions de personnel, il faut que ces difficultés aient atteint un degré de gravité selon les normes du gouvernement local. La mauvaise gestion est encore citée comme cause des difficultés. Le recours aux licenciements est présenté comme faisant partie de l'exercice de l'autonomie conférée aux entreprises. Le commentateur autorisé ajoute ces propos révélateurs : « Le fait que le *Code du travail* régisse les licenciements économiques et permette à l'employeur de mettre fin au contrat de travail constitue une garantie juridique importante de l'autonomie de l'entreprise, traduit l'esprit des réformes et est un encouragement au développement d'un système d'entreprises modernes[190] ».

La seule mention en faveur des travailleurs licenciés, à l'article 27, est à l'effet que « L'employeur qui réduit ses effectifs conformément à cet article et qui réembaucherait du personnel dans les six mois, doit embaucher en priorité le personnel licencié[191] ». L'employeur doit également, aux termes de l'article 28, verser aux travailleurs les indemnités prévues par la loi[192]. Le rôle du syndicat dans cette procédure, tel que décrit à l'article 27, est purement consultatif. En pratique, les syndicats sont appelés à participer à la gestion des effets des licenciements. Ils créent des programmes d'aide caritative destinés aux familles les plus démunies[193].

La flexibilité par l'exclusion du droit

D'après les informations disponibles sur les entreprises privées, les ouvriers licenciés ont peu de chance d'être recrutés par ces dernières, qui leur préfèrent les *mingong*, ou migrants ruraux : ceux-ci, travaillant pour un salaire moindre, condamnés, au mieux, à un statut d'ouvriers temporaires[194], valent aux employeurs de substantielles réductions[195] de coûts de la main-d'œuvre. En effet, les employeurs sont dispensés de contribuer, pour les ouvriers temporaires, aux fonds de pension et d'assurance-maladie. En théorie, les compagnies privées défraient uniquement les coûts médicaux liés aux accidents de travail[196]. Rappelons que les paysans, dont sont issus les *mingong*, sont exclus du champ d'application du *Code du travail*. Cette exclusion n'est pas anodine dans le contexte des réformes en cours.

Les *mingong*, hommes et femmes, sont les ouvriers les plus exploités de toute la Chine[197]. Ils constituent une main-d'œuvre flexible par excellence pour toutes les entreprises. Ils sont tout juste considérés comme des êtres humains par les résidents urbains, qui ont d'eux des images très négatives[198]. Ils sont appelés les *san wu*, ou les « Trois-n'ont-pas ». Et en effet, ils n'ont pas d'emploi stable, ils n'ont pas de papiers d'identité en règle, et n'ont pas de domicile fixe[199]. Depuis quelques années cependant, les autorités chinoises reconnaissent une certaine utilité économique aux *mingong*, notamment parce qu'ils acceptent d'exécuter des travaux ingrats délaissés par le reste de la population urbaine. Par ailleurs, la mobilité des *mingong* est, aux yeux des autorités, bénéfique pour le développement économique et le progrès social en ce que les revenus envoyés aux familles des *mingong* restées à la campagne contribuent à améliorer le pouvoir d'achat de celles-ci. Il arrive aussi que les *mingong* ayant amassé un petit pécule investissent ce dernier dans des entreprises de cantons, ce qui plaît aux autorités[200]. C'est pourquoi les *mingong* qui ont un contrat de travail en ville ont maintenant accès à un *hukou* urbain temporaire, valide suivant la durée de ce contrat[201]. Cependant, la vaste majorité des *mingong* n'a pas le bénéfice d'un contrat de travail, et ces derniers, citoyens de seconde zone, vivent dans des conditions matérielles déplorables[202].

Ce statut de migrants sans droits contribue à maintenir les *mingong* dans une situation précaire, qui les dissuade souvent de dénoncer les abus dont ils sont victimes. De plus, ils ne peuvent en aucun cas compter sur l'aide du syndicat officiel, ce dernier considérant que les *mingong* ne font pas partie de sa clientèle. Si les *mingong* déclenchent des grèves, elles sont mal perçues, tant par les employeurs que par les autorités locales, surtout si elles éclatent dans des sociétés étrangères. Le fait que le gouvernement chinois mise sur la main-d'œuvre docile et à bon marché pour attirer les investisseurs, les *mingong* étant par ailleurs mal considérés, favorise les abus. De plus, les *mingong*, en grand besoin de l'argent qu'ils gagnent, sont prêts à composer avec les pires conditions de travail[203]. Ils n'ont pas d'avenir s'ils restent à la campagne, et les industries rurales ne suffisent pas pour résorber la main-d'œuvre paysanne excédentaire. Aussi, les *mingong* et les ouvriers plus éduqués se retrouvent-ils dans des positions inconciliables pour ce qui est du respect des droits des ouvriers, et la classe ouvrière se trouve divisée par l'effet du *hukou*. Les ouvriers urbains statutaires font figure de privilégiés auprès des *mingong*, et la division entre ces deux groupes se trouve accentuée par la propagande du gouvernement contre les *mingong*[204].

Une mise en œuvre du *Code du travail* à géométrie variable

Les droits des travailleurs dans les nouvelles formes d'entreprises

Le *Code du travail* s'applique aux entreprises à capitaux étrangers en Chine. Avant son entrée en vigueur, des différences importantes existaient entre le droit du travail applicable aux entreprises du secteur étatique, et celui régissant les entreprises à capitaux étrangers. Les différences touchaient à la liberté conférée aux entreprises à capitaux étrangers dans le recrutement[205] et le licenciement[206] des travailleurs, qui offrait un contraste marqué avec la situation prévalant dans les entreprises d'État. Avec l'entrée en vigueur du *Code du travail*, ces différences de régimes s'atténuent considérablement. Le ministère du Travail a édicté un autre texte, en 1994, destiné à régir le droit du travail dans les entreprises à capitaux étrangers. Il s'agit du *Décret sur la gestion du travail dans les entreprises à capitaux étrangers*[207], du 11 août 1994.

Le *Code du travail* est beaucoup plus complet que le *Décret sur la gestion du travail dans les entreprises à capitaux étrangers* de 1994. Cependant, ce dernier diffère de l'autre sur deux points. D'une part, la formation du personnel chinois par l'employeur étranger est placée en tête du *Décret sur la gestion du travail dans les entreprises à capitaux étrangers*, et elle est « érigée en principe à l'embauche de personnel chinois par les entreprises à capitaux étrangers[208] ». D'autre part, l'accent est mis, aux articles 19 à 33, sur les sanctions. Le texte du

Décret sur la gestion du travail dans les entreprises à capitaux étrangers énonce que « le règlement intérieur des entreprises ne doit pas enfreindre les lois et règlements en vigueur[209] », ce qui constitue un renvoi très large au droit chinois du travail, incluant les circulaires d'application et règlements pour les questions qui n'y sont pas traitées.

L'entreprise étrangère est tenue de signer un contrat écrit avec ses employés[210] et n'a pas le droit de recruter des mineurs[211]. Une attention particulière est dévolue à la rupture du contrat de travail par un travailleur, motivée par de mauvais traitements de la part de son employeur, ou par le fait que l'employeur enfreint les lois et règlements, ou lèse les droits légaux du travailleur. Dans de tels cas, le travailleur a le droit de rompre le contrat de travail[212], et l'entreprise doit verser une compensation[213] au travailleur. Le salaire versé par les entreprises étrangères ne doit pas être inférieur au salaire minimum local[214]. Le *Décret sur la gestion du travail dans les entreprises à capitaux étrangers* ne contient qu'une disposition sur les heures supplémentaires[215], axée sur les sanctions, ce qui renvoie à celles du *Code du travail* sur la question. Les travailleurs en congé de maladie, ou victimes d'un accident de travail les rendant partiellement ou totalement inaptes au travail, de même que les femmes enceintes, en congé de maternité ou qui allaitent, sont protégés par l'article 13 du *Décret sur la gestion du travail dans les entreprises à capitaux étrangers*, en vertu duquel l'entreprise étrangère ne peut rompre le contrat de travail si l'employé se trouve dans une des situations énumérées. Les entreprises étrangères ont des obligations relativement à l'assurance sociale. Ainsi, l'article 17 du *Décret sur la gestion du travail dans les entreprises à capitaux étrangers* stipule une obligation, pour l'employeur, de cotiser aux caisses d'assurance sociale en matière de retraite, chômage, maladie, invalidité et maternité. Le régime en est un où les employés sont également tenus de cotiser.

Les congés auxquels ont droit les travailleurs sont les mêmes que ceux énoncés dans le *Code du travail* en ce qui concerne les jours fériés, mais l'article 24 qui traite de la question est très incomplet. Il mentionne le droit des femmes à un congé de maternité, mais n'en précise pas la durée et ne parle pas de l'obligation pour l'entreprise de donner un jour de repos hebdomadaire. Cependant, l'article 26 du *Décret sur la gestion du travail dans les entreprises à capitaux étrangers* renvoie à la législation en vigueur pour ce qui a trait, entre autres, à la protection des femmes et des mineurs, à la santé et à la sécurité au travail, aux horaires de travail, ainsi qu'aux conflits de travail. D'une manière générale, les sanctions énoncées dans le décret sont essentiellement de nature administrative, et elles sont infligées par les services administratifs locaux du travail. Toutefois, comme le *Code du travail* s'applique aux entreprises étrangères et prévoit des sanctions pénales dans certains cas, la protection des travailleurs est, sur papier du moins, renforcée.

Le *Code du travail* contient des dispositions[216] relatives à la place et à la fonction des syndicats dans les entreprises. Le décret mentionne les syndicats dans quelques articles, mais ne comprend pas de disposition spécifique sur les syndicats. Cependant, le texte le plus détaillé sur les syndicats en Chine est *La loi sur les syndicats,* de 1992, dont les principes sont applicables aux entreprises étrangères[217]. Les diverses lois sur les investissements étrangers traitent aussi des syndicats. Les dispositions de ces dernières mettent plutôt l'accent sur la protection des travailleurs, alors que celles de la *Loi sur les syndicats* insistent davantage sur la gestion des travailleurs, leur supervision et leur éducation par les syndicats[218].

Dans les entreprises étrangères, les travailleurs ont le droit de constituer des syndicats et de se livrer à des activités syndicales en accord avec la *Loi sur les syndicats.* L'entreprise étrangère doit fournir au syndicat le bureau et l'équipement nécessaire à son travail et aux réunions. Elle doit aussi, sur une base mensuelle, verser 2 % de la masse salariale au syndicat[219] pour ses activités. Les matières qui relèvent de la compétence du syndicat dans l'entreprise étrangère sont[220] : les salaires, les avantages sociaux, la santé et la sécurité au travail, et l'assurance sociale. Le pouvoir des syndicats consiste à émettre des avis[221] et des propositions, dont les services administratifs de l'entreprise doivent tenir compte. Toutefois, comme nous l'avons vu précédemment[222], l'étendue de ce pouvoir est d'autant plus restreinte que les syndicats en place tiennent leur existence à leur alignement sur les politiques officielles, situation illustrée par le fait, soulignons-le, que les tentatives de créer des syndicats indépendants en Chine sont réprimées[223] par les autorités.

Les rapports sur la Chine de diverses ONG occidentales et orientales convergent sur un point : les travailleurs de plusieurs entreprises étrangères engagées dans des activités à haute intensité de main-d'œuvre sont victimes de violations persistantes et sérieuses de leurs droits. Les lois et règlements chinois du travail ne sont guère ou pas respectés.

Diverses enquêtes font ressortir que, d'une manière générale, les compagnies occidentales en Chine jouissent d'une bonne réputation quant à la façon de traiter leurs ouvriers[224]. Par contre, les investisseurs étrangers ayant la plus mauvaise réputation sont les Coréens et les Taïwanais[225], ainsi que les investisseurs de Hongkong[226]. Certains patrons gèrent leur usine comme s'il s'agissait d'un établissement carcéral[227] et le recours à la violence physique (châtiments corporels pour manquement mineur à la discipline) est fréquent[228].

À l'heure actuelle, bien que ce soit illégal, on trouve encore plusieurs compagnies étrangères bâties sur le modèle « trois dans un[229] » (un seul bâtiment regroupe les ateliers de production, les dortoirs et les entrepôts). C'est particulièrement dangereux en cas d'incendie, et les cas désastreux de décès d'ouvrières dans de tels incendies abondent[230]. Les accidents de travail qui se soldent par la mort ou un handicap physique permanent sont également monnaie courante dans les entreprises étrangères, de même que les maladies provoquées par l'exposition à des produits toxiques[231]. La plupart des entreprises ne défraient pas les coûts des soins médicaux aux travailleurs victimes d'accident de travail[232], alors qu'elles y sont obligées par la loi. Plusieurs entreprises restreignent l'accès aux toilettes de leur personnel durant les heures de travail, sous peine d'amendes et de châtiments corporels[233].

Le *Code du travail* stipule qu'un maximum de 36 heures de travail supplémentaire peuvent être exigées par mois, contre rémunération adéquate. Or, les heures supplémentaires sont le lot quotidien des travailleurs dans une majorité d'entreprises sino-étrangères engagées dans des activités à haute intensité de main-d'œuvre, et ces heures ne sont pas toujours payées ou le sont avec un retard de plusieurs mois[234]. Ces heures supplémentaires rognent sur les heures de repos dont les travailleurs ont besoin, et l'état d'extrême fatigue qui en résulte les rend vulnérables de façon accrue aux accidents de travail. Quant aux dortoirs des travailleurs, ce sont souvent des lieux surpeuplés et insalubres[235], et le temps alloué pour les repas, quand il y en a, est généralement insuffisant. Toutefois, tous ces éléments peuvent varier grandement d'une entreprise à l'autre.

Les entreprises privées purement chinoises ont été systématiquement présentées, depuis 1988[236], comme lieux d'abus de toutes sortes des droits des travailleurs. Aujourd'hui, elles sont encore largement perçues comme source d'exploitation de la main-d'œuvre[237]. Plus précisément, les ouvriers licenciés, pressés de se trouver du travail dans le secteur privé[238], considèrent ce dernier avec mépris. Les ouvriers continuent d'associer la sécurité d'emploi au seul secteur d'État, et ce, malgré les licenciements massifs en cours[239]. Or, le gouvernement chinois, dans un revirement idéologique complet, vante aujourd'hui les gens d'affaires du secteur privé comme travailleurs modèles[240].

La régression des droits des femmes sur le marché du travail

D'une manière générale, les réformes en cours amènent avec elles une régression[241] quant au rôle et au statut des femmes, accentuée dans les campagnes[242], mais très perceptible aussi dans les villes. Les préjugés à l'endroit des femmes ont de plus en plus libre cours dans la société chinoise[243], et l'impact des rôles sociaux contribuent à les renforcer. Les chercheurs font aussi état d'une recrudescence de toutes les formes de violence contre les femmes[244].

Ce recul notable se manifeste aussi dans le monde du travail. L'autonomie de gestion du personnel conférée à toutes les entreprises en Chine, et l'instauration d'un système de contrat de travail se sont soldées pour les femmes par une situation de discrimination à l'embauche[245] qui viole l'article 13 du *Code du travail*. Ici, les rôles sociaux dictent le choix des employeurs. Les soins des enfants et des parents âgés incombant majoritairement aux femmes, les employeurs, au nom de l'efficacité économique, refusent de les recruter. Ils prennent prétexte du fait qu'elles auront à s'absenter plus souvent que les travailleurs de sexe masculin. La volonté des employeurs de ne pas avoir à défrayer les coûts des congés liés à la maternité joue aussi comme motif de discrimination[246]. Devant une telle situation, une source de protection devrait être le contrat de travail, instauré par le *Code du travail*. Cependant, l'usage du contrat est loin d'être aussi répandu qu'il le faudrait. Par ailleurs, la durée des contrats oscille entre trois et cinq ans. Cela permet aux employeurs de recruter des femmes pour la période de leur vie où elles sont adultes, mais n'ont pas encore atteint l'âge du mariage. Ensuite, il est tout à fait légal[247] pour l'employeur, lorsque le contrat arrive à échéance, de ne pas le reconduire.

D'une façon générale, les lois et règlements du travail mettent l'accent sur le besoin de protection des femmes en raison de leurs caractéristiques particulières, ce qui contraste avec l'approche occidentale qui se concentre sur la discrimination. L'approche chinoise est à double tranchant pour les femmes car elle permet aux employeurs de restreindre les choix des femmes en arguant de la nécessité de les protéger. Le langage de « protection », récent, est le produit d'une époque où le haut taux de chômage fait naître des remises en question sur le droit des femmes à travailler[248].

Cependant, les entreprises étrangères spécialisées dans les activités à haute intensité de main-d'œuvre font exception en la matière, car elles préfèrent recruter des femmes[249]. Elles y sont préférées aux hommes parce qu'on les perçoit comme plus dociles et habiles aux tâches d'assemblage. Cette préférence comporte des revers. Les femmes recrutées ont en moyenne entre dix-sept et vingt-trois ans, sont célibataires et le plus souvent originaires de la campagne. Elles sont les moins éduquées de la population des *mingong*[250]. La courte durée de leurs contrats permet aux patrons le non-renouvellement quand les employées atteignent l'âge de se marier et d'enfanter. Les employeurs évitent ainsi de payer à ces femmes des services de santé pour grossesse, des congés de maternité[251], etc. Les femmes *mingong* qui travaillent dans les entreprises étrangères spécialisées dans les hautes activités de main-d'œuvre sont au dernier rang des priorités du gouvernement[252] lorsqu'il s'agit de faire respecter le *Code du travail*, même si les conditions de travail de travail de ces femmes et les mauvais traitements dont elles sont victimes sont régulièrement dénoncés dans la presse officielle[253]. Jusqu'à récemment, le gouvernement chinois a préféré ménager les ouvriers urbains des entreprises d'État, beaucoup plus éduqués, par crainte d'une explosion ouvrière[254].

La réforme du logement, mal définie[255] et encadrée, est aussi mise en œuvre au détriment des femmes. Celles qui voudraient racheter leur logement situé sur l'unité de travail soit, se heurtent à un refus, soit, doivent payer beaucoup plus que les hommes[256]. De plus, advenant le départ de leur mari de l'unité de travail pour une autre, les femmes se voient souvent intimer l'ordre de restituer le logement, en plus de devoir quitter aussi leur emploi[257].

Les femmes constituent la majorité des sans-emploi, soit 38 % de la main-d'œuvre urbaine, mais 60 % à l'échelle nationale. Dans les entreprises chinoises ordinaires, elles sont les premières licenciées et souvent forcées de prendre leur retraite avant l'heure dans des conditions financières très désavantageuses[258]. S'il existe par endroit des programmes de formation destinés aux femmes licenciées, ils favorisent leur ségrégation professionnelle en les orientant dans le secteur des services, avec emplois à temps partiel, salaires inférieurs et bénéfices moindres. En d'autres termes, les femmes vivent une grande précarisation, à cause d'un discours rétrograde qui, au mieux, véhicule l'idée que seuls certains emplois leur conviennent[259] et, au pire, prône leur retour à la maison pour remédier au chômage. Beaucoup sont aussi victimes de harcèlement sexuel au travail[260]. Quant aux effets des licenciements sur la santé des femmes, une étude récente en fait état : la crainte de perdre leur emploi, ou le fait d'être licenciée, se traduit par des problèmes gynécologiques, digestifs, des troubles nerveux et des maladies de peau[261].

Le recours au nouveau cadre juridique pour régler les conflits

Depuis l'avènement de la RPC, les procédures de résolution des conflits de travail revêtent un caractère essentiellement administratif plutôt que judiciaire[262]. À cet égard, le *Code du travail* s'inscrit largement dans la continuité, car bien qu'il instaure aussi un cadre judiciaire pour régler les conflits, l'accent est mis la conciliation et l'arbitrage plutôt que sur le recours aux tribunaux. Toutefois, cette nouveauté que marque le recours aux tribunaux n'a pas échappé aux travailleurs, qui commencent à s'en prévaloir[263]. L'instauration de recours véritablement juridiques est aussi présentée comme un grand progrès au bénéfice des travailleurs par les auteurs de doctrine chinoise[264]. En effet, la tendance des travailleurs, en cas de conflit, consistait à tenter de régler le problème en se tournant vers les supérieurs hiérarchiques, mais ce mode de règlement est à présent décrié au motif qu'il ne donne pas d'assise aux droits des travailleurs, et que les responsables des violations n'encouraient, le plus souvent, aucune responsabilité[265]. Le législateur encourage donc les travailleurs à faire valoir leurs droits et à utiliser le système judiciaire à cette fin si nécessaire, ce qui constitue un changement important dans la culture juridique chinoise contemporaine, du moins par rapport à la période maoïste.

Le titre X du *Code du travail* traite en huit articles des conflits du travail. La procédure plus détaillée est décrite dans le texte

Regulations for Handling Labour Disputes[266]. Bien qu'édicté avant l'entrée en vigueur du *Code du travail*, il demeure l'instrument juridique clé pour résoudre les conflits de travail, car le *Code du travail* n'en modifie nullement le contenu[267].

Les buts du règlement sont énoncés à l'article premier : gérer de manière appropriée les conflits de travail dans les entreprises, protéger les droits et intérêts légitimes des entreprises et des travailleurs, maintenir une productivité et des opérations normales, développer de bonnes relations de travail, promouvoir les réformes et l'ouverture de manière souple[268]. D'emblée, les intérêts des travailleurs sont en concurrence avec ceux des entreprises, la productivité et l'idée vague de ce qui constitue de « bonnes » relations de travail. La manière souple de promouvoir les réformes et l'ouverture n'est pas non plus explicitée. Le texte laisse supposer que d'autres buts peuvent primer sur les intérêts des travailleurs.

L'article 2 précise les conflits visés par le règlement : les cas où une entreprise expulse un travailleur ou raye son nom de la liste des employés, les cas de renvoi des travailleurs, les cas de démission des travailleurs, l'arrêt de travail volontaire des travailleurs, des conflits à propos de la mise en œuvre des règlements de l'État sur les salaires, l'assurance, la sécurité sociale, la santé et la sécurité au travail, la formation, de même que des conflits relatifs à l'exécution du contrat de travail[269]. La préférence pour la médiation, comme principe devant régir la résolution des conflits de travail est explicitement affirmée à l'article 4.

L'article 6 fixe les grandes lignes de la procédure. Dans un premier temps, les parties sont fortement incitées à résoudre leur différend par voie de consultation entre employeurs et employés. Il s'agit cependant d'une étape facultative. Les parties peuvent aussi, soit directement, soit en second lieu, se tourner vers le comité de conciliation[270] (ou médiation) de l'entreprise. Ce dernier possède une structure tripartite. Y siègent des représentants des employés, de l'employeur et du syndicat[271]. Aux termes de l'article 10, le comité dispose de trente jours pour régler le conflit. La conciliation se fait sur la base du caractère volontaire de la participation des deux parties[272]. Le degré de force contraignante de l'accord, en cas de succès, n'est pas très clairement formulé. Selon les termes de l'article 80 du *Code du travail*, les parties doivent appliquer l'accord. En cas d'échec, les parties peuvent saisir le comité d'arbitrage pour la solution des conflits du travail affilié à chaque Bureau du Travail local. Il n'est précisé ni dans le *Code du travail* ni dans le règlement ce qui advient au cas où la conciliation a abouti à un accord mais qu'il y a inexécution de la part d'une des deux parties.

Le recours à l'arbitrage est la principale voie de règlement des conflits de travail en Chine[273]. Il s'agit également d'une étape préalable pour instituer un recours devant les tribunaux[274]. Le recours à l'arbitrage ne se fait pas de plein droit, car le comité d'arbitrage jouit, aux termes de l'article 25 du règlement, d'une grande discrétion dans la décision d'accepter ou non d'être saisi du conflit. Il dispose de sept jours pour ce faire, et en cas de rejet de la demande, le comité doit motiver ses raisons[275]. Ni le *Code du travail* ni le règlement ne précisent ce qui se produit lorsque les parties voient leur plainte rejetée par le comité d'arbitrage, mais ne sont toujours pas satisfaites de la situation[276]. Les procédures devant le comité revêtent un caractère quasi-judiciaire, car les parties peuvent s'y faire représenter par avocats[277]. La sentence arbitrale une fois rendue, les parties insatisfaites disposent de quinze jours pour saisir les tribunaux du litige, délai péremptoire qui, si la sentence n'est pas contestée pendant cette période, lie les parties[278]. Il est toutefois permis de douter de l'impartialité du comité, car il est susceptible de se laisser influencer par l'effet de sa décision sur le climat général de l'investissement dans la localité concernée[279]. Les cas où un membre du comité doit se récuser sont prévus à l'article 35 du règlement : le membre est partie au conflit, ou parent d'une des parties, ou le résultat du conflit affecte ses intérêts, ou il est lié à l'une des parties de telle manière que cela entache le caractère juste de l'arbitrage. Une partie peut, si elle sait qu'un membre du comité se trouve dans une des situations énumérées ci-dessus, soulever la question oralement ou par voie écrite[280]. Le législateur est conscient de la nécessité d'une certaine impartialité[281] chez les décideurs. Toute la question est de savoir dans quelle mesure ces dispositions sont respectées.

Diverses sources font état de l'utilisation des tribunaux par les travailleurs pour faire valoir leurs droits[282]. En particulier, des travailleurs intentent des recours collectifs contre des entreprises afin de se faire payer des salaires ou pensions non versées, ou de faire inculper un employeur abusif. Ils ont parfois gain de cause. Il peut être dans l'intérêt du gouvernement central de laisser les revendications ouvrières s'exprimer dans une voie facile à contrôler[283], plutôt que de faire face à de l'instabilité sociale qui compromettrait son règne. Aussi, les recours collectifs qui mettent en cause des problèmes déjà ciblés par le gouvernement central ont-ils de bonnes chances de se solder en faveur des demandeurs[284]. Le gouvernement central a du mal à contrôler les dirigeants d'entreprises, et les fonctionnaires des autorités locales. Des victoires des travailleurs coïncident alors avec les intérêts du centre, ce qui expliquerait le succès des recours collectifs intentés[285]. De plus, il existe des recueils de jurisprudence en droit du travail[286]. Cependant, en pratique, les travailleurs qui veulent se prévaloir de leurs droits font face à des difficultés d'accès à la justice. Entre autres, ils doivent défrayer les coûts des procédures qu'ils intentent, dans un contexte où l'aide juridique est très peu développée[287]. Ils sont aussi susceptibles de faire l'objet de représailles de la part de leur employeur. Les réformes dans la gestion des entreprises, visant à en accroître l'autonomie, ont en effet donné plus de pouvoir à leurs dirigeants qui, souvent, occupent aussi le poste de secrétaire du PCC : cette concentration de pouvoir les rend doublement redoutables pour les travailleurs qui peuvent alors être soumis à un large éventail de pénalisations. Les gérants peuvent ainsi les assigner à des postes beaucoup plus pénibles, à des emplois moins bien rémunérés, ou les accuser de manquements au vague concept de discipline du travail, ou encore affecter le revenu des travailleurs en jouant sur la rémunération obtenue par un salaire avec ou sans bonis, etc. Et même lorsque des travailleurs gagnent leur cause, ils se heurtent aux difficultés d'exécution des jugements[288].

Il faut aussi compter avec la décentralisation, qui se traduit par le pouvoir grandissant des gouvernements locaux. Ces derniers sont responsables de l'exécution des lois nationales, et de châtier ceux qui les transgressent. En vertu de l'article 106 du *Code du travail,* il incombe aux autorités locales de le mettre en œuvre et d'édicter des règlements à cette fin. Cependant, elles ont souvent des intérêts dans les entreprises étrangères ou chinoises, ce qui explique leur peu de volonté de faire respecter les lois en faveur des travailleurs[289], ou de l'environnement[290]. Elles croient souvent pouvoir ignorer les lois nationales, voire édicter des règlements qui leur soit carrément contraires[291]. Les recours collectifs recensés par M. Fang avaient tous en commun des causes où les demandeurs se plaignaient de violations de lois nationales par les autorités locales[292]. La mise en œuvre des lois nationales est à géométrie variable en Chine, fonction d'une multitude d'intérêts souvent conflictuels.

Notes

1. Hilary K. JOSEPHS, « Labor Law Reflects New Realities », (Fall 1996) *China Rights Forum* 24-27, p. 24.
2. *Ibidem.*
3. CHEN Ke, « People's Republic... », *op. cit.* [note 257], p. 32.
4. *Ibid.* p. 22. Ce rapport au Code nous rapproche d'une conception civiliste du droit, qui voit dans la règle de droit une règle générale de conduite, plutôt que de la tradition de la Common Law qui, à l'origine, ne comprenait pas de codes. Voir René DAVID et Camille JAUFFRET-SPINOSI, *Les grands systèmes de droit contemporain,* 10ᵉ éd., coll. « Précis Dalloz », Paris, Dalloz, 1992, 523 pages, p. 31.
5. LIANG Shuwen *et al.* (sous la dir. de), « *Laodong fa » ji peitao guidingxin shi xin jie* [*Nouvelles explications du « Code/Droit du Travail » et des textes d'application*], Beijing, Renmin fayuan chubanshe [Éditions de la Cour populaire suprême], 1997, 1192 pages, p. 15.
6. *Ibid.*, p. 23.
7. *Ibid.*, p. 32.
8. LIANG Shuwen *et al.* (sous la dir. de), *op. cit.*, p. 14-15. Traduction libre de l'auteure.
9. *Ibidem.*
10. *Ibid.*, p. 1. Il s'agit de l'introduction.
11. Voir la jaquette du livre.
12. Pierre ISSALYS et QI Xuefeng, *op. cit.* [note 17], p. 693. La réalité pratique, plus complexe, est expliquée à la page 694 mais déborde le cadre de ce travail.
13. Pierre ISSALYS et QI Xuefeng, *ibidem.*
14. *Ibid.*, p. 656.
15. Voir Alexandre MORIN et Thierry PAIRAULT, *op. cit.* [note 1], vol. 1, p. 52-54.
16. Ces différences ont été expliquées dans l'article de Pierre ISSALYS et QI Xuefeng, *op. cit.*, p. 656-657.
17. Nous avons insisté sur ce point dans les parties précédentes.
18. Pierre ISSALYS et QI Xuefeng, *op. cit.*, p. 665.
19. *Constitution of the People's Republic of China* (Adopted on December 4, 1982, by the Fifth National People's Congress of the People's Republic of China at its Fifth Session), « People's Republic of China » [texte présenté, pour 1931-1982, par HSIA Tao-Tai, avec Kathryn A. HAUN, Charlotte A. HAMBLEY et Constance A. JOHNSON ; pour 1982-1992, par Constance A. JOHNSON], in BLAUSTEIN, Albert P., and Gisbert H. FLANZ (sous la dir. de), *Constitutions of the Countries of the World,* Dobbs Ferry, New York, Oceana Publications, Release 92-5, September 1992, 29-63. Voir le chapitre 2 qui énonce divers droits des travailleurs aux articles 42, 43 et 44.

20. CHEN Ke, *op. cit.*, p. 40.
21. *Ibidem.* C'est vrai pour tous les autres droits énoncés dans la Constitution.
22. *Ibidem.*
23. *Ibid.*, p. 41.
24. Voir l'article de Pierre ISSALYS et QI Xuefeng, *op. cit.*, p. 664 sur les différences entre les prérogatives de l'APN et celles de son Comité Permanent.
25. CHEN Ke, *op. cit.*, p. 40.
26. *Ibid.*, p. 42.
27. Pierre ISSALYS et QI Xuefeng, *op. cit.*, p. 667.
28. CHEN Ke, *op. cit.*, p. 42.
29. LI Zhaojie, *op. cit.* [note 478], p. 197.
30. *Ibid.*, p. 205-206.
31. Voir, entre autres, WANG Yiying et GONG Jianli (zhubian [sous la dir. de]), *Zhongguo laodong fa shiwu* [*Manuel pratique de droit du travail chinois*], Beijing, Jin re zhongguo chubanshe [Éditions de la Chine d'aujourd'hui], Beijing, 1994, 701 pages, p. 17.
32. GUAN Huai, *Laodong fa daodu* (Guide d'étude du droit du travail), Beijing, Falu chubanshe (Publishing House of Law), 1994, 352 pages, p. 33.
33. CHEN Ke, *op. cit.*, p. 95.
34. *Ibid.*, p. 39. Voir la liste qui figure sur cette page.
35. Voir, à titre d'exemple, l'article collectif de Human Rights in China, « Opportunity and Challenge : China Signs Part of International Bill of Rights », *China Rights Forum* (Winter 1997-98), p. 6-7 ; et LI Xiaorong, « Are Social and Economic Rights " Collective " ? », même numéro, p. 8-13.
36. LIANG Shuwen *et al.* (sous la dir. de), *op. cit.*, p. 409.
37. Alexandre MORIN et Thierry PAIRAULT, *La Chine au travail* (*II*) : *les contrats de travail et conventions collectives*, coll. « Gestion de l'entreprise en Chine », Paris, Centre d'Études sur la Chine moderne et contemporaine, École des Hautes Études en Sciences Sociales, 1998, 162 pages, p. 73.
38. *Ibid.*, p. 74.
39. *Décret concernant les conventions collectives* (*Circulaire n° 1994-485 du ministère du Travail du 5 décembre 1994*), cité dans Alexandre MORIN et Thierry PAIRAULT, *La Chine au travail* (*II*), *op. cit.*, p. 126-133.
40. CHEN Ke, *op. cit.*, p. 104.
41. *Ibidem.*
42. CHEN Ke, *op. cit.*, p. 106.
43. WANG Quanying, *Laodong fa* [*Droit du travail*], Beijing, Falu chubanshe [Éditions juridiques], 1997, 567 pages, p. 197.
44. *Ibidem.* Rappelons que le droit de grève n'est pas reconnu en Chine.

Cependant, on peut déduire des propos de ce juriste chinois que, malgré l'interdiction, elles se produisent.

45. LIANG Shuwen *et al.* (sous la dir. de), *op. cit.*, p. 409. Il faut garder ce point à l'esprit, car, dans la section consacrée au contrat individuel de travail, le commentateur se donne grand mal pour présenter ce dernier sous un jour favorable, et il affirme que les parties négocient ce contrat individuel sur la base du principe d'égalité.
46. *Ibid.*, p. 416. Il dit : « Pour diverses raisons, il arrive que des employeurs violent les droits et intérêts légaux des travailleurs [...] » (Notre traduction).
47. WANG Quan Ying, *op. cit.*, p. 196. M. Wang parle plus précisément de la différence de rémunération lorsque les travailleurs effectuent un travail égal. Il s'agit sans doute du problème de l'équité salariale.
48. LIANG Shuwen *et al.* (sous la dir. de), *op. cit.*, p. 409.
49. *Ibid.*, p. 417. Il souligne l'existence de « contradictions » entre l'employeur et les travailleurs, qui, si elles ne sont pas résolues à temps, se propageront dans la société et auront des répercussions négatives sur la paix sociale.
50. Art. 9 du *Décret concernant les conventions collectives.* Ceci est inhabituel.
51. Art. 10 du *Décret concernant les conventions collectives.*
52. À titre d'exemple, LIANG Shuwen *et al.* (sous la dir. de), *op. cit.*, p. 416. Le commentateur autorisé précise : « Pendant le processus de consultation, aucune partie ne peut porter atteinte aux intérêts de l'État, de la société, à l'intérêt collectif, et aux autres droits et libertés des citoyens » (Notre traduction).
53. Articles 30 à 38 du *Décret concernant les conventions collectives.*
54. Voir la jurisprudence issue du Comité de la liberté syndicale (CLS) de l'OIT, en vertu des conventions 87 et 98 de l'OIT.
55. LIANG Shuwen *et al.* (sous la dir. de), *op. cit.*, p. 410-411.
56. Alexandre MORIN et Thierry PAIRAULT, *op. cit.*, vol. 2, p. 72.
57. Art. 24 du *Décret concernant les conventions collectives.*
58. CHEN Ke, *op. cit.*, p. 89.
59. Alexandre MORIN et Thierry PAIRAULT, *op. cit.*, vol. 2, p. 82. Par contre, les conflits durant la période de négociation se règlent selon la procédure prévue aux articles 30-38 du *Décret concernant les conventions collectives.*
60. *Ibidem.*
61. Voir CHEN Ke, *op. cit.*, p. 90, pour des précisions sur le mode de fonctionnement de ce comité.
62. *Ibid.*, p. 91.
63. Voir l'article 3 du document *Provisions of the People's Republic of China for Labor Management in Chinese-Foreign Joint Ventures* (Promulgated by the State Council and effective as of July 26, 1980), tiré du site web : <http : //www.chinatoday.com/law>.

64. Voir le *Règlement provisoire du 12 juillet 1986 pris par le Conseil d'État, et relatif à la mise en application du système de contrats de travail dans les entreprises d'État* (Publications du ministère du Travail et du Personnel, septembre 1986), Bureau International du Travail, coll. « Série législative 1986-Chine 1 », p. 25-32.
65. Alexandre MORIN et Thierry PAIRAULT, vol. 2, *op. cit.*, p. 33.
66. Entre autres, LIANG Shuwen *et al.* (sous la dir. de), *op. cit.*, p. 221-222.
67. *Ibidem.* Les commentateurs postulent que, dans le nouveau système et contrairement à l'ancien, les travailleurs éprouveront de l'intérêt pour leur travail, ce qui stimulera la productivité et le rendement.
68. *Ibidem.* Cependant, nous verrons que le commentateur autorisé est très franc par rapport au degré, imparfait, de la protection conférée par le contrat de travail individuel, à cause de la relation forcément inégalitaire entre le travailleur individuel et l'employeur.
69. *Ibid.*, p. 219-220.
70. *Ibid.*, p. 324. On s'attendrait à trouver l'exigence du caractère éclairé du consentement. Selon MM. Morin et Pairault, *op. cit.*, vol. 2, p. 37, rien, dans les textes relatifs à la législation sur le travail, ne traite spécifiquement du consentement des personnes incapables. Ils rapportent, cependant, que la Cour populaire suprême considère nuls les actes juridiques signés hors d'un intervalle de lucidité, dans le cas des malades mentaux intermittents. De plus, le droit civil chinois introduit une distinction entre l'âge pour avoir la capacité juridique de travailler, soit 16 ans, et l'âge auquel les citoyens chinois ont la pleine capacité juridique, soit 18 ans. Sur ce dernier point, voir CHEN Ke, *op. cit.*, p. 50.
71. LIANG Shuwen *et al.* (sous la dir. de), *op. cit.*, p. 220.
72. *Ibid.*, p. 338.
73. Alexandre MORIN et Thierry PAIRAULT, *op. cit.*, vol. 2, p. 25.
74. *Code du travail de 1994*, in MORIN, Alexandre, et Thierry PAIRAULT, *op. cit.*, vol. 1, pages 67-93.
75. Alexandre MORIN et Thierry PAIRAULT, *op. cit.*, vol. 1, p. 18.
76. Article 32 du *Code du travail.*
77. Article 25 du *Code du travail.*
78. Alexandre MORIN et Thierry PAIRAULT, *op. cit.*, vol. 2, p. 39.
79. Cela équivalait à jeter le travailleur à la rue, du fait que son logement se trouvait sur les lieux physiques de l'unité de travail...
80. Art. 32 du *Code du travail,* qui prévoit que le travailleur peut mettre fin au contrat, sans préavis, s'il fait l'objet de violences, de menaces, etc., de la part de l'employeur, ou si ce dernier n'a pas fourni la rémunération ou n'a pas satisfait aux conditions de travail.
81. Art. 31 du *Code du travail.*

82. Art. 25 et 26 du *Code du travail.* Voir l'analyse détaillée de ce type de licenciements, effectuée par MM. Morin et Pairault, *op. cit.*, vol. 2, p. 41-50. Les trois motifs cités par les auteurs sont le licenciement pour faute très grave, le licenciement pour absentéisme, et le licenciement « ordinaire ». Ce dernier type de licenciement comporte deux subdivisions : avec préavis et sans préavis. Dans ce dernier cas, s'il s'agit d'un employé qui n'a pas commis de faute, la loi prévoit que l'employeur doit lui verser une indemnité compensatrice.
83. Il s'agit du fameux article 27 du *Code du travail,* qui s'applique dans les cas des restructurations, des faillites, etc., et qui est abondamment utilisé par les entreprises d'État déficitaires depuis quelques années. Nous en traiterons plus longuement dans une prochaine section.
84. Article 24 du *Code du travail.*
85. Alexandre MORIN et Thierry PAIRAULT, *op. cit.*, vol. 2, p. 53.
86. LIANG Shuwen *et al.* (sous la dir. de), *op. cit.*, p. 386.
87. *Ibid.*, p. 387.
88. *Ibid.*, p. 348.
89. *Ibid.*, p. 347. Nulle part dans les ouvrages de doctrine du droit du travail, il n'est fait mention du permis de résidence. Notre dernier séjour en Chine nous a mis au contact de personnes qui étaient titulaires d'un contrat de travail dans une ville X, mais leur permis de résidence n'avait pas été modifié car il s'agit d'un processus, semble-t-il, très compliqué. L'institution du permis de résidence n'évolue peut-être pas aussi vite que le droit du travail.
90. *Ibid.*, p. 348.
91. CHEN Ke, *op. cit.*, p. 49.
92. BÉJA, Jean-Philippe, « Les travailleurs itinérants, des immigrés de l'intérieur », (janv.- fév. 1994) 21 *Perspectives Chinoises* 30-36, p. 32.
93. Art. 17 du *Code du travail,* précision apportée par LIANG Shuwen *et al.* (sous la dir. de), *op. cit.*, p. 330.
94. LIANG Shuwen *et al.* (sous la dir. de), *op. cit.*, p. 362.
95. *Ibid.*, p. 362-363. Entre autres, il faut que survienne un événement qui constitue vraiment un sérieux changement dans les circonstances objectives, qu'on ne puisse attribuer la responsabilité de l'événement à aucune des parties, l'événement doit être imprévisible et avoir pour effet de rendre quasi impossible l'exécution du contrat, ou occasionner un déséquilibre important dans la prestation d'une des parties.
96. Articles 12 et 13 du *Code du travail,* l'article 12 visant aussi la discrimination sur la base de son appartenance ethnique, raciale ou religieuse, ou en raison de ses croyances.
97. Article 15 du *Code du travail.*
98. Alexandre MORIN et Thierry PAIRAULT, *op. cit.*, vol. 2, p. 18-20.
99. Article 21 du *Code du travail.*

100. LIANG Shuwen *et al.* (sous la dir. de), *op. cit.*, p. 349. Elle ne doit pas dépasser un mois pour les ouvriers et six mois pour les employés.
101. *Ibid.*, p. 350.
102. *Ibid.*, p. 361.
103. *Ibid.*, p. 362. Sur ce dernier point, le commentateur est elliptique.
104. Article 3 du *Code du travail,* in Alexandre MORIN et Thierry PAIRAULT, *op. cit.*, vol. 1.
105. Article 8 du *Code du travail.*
106. Article 7 du *Code du travail.*
107. Article 3(2) du *Code du travail.*
108. CHEN Ke, *op. cit.*, p. 57.
109. *Ibid.*, p. 60.
110. *Ibid.*, p. 61.
111. Article 93 du *Code du travail.*
112. Voir la circulaire n° 448 du ministère du Travail, intitulée « Mesures pour l'administration des inspecteurs du travail », promulguée le 14 novembre 1994, citée dans Alexandre MORIN et Thierry PAIRAULT, *op. cit.*, vol. 1, p. 52.
113. Article 18 du *Code du travail.*
114. LIANG Shuwen *et al.* (sous la dir. de), *op. cit.*, p. 333.
115. *Ibid.*, p. 334. Par contre, Morin et Pairault estiment qu'il s'agit d'une nullité absolue : voir *op. cit.*, vol. 2, p. 36.
116. Article 18 (3) du *Code du travail.*
117. *Code du travail de 1994,* in MORIN, Alexandre, et Thierry PAIRAULT, *op. cit.*, vol. 1, 67-93, p. 67.
118. LIN Feng, « Labor Law », in WANG Chenguang, and ZHANG Xianchu (sous la dir. de), *Introduction to Chinese Law,* Hong Kong, Sweet and Maxwell Asia, 1997, 457-488, p. 462. Cette analyse ressort aussi du texte de l'édition annotée du *Code du travail* : LIANG Shuwen *et al.* (sous la dir. de), *op. cit.*
119. LIANG Shuwen *et al.* (sous la dir. de), *op. cit.*, p. 5.
120. Susan V. LAWRENCE, « Unfinished Business. President Jiang puts his own stamp on reforms » (December 17, 1998), *FEER,* p. 22.
121. Les autorités voudraient ainsi dépeindre la situation sous le jour le plus favorable qui soit, afin de diluer l'insatisfaction d'une partie de la population devant les coupures dans l'assurance médicale, et les pensions, le chômage. *Ibidem.*
122. Kathy WILHEM, « Out of business », (February 18, 1999) *FEER,* p. 15.
123. LIANG Shuwen *et al.*, *op. cit.*, p. 15.
124. À cet égard, le texte que l'on trouve dans WANG Yiying et GONG Jianli (zhubian [sous la dir. de]), *Zhongguo laodong fa shiwu* [*Manuel pratique de droit du travail chinois*], Beijing, Jin re zhongguo chubanshe [Éditions de la Chine d'aujourd'hui], Beijing, 1994, 701 pages, est exemplaire. Les entreprises où sévissent des relations de travail

fondées sur l'inégalité sont soit celles du secteur privé traditionnellement honni, soit celles à capitaux étrangers. Ces deux cibles sont acceptables au regard de l'idéologie, car leur mention permet d'éviter de traiter des problèmes ayant cours dans les entreprises d'État. Soulignons toutefois que, depuis peu, le secteur privé connaît une réhabilitation officielle car les autorités espèrent qu'il absorbera une partie des ouvriers licenciés. Voir à ce sujet Susan LAWRENCE, « Answer to a Prayer », (Febr. 25, 1999) *FEER*, p. 50. Aussi y a-t-il fort à parier que les entreprises du secteur privé ne seront plus utilisées comme cibles lorsqu'il s'agira de parler des inégalités dans les relations de travail.

125. LIN Feng, *op. cit.*, p. 474.
126. Bill TAYLOR, « Labour Relations in China », in Joseph Y. S. CHENG, (sous la dir. de), *China in the Post-Deng Era*, Hong Kong, The Chinese University Press, 1998, 707 pages, 471-499, p. 480.
127. *Ibidem.*
128. Article 47, *Code du travail.*
129. Article 49 (5), *Code du travail.*
130. Article 49 (1), *Code du travail.*
131. LIANG Shuwen *et al.*, *op. cit.*, p. 534.
132. LIN Feng, *op. cit.*, p. 475.
133. Article 50, *Code du travail.*
134. LIN Feng, *op. cit.*, p. 474.
135. *Ibidem.*
136. *Ibid.*, p. 475.
137. Ramenée, depuis, à quarante heures.
138. LIN Feng, *op. cit.*, p. 477.
139. Article 41, *Code du travail.*
140. Article 92, *Code du travail.*
141. Article 52, *Code du travail.*
142. Article 54, *Code du travail.*
143. Article 55, *Code du travail.*
144. Article 56, *Code du travail.*
145. Articles 92 et 93, *Code du travail.*
146. Nous reviendrons sur la question de la discrimination à l'égard des femmes sur le marché du travail.
147. Il convient de compléter ces dispositions par, d'abord, la *Law of the People's Republic of China on the Protection of Rights and Interests of Women* (Adopted at the Fifth Session of the Seventh National People's Congress on April 3, 1992, promulgated by Order N° 58 of the President of the People's Republic of China on April 3, 1992, and effective as of October 1, 1992), Beijing, Falu chubanshe [Éditions juridiques (éditeur officiel)], 1992, 15 pages ; ensuite par le *Règlement du 21 juillet 1988 tendant à protéger les conditions de travail des employées*

et des ouvrières, [(27 juillet 1988) *China Daily Report* 144, 41-43], Genève, Organisation internationale du Travail, 1989, coll. « BIT, Série Législative 1988-Chine 2 », 3 pages. Nous reparlerons plus loin de ces deux textes juridiques.

148. *Laodong bu, Gongan bu...*, *op. cit.* [note 441].

149. HE Qinglian, *Zhongguo de Xianjing* [« *China's Pittfall* »], *op. cit.* [note 33], p. 351. Publié chez le plus presitigieux éditeur de Beijing, dans la collection par excellence à laquelle se réfère toute l'intelligentsia chinoise des sciences sociales, ce livre fait autorité en Chine. Nous avons déjà signalé (ci-dessus, note 33) qu'il est recherché au point d'y être devenu introuvable. Écrit par une économiste, il fait état des maux de la Chine en termes particulièrement clairs, et traite abondamment de la corruption, avec ses sources et ses effets. Pour diverses raisons, les autorités ont permis la publication de l'ouvrage. Disponible seulement en langue chinoise (les deux mots du titre anglais de la collection sont les seuls en langue étrangère de tout le volume).

150. Linda WONG, *Marginalization and Social Welfare in China*, Routledge, London, 1998, 245 pages, p. 68.

151. *Ibid.*, p. 157.

152. Kathy WILHEM, *op. cit.* [note 635], p. 11.

153. *Ibidem.*

154. Linda WONG, *op. cit.*, p. 68.

155. Kathy WILHEM, *op. cit.*, p. 14.

156. *Ibid.*, p. 11.

157. Linda WONG, *op. cit.*, p. 68.

158. Joe C. B. LEUNG, « The Transformation of Social Welfare Policy : the Restructuring of the Iron Rice Bowl » in (sous la dir. de) Joseph Y. S. CHENG, *China in the Post-Deng Era*, *op. cit* [note 310], 617-643, p. 629.

159. *Ibid.*, p. 628

160. Linda WONG, *op. cit.*, p. 5.

161. En cela, la Chine se rapproche de la politique sociale des nouveaux pays industrialisés (« NPI »), caractérisée par peu d'État, et où la famille est la seule source de protection de l'individu face aux aléas de la vie.

162. Kathy WILHEM, « Out of Business », *op. cit.*, p. 11. La question de l'étendue de la privatisation des entreprises d'État dépasse le cadre de ce travail. Sur cette question, voir aussi, entre autres, XIANG Bing, « The Reform of China's Large State-Owned Entreprises : The Indispensable Role of Stock Markets », in Joseph Y. S. CHENG (sous la dir. de), *op. cit.*, p. 311-328. Pour sa part, Linda Wong fait remarquer que les autorités éprouvent, pour des raisons d'ordre idéologique, un malaise persistant face au mot « privatisation », mais c'est, selon plusieurs chercheurs, ce qui est vraiment en train de se produire, au-delà des périphrases pudiques. Linda WONG, *op. cit.*, p. 83.

163. Trish SAYWELL, « China's Paper-Profit Industries », (Dec. 24, 1998) *FEER,* p. 39.
164. Kathy WILHEM, « Out of Business », *op. cit.*, p. 14.
165. *Ibid.*, p. 12.
166. Jean-Louis ROCCA, « La vague du chômage déferle sur la Chine [Conséquences sociales d'une grande mutation] », (janvier 1999) 538 *Le Monde Diplomatique,* p. 16.
167. *Ibidem.* Ainsi, on compte les *xiagang,* employés qui sont mis à pied, mais conservent des liens avec l'entreprise, de même que les chômeurs enregistrés, en provenance des entreprises en faillite (ces deux catégories représentent entre 26 et 31 millions de sans-emploi), les travailleurs contraints de prendre leur retraite anticipée, et des travailleurs toujours à l'emploi, mais qui n'ont pas été payés depuis des mois, ou ne le sont que partiellement. Et ces données ne tiennent pas compte des *mingong,* migrants ruraux en quête d'emploi.
168. Voir entre autres Guy STANDING, « Globalization, Labour Flexibility and Insecurity : the Era of Market Regulation », (1997) *European Journal of Industrial Relations,* p. 7-37.
169. *Ibid.,* p. 13.
170. Qinglian HE, *op. cit.,* p. 352.
171. *Ibid.,* p. 351.
172. Guy STANDING, *op. cit.*, p. 15.
173. Qinglian HE, *op. cit.*, p. 260. L'autre problème serait la criminalité. Dans son texte, on retrouve des éléments qui présentent les chômeurs comme des masses, sinon laborieuses, du moins dangereuses.
174. Guy STANDING, *op. cit.*, p. 17.
175. Voir, entre autres, Ricardo PETRELLA, *Écueils de la mondialisation/ Urgence d'un nouveau contrat social,* coll. « Les grandes conférences », Montréal, Fides, 1997, 48 pages, p. 34. Le passage suivant s'applique très bien au contexte chinois : « Le travail a cessé d'être un droit. Il est devenu, ces dernières années, une situation à conquérir. Les responsables de nos économies ne font que répéter qu'il n'est plus possible de donner un emploi à tout le monde. Le plein emploi de jadis, affirment-ils, est fini. Et si jamais on devait revenir à des formes de plein emploi, ce serait sur de nouvelles bases et selon des modalités différentes, par exemple par la réduction massive du temps de travail (" travailler moins pour travailler tous ") ». Or, le sentiment dominant chez les travailleurs chinois, chômeurs ou non, est décrit ainsi par Jean-Louis Rocca : « On a moins le sentiment d'être sacrifiés à la modernisation que d'être les victimes d'une nouvelle donne sociale » : Jean-Louis ROCCA, « La vague du chômage... », *op. cit.*, p. 16. Par ailleurs, l'effet des réformes sur l'accès au travail des femmes, dont il est question plus loin, se traduit notamment par une précarisation généralisée dans leur accès à l'emploi, dans le type

d'emploi qu'elles occupent et dans leur statut. Et le *Code du travail* officialise le contrat temporaire, ce qui va dans le même sens.

176. Guy STANDING, *op. cit.*, p. 19.
177. *Ibid.*, p. 21.
178. Trish SAYWELL, « Economic Reform. Fine-Tuning » (July 30, 1998) *FEER*, p. 46-47. En fait, la réforme du logement consiste à inciter les gens à acheter le logement qu'ils occupent sur leur unité de travail, faute de quoi ils le perdent. Cette réforme se heurte à des résistances.
179. Voir Linda WONG., *op. cit.*, p. 5.
180. Human Rights in China, Asia Monitor Resource Centre, China Labour Bulletin, Hong Kong Christian Industrial Committee, *Report on Implementation of CEDAW..., op. cit.*, p. 33.
181. LIANG Shuwen *et al.*, *op. cit.*, p. 362.
182. Le *Report on Implementation of CEDAW in the People's Republic of China/ A Report with Recommendations and Questions for the Chinese Government Representatives*, December 1998, 90 pages [mentionné ci-dessus à la note 10], cite aussi des sources chinoises, dont le *Quotidien juridique* de Chine.
183. Trish SAYWELL, « On the Edge », (Febr. 25, 1999) *FEER*, p. 46.
184. Human Rights in China, Asia Monitor..., *Report on Implementation of CEDAW..., op. cit.*, p. 33.
185. LIANG Shuwen *et al.*, *op. cit.*, p. 366.
186. *Ibidem.* Commentaire révélateur s'il en est, car, même si ce n'est pas mentionné dans le texte de l'article, il s'agit d'une cause directe des licenciements.
187. LIANG Shuwen *et al.*, *op. cit.*, p. 366.
188. *Ibidem.* En effet, la mauvaise gestion (dilapidation des profits, ou de l'argent des caisses de retraite, dépenses somptuaires, etc.) des dirigeants des entreprises explique en partie les mauvaises créances des entreprises d'État aujourd'hui. Le ressentiment des ouvriers a d'ailleurs pour cible les dirigeants des entreprises plutôt que le gouvernement central. Voir Trish SAYWELL, « On the Edge », *op. cit.*, p. 48.
189. LIANG Shuwen *et al.*, *op. cit.*, p. 367.
190. *Ibidem* (notre traduction).
191. Article 27 (2), *Code du travail.*
192. Encore faut-il qu'il reste un minimum de fonds à l'entreprise, et c'est là précisément une partie du problème.
193. Jean-Louis ROCCA, « La vague... », *op. cit.*, p. 16.
194. Bill TAYLOR, *op. cit.* [note 639], p. 479.
195. Susan LAWRENCE, « Answer to a Prayer », *op. cit.* [note 637], p. 51.
196. *Ibidem.*
197. Asia Monitor Resource Centre, Hongkong, « How Hong Kong Makes Toys in China », (April-July 1996) 21 *Asian Labour Update*, 9-18, p. 16.

198. Delia DAVIN, « Affreux, sales et méchants », (nov.-déc. 1996) 38 *Perspectives Chinoises* 6-11, p. 7.
199. Qinglian HE, *op. cit.*, p. 254.
200. *Ibid.*, p. 252.
201. Jean-Philippe BÉJA, « Les travailleurs itinérants... », *op. cit.* [Note 373], p. 32.
202. Dorothy SOLINGER, *op. cit.* [note 374], p. 4-7. Ils vivent dans des taudis et n'ont pratiquement pas accès à des soins de santé. Toutefois, l'accès, généralement, aux soins de santé est problématique pour l'ensemble de la population chinoise.
203. *Ibid.*, p. 35. Cela ne veut pas dire pour autant que les *mingong* se laissent complètement écraser, car des grèves éclatent régulièrement dans les compagnies étrangères.
204. Jacques SEURRE, « La société, le Parti et la démocratie en Chine. Interview de WEI Jingsheng à Paris le 17 janvier 1998 », (nov.-déc. 1997) 44 *Perspectives Chinoises* 6-9, p. 7.
205. À titre d'exemple, voir l'article 3 de *Provisions of the People's Republic of China for Labor Management in Chinese-Foreign Joint Ventures* (Promulgated by the State Council and effective as of July 26, 1980), tirée du site web : <http : //www.chinatoday.com/law>. La question du recrutement était importante pour les entreprises à capitaux étrangers, qui voulaient pouvoir sélectionner les travailleurs sur la base de leurs compétences, ce qui n'était pas le cas dans les entreprises d'État.
206. Il faut se replonger dans le contexte de l'époque où les licenciements constituaient un tabou, pour apprécier la portée de ce droit conféré aux patrons des entreprises à capitaux étrangers.
207. In Alexandre MORIN et Thierry PAIRAULT, *op. cit.*, vol. 1, p. 95-102.
208. *Ibid.*, p. 51.
209. Art. 4 du *Décret.*
210. Art. 8 du *Décret.*
211. Art. 5 du *Décret.*
212. Art. 11 du *Décret.*
213. Art. 19 et 20 du *Décret.* La compensation est une allocation de survie, qui équivaut à un mois de salaire effectif par année de travail ; elle se calcule sur la base de la moyenne des salaires effectifs perçus au cours des six derniers mois qui précèdent la rupture du contrat de travail.
214. Art. 14 du *Décret.*
215. Art. 29, deuxième alinéa.
216. Art. 7, *Code du travail,* qui confirme le droit des travailleurs de se syndiquer, et précise que « le droit légal des syndicats à représenter et à protéger les travailleurs s'exerce en toute indépendance, conformément à la loi ».
217. LIN Feng, *op. cit.*, p. 483.

218. *Ibid.*, p. 484. La *Loi sur les syndicats* ne contient que deux dispositions sur les entreprises étrangères.
219. Art. 36, *Loi sur les syndicats.*
220. Art. 33, *Loi sur les syndicats.*
221. Art. 33, *Loi sur les syndicats.* Le caractère visiblement limité des pouvoirs du syndicat sera traité plus loin.
222. À la fin de la première partie, chapitre III, section 3, point 3.2, « La situation actuelle des syndicats ».
223. Cette répression est documentée dans plusieurs rapports d'ONG occidentales et orientales. En particulier, voir le *Bulletin des Travailleurs Chinois,* publié par le syndicaliste chinois en exil, M. HAN Dongfang.
224. Anita CHAN, « Une usine-caserne du Guangdong. Discipline militaire dans une usine de chaussures du Guangdong », (nov.-déc. 1996) 38 *Perspectives Chinoises,* 12-17, p. 17.
225. Anita CHAN, « L'agitation ouvrière... », *op. cit.* [note 349], p. 11.
226. Asia Monitor Resource Centre, « How Hong Kong Makes Toys... », (April-July 1996) *Asian Labour Update,* 9-18, p. 9. Cette réputation exécrable des investisseurs asiatiques, en particulier des Chinois de Hongkong et Taiwan, eu égard aux violations graves des travailleurs, les suit jusque dans les zones franches en Amérique centrale. Voir Maurice LEMOINE, « Zones franches : les travailleurs centraméricains otages des " maquilas " », (mars 1998) *Le Monde diplomatique,* p. 12-13.
227. Anita CHAN, « Une usine-caserne... », *op. cit.*, p. 16.
228. XIAO Guang, « Employee abuse revealed in south », (Sept. 3, 1997) *China Daily,* p. 3.
229. « Résultats partiels d'une enquête sur les entreprises non étatiques dans la province du Guangdong », (mars 1997) 1 *Bulletin des Travailleurs chinois,* p. 3.
230. Asia Monitor Resource Centre, « How Hong Kong Makes Toys.. », *op. cit.*, p. 9.
231. « Workers' Rights left out of " economic miracle " », (Fall 1994) *China Rights Forum* [article reproduit de l'édition anglaise du *Bulletin des Travailleurs chinois*] 10-12, p. 11.
232. « Résultats partiels... », *op. cit.*, p. 3.
233. Anita CHAN, « Workers' Rights are Human Rights », (Summer 1997) *China Rights Forum* 4-7, p. 5.
234. *Ibidem.*
235. « Workers' Rights left out... », *op. cit.*, p. 11.
236. Année où, en Chine, le secteur privé, longtemps honni, se voit reconnaître le droit d'exister.
237. Susan LAWRENCE, « Answer to a Prayer », *op. cit.*, p. 50.
238. Pamela YATSKO, « Capitalists to the Rescue », (June 11, 1998) *FEER,* p. 48-50.
239. *Ibid.*, p. 51.

240. Pamela YATSKO, « Capitalists to the Rescue », *op. cit.*, p. 50.
241. Marie-Claire BERGÈRE, *La République populaire de Chine de 1949 à nos jours*, Paris, Armand Colin, 1987, 283 pages, p. 183.
242. En Chine, ce sont en majorité des femmes qui se donnent la mort, et le suicide est plus fréquent dans les campagnes que dans les villes : Sylviane TRAMIER, « Drames silencieux », (16 février 1998) *Le Devoir* A 5. Les problèmes les plus criants sont le trafic de femmes, de même que la recrudescence des infanticides d'enfants de sexe féminin.
243. *Report on Implementation of CEDAW...*, *op. cit.*, p. 39.
244. JORDAN, Ann D., « Human Rights, Violence against Women, and Economic Development (The People's Republic of China Experience) », (1996) *Columbia Journal of Gender and Law* 5:216, 117 pages.
245. Emily HONIG & Gail HERSATTER, *Personal voices. Chinese Women in the 1980's*, Stanford, Stanford University Press, 1988, 387 pages, p. 244.
246. *Report on Implementation of CEDAW...*, *op. cit.*, p. 39.
247. *Ibid.*, p. 40.
248. Human Rights in China, *Caught Between Tradition and the State. Violations of the Human Rights of Chinese Women. A Report with Recommendations marking the Fourth World Conference on Women*, August 1995, p. 70.
249. Human Rights in China, *Caught between tradition and the State...*, *op. cit.*, p. 74.
250. Bruce GILLEY, « Sisters Act » (April 4, 1996) *FEER*, p. 20.
251. Human Rights in China, *Caught Between Tradition and the State...*, *op. cit.*, p. 64.
252. *Ibid.*, p. 78.
253. Patrice de BEER, *La Chine. Le réveil du dragon*, *op. cit.* [note 379], p. 98.
254. Human Rights in China, *Caught Between Tradition and the State...*, *op. cit.*, p. 78.
255. Alexandre MORIN et Thierry PAIRAULT, *op.cit.*, vol. 2, p. 8.
256. *Report on Implementation of CEDAW...*, *op. cit.*, p. 45.
257. Alexandre MORIN et Thierry PAIRAULT, *op. cit.*, vol. 2, p. 7-8.
258. *Ibid.*, p. 76.
259. *Report on Implementation of CEDAW...*, *op. cit.*, p. 41.
260. TANG Can, « Le harcèlement sexuel existe aussi en Chine », (nov.-déc. 1994) 26 *Perspectives Chinoises*, p. 19-24.
261. *Report on Implementation of CEDAW...*, *op. cit.*, p. 47.
262. LI Mao-Chang, *op. cit.* [note 440], p. 552.
263. FANG Bay, « New Class Struggle... », *op. cit.* [note 12], p. 24-25.
264. LIANG Shuwen *et al.*, *op. cit.*, p. 14.
265. *Ibid.*, p. 15.

266. « Promulgated by the State Council on July 6, 1993, effective as of 1 August, 1993 », in CHEN Ke, « Legislation. People's Republic of China », in BLANPAIN, Prof. Dr R., (sous la dir. de), *International Encyclopedia for Labor Law and Industrial and Industrial Relations,* Suppl. 185 (November 1996), La Haye, Kluwer Law International, 1997, 120 pages, p. 80-87.
267. LI Mao-Chang, *op. cit.*, p. 552.
268. *Regulations for Handling Labour Disputes,* article 1, in CHEN Ke, « Legislation... », *op. cit.*, p. 80 (notre traduction).
269. *Ibid.*, art. 2.
270. *Ibid.*, art. 6.
271. En pratique, dans ce système, le syndicat ne représente pas véritablement l'employé.
272. *Ibid.*, art. 11.
273. LI Mao-Chang, *op. cit.*, p. 553.
274. *Code du travail,* art. 79.
275. *Regulations for Handling Labour Disputes, op. cit.*, art. 25.
276. Il faut déduire du silence du législateur que les parties doivent composer avec la situation qui les a conduites à déposer une plainte au comité d'arbitrage, car elles ne pourront pas soumettre leur litige au tribunal.
277. *Regulations for Handling Labour Disputes, op. cit.*, art. 25 et art. 19.
278. *Ibid.*, art. 30.
279. LI Mao-Chang, *op. cit.*, p. 555, surtout s'il s'agit d'investissements étrangers.
280. *Regulations for Handling Labour Disputes, op. cit.*, art. 35.
281. Le cadre de ce travail ne nous permet pas de fouiller plus avant la notion d'impartialité telle que la comprennent les législateurs chinois. Aussi faut-il se garder d'effectuer des rapprochements hâtifs avec ce que nous entendons en Occident par cette notion. Dans le texte chinois du règlement, le mot partialité en tant que tel n'apparaît pas. Le mot employé est « se retirer ». Le texte dit : « Un membre du comité d'arbitrage ou un arbitre devra se retirer s'il se trouve dans l'une des situations suivantes, et les parties ont le droit de demander, par écrit ou oralement, qu'il se retire : [...] ». LIANG Shuwen *et al.*, *op. cit.*, p. 838. Le texte est trop vague pour nous permettre de voir si la notion d'appréhension raisonnable de partialité se retrouve dans le droit administratif chinois. Dans le cas qui nous occupe, la partie doit-elle savoir qu'un membre se trouve dans une situation qui devrait l'amener à se récuser, et, si oui, jusqu'à quel point doit-elle en faire la preuve ? Ou bien suffit-il qu'elle le croie, pour soulever la question, et que la simple apparence de partialité suffise pour contraindre le membre à se récuser ?

282. FANG Bay, *op. cit.*, p. 24-25, et le *China Daily*. Entre autres, voir CAO Min, « Law helps protect workers' rights », (October 11, 1996) *China Daily*, p. 4.
283. FANG Bay, *op. cit.*, p. 25.
284. *Ibidem*. Mais il n'en va pas de même pour tous les recours collectifs. Selon l'auteur, il faut l'aval implicite du gouvernement central pour que les recours collectifs soient entendus et se soldent au bénéfice des demandeurs.
285. *Ibidem*.
286. Pierre ISSALYS et QI Xuefeng, *op. cit.* [note 17], p. 656, rappellent que la jurisprudence en droit chinois contemporain « n'existe qu'à l'état embryonnaire ». Son statut et sa portée restent donc à préciser, et ce, quel que soit le domaine du droit en cause.
287. *Report on Implementation of CEDAW...*, *op. cit.*, p. 54.
288. *Ibid.*, p. 53.
289. *Ibid.*, p. 54.
290. FANG Bay, *op. cit.*, p. 24.
291. Jean-Pierre CABESTAN, « Chine... », *op. cit.* [note 14], p. 666.
292. FANG Bay, *op. cit.*, p. 24.

CONCLUSION

Les droits des travailleurs

Le *Code du travail* a mis plus de quarante ans à naître. Le caractère névralgique de la question des droits des travailleurs pour un État se réclamant du marxisme, de même que les nombreuses perturbations politiques qui ont secoué la Chine, expliquent ce long délai. Le fait d'instaurer un *Code du travail* va à contre-courant des tendances des pays occidentaux face à la mondialisation, qui cherchent plutôt à « assouplir » les législations relatives au travail qu'à les renforcer. Cependant, le *Code du travail* chinois contient des éléments de précarisation qui reflètent la tendance actuelle en Occident. En particulier, ce qui rompt le plus avec la période précédente est la possibilité, pour l'employeur, de licencier les employés lorsque l'entreprise connaît des difficultés économiques. Les réductions de personnel fondées sur la théorie du changement de circonstances et sur l'article 27 du *Code du travail* constituent un des éléments nouveaux, et mal accepté par les travailleurs, du droit du travail en Chine. De tabou qu'il était dans la Chine maoïste, le recours aux licenciements massifs est devenu monnaie courante dans la Chine des réformes. Le coût social de ces mesures, alors qu'il n'existe pas en Chine de système universel de sécurité sociale, est énorme. L'institution du contrat de travail s'inscrit dans une certaine logique de protection, et son usage se répand lentement.

Le schéma de répression-conciliation face aux revendications ouvrières constitue une constante dans le comportement du PCC. Le paysage urbain chinois est ponctué de manifestations ouvrières, au grand jour, et les autorités chinoises tentent souvent d'acheter la paix par des mesures à court terme, telles que le versement des salaires ou des pensions de retraite. En même temps, le PCC affirme haut et fort la volonté de protection des droits des travailleurs, et il est indéniable que le *Code du travail* contient plusieurs dispositions allant dans ce sens. Ce langage de protection est aussi une reconnaissance du caractère d'inégalité des relations de travail dans la Chine des réformes. L'ambiguïté du statut des droits des travailleurs consiste donc en un mélange de protection et de précarisation.

Le *Code du travail*, en particulier la formulation de l'article premier, ne se comprend que par référence à l'évolution idéologique et politique de la Chine. La remise en question du paradigme de l'égalité pour celui de l'efficacité est liée à l'émergence du slogan « l'économie socialiste de marché », qui sert à justifier l'importance, sinon la primauté, accordée au développement économique sur toute autre considération, fût-ce celle des droits, longtemps intouchables, des travailleurs. Le PCC continue à estimer sensible la question des droits des travailleurs, mais il cherche à se ménager le soutien d'une partie plus large de la population que les travailleurs, qu'il a courtisés aux premiers temps du régime pour des raisons stratégiques. Compte tenu du pacte post Tian An Men, le maintien au pouvoir du PCC dépend de sa capacité de maintenir la croissance économique et à augmenter le niveau de vie matériel des gens. Dans cette perspective, les priorités ont été redéfinies. Les droits des travailleurs, tels qu'ils avaient été mis en place dans la Chine maoïste, font légitimement l'objet d'une révision, au nom de l'efficacité économique et pour le développement de l'économie socialiste de marché. Le droit au développement, comme le voient les autorités chinoises, et le droit à la subsistance demeurent des références idéologiques clés dans la Chine des réformes. Aux termes des amendements récents apportés à la Constitution en mars 1999, la Chine va demeurer, pour une longue période dont la durée n'est pas précisée, dans le « stade premier du socialisme[1] », ce qui implique que le capitalisme, comme système économique, occupe une place désormais aussi importante[2] que celle du socialisme. Dans ce contexte, la formulation de l'article premier du *Code du travail* laisse la marge de manœuvre voulue au PCC pour assigner un rang subalterne, selon des degrés variables, à la protection des droits des travailleurs.

Cependant, malgré ce statut ambigu de la protection conférée par le nouveau *Code du travail* aux droits des travailleurs, il faut se garder de conclure que le droit du travail reste lettre morte en Chine. En effet, le *Code du travail* contient diverses stipulations ayant trait aux horaires de travail, au paiement des salaires, à la santé et à la sécurité au travail, qui, lorsqu'elles sont appliquées, servent de contrepoids pour les travailleurs dans ce système économique de plus en plus proche du capitalisme. Ces mêmes stipulations traduisent aussi un souci de protection de la part du législateur. Les données disponibles sur le nombre de litiges en droit du travail portés devant les tribunaux illustrent une nouvelle tendance, celle du recours au droit pour régler les différends, qui contrevient à l'image des Chinois comme résolvant toujours leurs litiges hors du droit. Traditionnellement, l'individu n'a pas de droit inhérent contre le détenteur de l'autorité en Chine. Aujourd'hui, l'État est celui qui confère les droits, conception très positiviste, qui reste loin de nos conceptions de droits naturels, ou inhérents. Cependant, une certaine évolution de la culture juridique chinoise se fait jour, car les recours juridiques du *Code du travail* permettent à un individu d'insister sur ses droits, attitude complètement contraire à l'esprit du *li*. Ce recours au droit constitue une nouveauté dans le monde du travail chinois. En Chine maoïste, les ouvriers avaient tendance à recourir à leur supérieur hiérarchique pour régler les litiges, tendance dénoncée par le commentateur autorisé du *Code du travail* comme menant à l'inefficacité, alors que l'instauration de recours juridiques est présentée comme un progrès. Mais cette utilisation du droit est soigneusement balisée par le pouvoir. Par ailleurs, le texte du règlement sur la résolution des conflits de travail décrit un mécanisme largement administratif, le recours au droit en étant la dernière étape.

L'évolution des tensions internes

Le PCC reste obsédé par le désir de maintenir la stabilité politique, ce qui l'oblige à pratiquer un jeu d'équilibriste entre la poursuite des réformes et la répression de l'expression des insatisfactions qu'elles engendrent.

L'histoire des rapports entre les syndicats et l'État, en Chine, depuis le début du siècle, est marquée par une certaine continuité. De fait, les syndicats ont toujours été, à des degrés variables, contrôlés par les autorités. Alain Roux montre, certes, que les syndicats ont été assez actifs sous le Guomindang ; mais il n'en a pas été ainsi dans la Chine maoïste, où ils ont tenu le rôle bien connu de « courroie de transmission » entre le PCC et le monde ouvrier. Ce dernier a connu des changements importants, depuis l'instauration de la République Populaire de Chine jusqu'à la Chine des réformes. Les ouvriers chinois d'aujourd'hui éprouvent le sentiment d'une rupture importante avec la période précédente, rupture attribuable à l'érosion de la relative sécurité dont ils avaient jusqu'alors bénéficié. Le « bol de riz en fer » est fracturé, voire en morceaux, et ce changement est très mal vécu par les ouvriers qui ont connu ce qui est en train de devenir l'ancien régime. Les syndicats indépendants n'existent pas en Chine, et le syndicat officiel reste largement impuissant devant les violations des droits des travailleurs, ainsi que dans les situations de licenciements massifs. Les ouvriers activistes continuent de faire l'objet de répression.

La naissance d'un mouvement ouvrier unifié ne semble pas un scénario appelé à se réaliser dans un avenir proche, en Chine. Il s'est produit une fragmentation et des sans-travail, par la création de statuts différents, et des travailleurs. Les travailleurs en difficultés de la Chine des réformes, eux, retournent le discours sur le droit à la subsistance comme le droit le plus important pour exiger leurs salaires et pensions. Ils en veulent d'ailleurs moins au gouvernement central qu'aux dirigeants des entreprises, perçus comme corrompus et responsables de leur maux. L'impuissance des syndicats diminue les chances de la naissance d'un mouvement ouvrier organisé et uni.

Le PCC va résolument de l'avant avec les réformes. Ainsi, la Banque Centrale de Chine, qui a jusqu'ici épongé les pertes des entreprises d'État, à qui elle prêtait de l'argent sans se soucier de la viabilité de leurs projets, commence à mettre en œuvre les réformes. En pratique, cela implique la poursuite des restructurations des entreprises déficitaires, et, parmi les mesures prônées, les réductions de personnel figurent au premier plan[3]. Les licenciements vont donc demeurer plus que jamais d'actualité. La résurgence du secteur privé est appelée à se poursuivre, mais les entreprises de ce secteur ne sont pas assez nombreuses pour absorber les travailleurs licenciés du secteur étatique. Les avenues restent sombres pour une partie importante des travailleurs licenciés, car tous ne peuvent s'improviser hommes d'affaires et se lancer dans le commerce. C'est dire que le chômage va continuer d'affecter la main-d'œuvre chinoise. Le PCC travaille à l'élaboration d'un système universel de sécurité sociale, mais sa mise en place n'est pas envisagée dans un avenir prévisible.

La situation des *mingong* reste précaire. Les pressions migratoires s'intensifient dans le monde rural, et les *mingong* continuent de servir de main-d'œuvre à bon marché dans les villes, ce sort leur apparaissant préférable à un manque d'avenir et de moyens de subsistance dans plusieurs régions rurales de Chine. La perception négative des *mingong* par les résidents urbains, et leur exclusion du droit, n'offrent pas de perspectives d'accès à un statut autre que celui de citoyens de seconde zone. L'exode rural massif reste un problème délicat à gérer, et les diverses restrictions au permis de résidence n'opèrent plus comme élément dissuasif pour les *mingong*. Ils ne font pas partie de la clientèle censée être défendue par les syndicats, et dans les conflits du travail, ils ont tout le tout le monde contre eux[4].

Le renouveau confucéen qui a cours en Chine depuis quelques années a amené une recrudescence des conceptions traditionnelles de la place des femmes dans la société chinoise. Un courant conservateur, qui relègue la femme à la maison au service de sa famille, refait surface avec les réformes. Les femmes ont du mal à se tailler une place sur le marché su travail, et ensuite, à la conserver. Les problèmes de discrimination et de harcèlement au travail abondent, et il y a un manque de volonté dans l'élaboration et la mise en œuvre de lois défendant véritablement les droits des femmes.

La Chine connaît un développement inégal, à plusieurs vitesses. Les provinces côtières et du Sud, zones motrices des réformes, sont aussi celles où les compagnies étrangères viennent se délocaliser. Le caractère plus que déplorable des conditions de travail dans ces usines et manufactures, où les *mingong* constituent la majorité des ouvriers, a été dénoncé maintes fois. Le problème réside dans le fait qu'il y aura toujours une main-d'œuvre fuyant la misère, prête à subir les pires abus pour les maigres salaires ainsi gagnés. L'absence de syndicats véritablement indépendants aggrave la situation dans ces zones de développement.

Tout le rapport de la Chine au droit international, au moins en matière de droits de la personne, reste coloré par un certain relativisme culturel dans le discours officiel. Cela conduit à une ratification et une mise en œuvre sélectives des instruments internationaux relatifs aux droits des travailleurs. La Chine a signé, mais non encore ratifié, les deux pactes internationaux. Il est trop tôt pour mesurer les effets de ces deux instruments sur les pratiques du droit interne.

LE RÔLE DU DROIT EN DEVENIR

Il s'avère difficile de prédire l'évolution de la place du droit en Chine comme régulateur des rapports sociaux, et du droit du travail dans ce vaste ensemble. Si l'on adhère à la théorie mise de l'avant par certains sinologues, que l'État chinois est très affaibli, et que l'on perçoit l'appareil d'État comme le vecteur par lequel le droit est mis en œuvre, alors l'avenir augure mal[5]. Si l'on admet , avec Jacques Andrieu, qu'on se trouve de plus dans un État dominé par le communautarisme, où la loyauté opère uniquement envers le groupe immédiat (famille, entreprise, village, province), au mépris de l'intérêt public, la mise en œuvre du droit est encore plus compromise. Il faut aussi compter avec le poids des *guanxi,* ou réseaux de relations d'une personne, envers lesquels l'allégeance demeure plus importante que la rechercher du bien public ou de l'intérêt général, notions biens lointaines. Les intérêts locaux priment sur l'intérêt public, et le droit édicté par le gouvernement central, mais mis en œuvre par les autorités locales, est destiné à de lourds problèmes d'effectivité, car la décentralisation amenée par les réformes favorise une application pour le moins sélective des lois nationales par les autorités locales. Des problèmes de manque d'indépendance et de partialité des juges se posent pour tout le système judiciaire, ce qui rejaillit sur les causes de droit du travail. Les autorités locales ont souvent des intérêts dans les entreprises, le comité d'arbitrage n'est pas neutre, et la corruption, dont l'ampleur est difficile à évaluer, reste un mal qui mine la Chine. Dans ce contexte, le droit constitue un instrument, donc le droit du travail aussi.

Cependant, on ne peut non plus penser la situation actuelle comme un simple retour à la situation qui prévalait en Chine impériale, marquée par une grande disjonction entre État et « société civile », avec une place prépondérante accordée au ritualisme pour régir les rapports sociaux. M. Andrieu estime pourtant qu'il en va ainsi, la seule différence avec le passé étant l'ouverture aux marchés mondiaux. Jean-Louis Rocca apporte un autre éclairage, en soulignant que la notion de communauté n'est plus limitée ou bornée[6]. Il s'agit d'évaluer la place et l'importance du renouveau des références communautaires dans la Chine contemporaine, qui évolue aussi dans une économie mondialisée. On laisse plus de place à l'individu qu'auparavant, dans toute l'histoire de Chine, ce qui va de pair avec les tendances de la mondialisation, qui met elle-même l'accent sur l'individualisme et cherche à diminuer le rôle et l'importance de l'État. Les Chinois commencent à recourir au droit, y compris au droit du travail, pour faire valoir leurs droits. La culture juridique chinoise est en pleine transition, composée d'éléments confucianistes dans la vision du rapport au droit, lesquels côtoient une vision plus individualiste, contraire à la fois au confucianisme et à l'idéologie maoïste, et qui conduit les Chinois à l'idée qu'ils ont des droits et que ces droits méritent d'être respectés.

Notes

1. CHEN Jianfu, *op. cit.* [note 335], p. 73.
2. *Ibid.*, p. 72.
3. Kathy WILHEM et Trish SAYWELL, « Mission Critical », (September 9, 1999) *FEER* 74-77, p. 77.
4. Dorothy J. SOLINGER, *Contesting Citizenship in Urban China. Peasant Migrants, the State, and the Logic of the Market,* Berkeley, Los Angeles, University of California Press, 1999, coll. « Studies of the East Asian Institute, Columbia University », 444 pages, p. 280-281.
5. C'est la vision de Jean-Pierre Cabestan dans « Chine : Un État de lois sans État de droit », *op. cit.* [note 14].
6. Jean-Louis ROCCA, « La corruption et la communauté... », *op.cit.*, p. 692.

BIBLIOGRAPHIE

Ouvrages généraux

CHEMILLIER-GENDREAU, Monique, *Humanité et souverainetés. Essai sur la fonction du droit international,* coll. « Textes à l'appui/série histoire contemporaine », Paris, La Découverte, 1995, 382 pages.

COUVREUR Séraphin, *Mémoires sur les bienséances et les cérémonies/Li Ki,* Paris, Cathasia/Les Belles Lettres, 1950, coll. « Textes de la Chine/Les Humanités d'Extrême-Orient », 2 tomes (4 vol.) : Première partie, 410 pages et 352 pages ; Deuxième partie, 788 pages et 848 pages [texte chinois, traductions française et latine].

DAVID, René, et Camille JAUFFRET-SPINOSI, *Les grands systèmes de droit contemporain,* 10e éd., coll. « Précis Dalloz », Paris, Dalloz, 1992, 523 pages.

FEUER, Guy, et Hervé CASSAN, *Droit international du développement,* 2e éd., coll. « Précis Dalloz », Paris, Dalloz, 1991, 612 pages.

JOHNSON, Wallace, *The T'ang Code. Volume 1, General Principles.* Princeton, New Jersey, Princeton University Press, 1979, 317 pages.

LIANG, Shuwen *et al.* (sous la dir. de), « *Laodong fa* » *ji peitao guidingxin shi xin jie* [*Nouvelles explications du « Code/Droit du Travail » et des textes d'application*], Beijing, Renmin fayuan chubanshe [Éditions de la Cour Populaire Suprême], 1997, 1192 pages.

NGUYEN QUOC, Dinh (†), Patrick DAILLIER, et Alain PELLET, *Droit international public,* 6e éd., refondue, Paris, L. G. D. J., 1999, 1455 pages.

VANDERLINDEN, Jacques, *Comparer les droits,* coll. « À la rencontre du droit », Diegem, Kluwer Éditions Juridiques Belgique/E. Story-Scientia, 1995, 467 pages.

YANG, Hegao (sous la dir. de), *Zhong Guo Falu sixiang shi* [*Histoire de la pensée juridique chinoise*], Beijing, Beijing Daxue Chubanshe [Presses de l'Université de Beijing], 1988, 584 pages.

Monographies

ABOU, Sélim, *Cultures et droits de l'homme,* coll. « Pluriel intervention », Paris, Hachette, 1992, 141 pages.

ADDA, Jacques, *La mondialisation de l'économie – 1. Genèse,* coll. « Repères », Paris, La Découverte, 1996, 125 pages.

ADDA, Jacques, *La mondialisation de l'économie – 2. Problèmes,* coll. « Repères », Paris, La Découverte, 1996, 125 pages.

AL-KHATIB, Ghassan, *La part du droit dans l'organisation économique internationale contemporaine. Essai d'évaluation,* coll. « Collection de droit international », Bruxelles, Éditions Bruylant et Éditions de l'Université de Bruxelles, 1994, 237 pages.

ASSIER-ANDRIEU, Louis, *Le droit dans les sociétés humaines,* coll. « Essais et Recherches », Paris, Nathan, 1996, 316 pages.

BALAZS, Étienne, *La Bureaucratie céleste. Recherches sur l'économie et la société de la Chine traditionnelle,* Paris, Gallimard, 1968, coll. « Bibliothèque des Sciences Humaines », 346 pages.

BERGÈRE, Marie-Claire, *Le Mandarin et le Compradore/Les enjeux de la crise en Asie orientale,* Paris, Hachette Littératures, 1998, coll. « Forum », 255 pages.

BERGÈRE, Marie-Claire, *La République populaire de Chine de 1949 à nos jours,* Paris, Armand Colin, 1987, 283 pages.

BERGÈRE, Marie-Claire, Lucien BIANCO, et Jurgen DOMES (sous la dir. de), *La Chine au XXᵉ siècle*, d'une révolution à l'autre, 1895-1949,* Paris, Fayard, 1989, 441 pages.

BERGÈRE, Marie-Claire, Lucien BIANCO, et Jurgen DOMES (sous la dir. de), *La Chine au XXᵉ siècle**, de 1949 à aujourd'hui,* Paris, Fayard, 1990, 448 pages.

BIAN, Yanjie, *Work and Inequality in Urban China,* coll. « Suny Series in the Sociology of Work », Albany, State University of New York Press, 1994, 286 pages.

BLAUSTEIN, Albert P. (sous la dir. de), *Fundamental Legal Documents of Communist China,* South Hackensack, New Jersey, Fred. B. Rothman & Co., 1962, 603 pages.

BODDE, Derk, et MORRIS, Clarence, *Law in Imperial China,* Harvard University Press, Cambridge, Massachusetts, 1967, 615 pages.

BOUTEILLER, Éric, et Michel FOUQUIN, *Le développement économique de l'Asie orientale,* coll. « Repères », Paris, La Découverte, 1995, 125 pages.

BULAJÍC, Milan, *Principles of International Development Law. Progressive Development of the Principles of International Law Relating to the New International Economic Order,* Dordrecht, Martinus Nijhoff, 1993, 484 pages.

CABESTAN, Jean-Pierre, *Le système politique de la Chine populaire,* coll. « Thémis », Paris, PUF, 1994, 505 pages.

CABRILLAC, Bruno, *Économie de la Chine,* Paris, PUF, 1997, coll. « Que sais-je ? », 127 pages.

CHAI, Joseph C. H., *China. Transition to a Market Economy,* coll. « Studies on Contemporary China », Oxford, Clarendon Press, 1997, 230 pages.

CHEN, Feng, *Economic Transition and Political Legitimacy in Post-Mao China. Ideology and Reform,* New York, State University of New York Press, 1995, 246 pages.

CHEN, Peter Kar-Nin, *The Labour Movement in China/1840-1984,* Kowloon (H. K.), Swindon, 1985, 112 pages.

CHENG, Joseph Y. S., (sous la dir. de), *China in the Post-Deng Era,* Hong Kong, The Chinese University Press, 1998, 707 pages.

CHESNEAUX, Jean, *Le mouvement ouvrier chinois de 1919 à 1927,* Paris, Mouton, 1962, 652 pages.

CHEVALIER, Louis, *Classes laborieuses et classes dangereuses,* coll. « Civilisations d'hier et d'aujourd'hui », Paris, Plon, 1958, 562 pages.

CHILD, John, *Management in China during the Age of Reform,* coll. « Cambridge Studies in Management », Cambridge (U. K.), Cambridge University Press, 1994, 333 pages.

CH'U, T'ung-tsu, *Law and Society in Traditional China,* Paris, Mouton, 1961, 304 pages.

DAVIS, Michael C. (sous la dir. de), *Human Rights and Chinese Values. Legal, Philosophical and Political Perspectives,* Hong Kong, Oxford University Press, 1996, 216 pages.

de BARY, Wm. Theodore, and TU Weiming (sous la dir. de), *Confucianism and Human Rights,* New York, Columbia University Press, 1998, 327 pages.

de BEER, Patrice, *La Chine. Le réveil du dragon,* Paris, Éditions Centurion, 1989, 379 pages.

de BEER, Patrice, et Jean-Louis ROCCA, *La Chine à la fin de l'ère Deng Xiaoping,* coll. « Marabout », Paris, Le Monde – Éditions, 1995, 210 pages.

DOMENACH, Jean-Luc, *L'Asie en danger,* Paris, Fayard, 1998, 339 pages.

DOMENACH, Jean-Luc, et Philippe RICHER, *La Chine,* tomes 1 et 2, coll. « Points – Histoire », Paris, Seuil, 1987, 1995, 735 pages.

ESCARRA, Jean, *La Chine et le droit international,* Paris, Pedone, 1931, 419 pages.

ESCARRA, Jean, *Le droit chinois,* Paris, Librairie du Recueil Sirey, Pékin, Éditions Henri Vetch, 1936, 562 pages.

FENG, Chen, *Economic Transition and Political Legitimacy in Post-Mao China. Ideology and Reform,* State University of New York Press, New York, 1995, 246 pages.

FONG, Yeou-Lan, *Précis d'Histoire de la philosophie chinoise,* Paris, Payot-Le Mail, 1985 (réédition), 367 pages.

FUKASUKU, Kichiro, David WALL, et WU Mingyuan, *La « Longue Marche » de la Chine vers une économie ouverte,* coll. « Études du centre de développement de l'OCDE », Paris, OCDE, 1994, 123 pages.

GAO, Xin, et LI Jun (zhubian [sous la dir. de]), *Laodong fa lijie hiyong yu anli pingxi [Théorie du droit du travail et analyse critique d'arrêts]*, Beijing, Renmin fayuan chubanshe [Éditions de la Cour Populaire Suprême], 1996, 502 pages.

GERNET, Jacques, *L'intelligence de la Chine. Le social et le mental,* coll. « Bibliothèque des Histoires », Paris, Gallimard, 1994, 395 pages.

GERNET, Jacques, *Le monde chinois,* Paris, Armand Colin, 1972, coll. « Destins du Monde », 699 pages.

GERNET, Jacques, *La vie quotidienne en Chine à la veille de l'invasion mongole 1250-1276,* Paris, Hachette, 1959, 287 pages.

GIPOLOUX, François, *Les Cent Fleurs à l'usine. Agitation ouvrière et crise du modèle soviétique en Chine/1956-1957,* Paris, Éditions de L'École des Hautes Études en Sciences Sociales, 1986, 373 pages.

GUAN, Huai, *Laodong fa daodu [Guide d'étude du droit du travail]*, Beijing, Falu chubanshe [« Publishing House of Law »], 1994, 352 pages.

GUERASSIMOF, Carine, *L'État chinois et les communautés chinoises d'outre-mer,* coll. « Logiques Juridiques », Paris, L'Harmattan, 1997, 344 pages.

GUILLERMAZ, Jacques, *Le Parti communiste au pouvoir,* 1. *De l'avènement du régime au mouvement d'éducation socialiste (1949-1962)*, Paris, Payot, 1979, 409 pages.

HAARSCHER, Guy, *Philosophie des droits de l'homme,* 4e éd. revue, « Collection de philosophie politique et juridique », Bruxelles, Éditions de l'Université de Bruxelles, 1993, 168 pages.

HE, Qinglian, *Zhongguo de Xianjing* [« *China's Pittfall* »], Beijing, Jinri Chubanshe [Éditions de la Chine d'aujourd'hui], coll. « China's Problems », 1998, 394 pages [disponible seulement en langue chinoise].

HOCHRAICH, Diana, *La Chine : de la révolution à la réforme,* coll. « Alternatives économiques », Paris, Syros, 1995, 199 pages.

HONIG, Emily, et Gail HERSATTER, *Personal Voices. Chinese Women in the 1980's,* Stanford, Stanford University Press, 1988, 387 pages.

HSI, Hsuan-wou, et Charles REEVES, *Bureaucratie, bagnes et business,* Paris, L'Insomniaque, 1997, 214 pages.

HUANG, Philip C. C., *Civil Justice in China/Representation and Practice in the Qing,* Stanford (Ca), Stanford University Press, 1996, 272 pages.

KEITH, Ronald C., *China's Struggle for Rule of Law,* New York, St. Martin's Press, 1994, 290 pages.

KIM, Hyung I., *Fundamental Legal Concepts of China and the West,* Port Washington, N.Y./London, National University Publications, Kennikat Press, 1981, 175 pages.

LAMARCHE, Lucie, *Perspectives occidentales du droit international des droits économiques de la personne,* Bruxelles, Éditions Bruylant et Éditions de l'Université de Bruxelles, 1995, 513 pages.

LAPERRIÈRE, René, *Modèles comparés en droit du travail et organismes internationaux du travail,* Montréal, Université du Québec à Montréal, Département des sciences juridiques, et René Laperrière, automne 1997, recueil du cours JUR 7181, 122 pages.

LARIVIÈRE, Jean-Pierre, et Pierre SIGWALT, *La Chine,* Paris, Masson/Armand Colin, 1996, 288 pages.

LEE, Tahirih V., *Basic Concepts of Chinese Law* (sous la dir. de), Garland Publishing, Inc., New York & London, 1997, 428 p.

LEMOINE, Françoise, *La nouvelle économie chinoise,* coll. « Repère », Paris, La Découverte, 1994, 126 pages.

LIU Nanping, *Judicial Interpretation in China [Opinions of the Supreme People's Court]*, Hong Kong, Sweet & Maxwell Asia, 1997, 264 pages.

LO, Huai, *La nouvelle législation chinoise, ses fondements, ses tendances,* Paris, Pedone, 1932, 189 pages.

LOUAPRE Émile, et Aldo SALVADOR, *L'incroyable métamorphose de la Chine,* Paris, L'Harmattan, 1997, 307 pages.

LUBMAN, S., (sous la dir. de), *China's Legal Reforms,* New York, Oxford University Press, 1996, 211 pages.

MA Xia, and WANG Weizhi (sous la dir. de), *Migration and Urbanization in China,* Beijing, New World Press, 1993, 371 pages.

MAMÈRE, Noël, et Marie HOLZMAN, *Chine. On ne bâillonne pas la lumière,* Paris, Ramezay, 1996, 368 pages.

MASPERO, Henri, *Le taoïsme et les religions chinoises,* Paris, Gallimard, 1971, 658 pages.

MASPERO, Henri, et Étienne BALAZS, *Histoire et institutions de la Chine ancienne,* Paris, PUF, 1967, coll. « Annales du Musée Guimet – Bibliothèque d'Études », tome LXXIII, 322 pages.

MAYER, Ann Elizabeth, *Islam and Human Rights. Tradition and Politics,* Boulder and San Francisco, Westview Press, 1991, 258 pages.

MENDES, Errol P., & Anne-Marie TRAEHOLT (sous la dir. de), *Human Rights : Chinese and Canadian Perspectives,* Ottawa, The Human Rights Research and Education Centre, University of Ottawa, 1997, 595 pages.

MOORE, Charles A. (sous la dir. de), *The Status of the Individual in East and West,* Honolulu, University of Hawaii Press, 1968, 606 pages.

MORIN, Alexandre, et Thierry PAIRAULT, *La Chine au travail (I) : les sources du droit du travail ; (II) : les contrats de travail et conventions collectives*, coll. « Gestion de l'entreprise en Chine », Paris, Centre d'Études sur la Chine moderne et contemporaine, École des Hautes Études en Sciences Sociales, 1997 (I), 125 pages ; 1998 (II), 162 pages.

NAKAMURA Hajime, *Ways of Thinking of Eastern Peoples : India – China – Tibet – Japan*, Honolulu, East-West Center Press, 1964, 712 pages.

PETRELLA, Ricardo, *Écueils de la mondialisation/Urgence d'un nouveau contrat social*, coll. « Les grandes conférences », Montréal, Fides, 1997, 48 pages.

REN, Xin, *Tradition of the Law and the Law of Tradition/Law, State, and Social Control in China*, Westport (Ct), Greenwood Press, 1997, coll. « Contributions in Criminology and Penology », n° 50, 175 pages.

ROCCA, Jean-Louis, *L'empire et son milieu. La criminalité en Chine populaire*, Paris, Plon, 1991, 324 pages.

ROUX, Alain, *Le Shanghai ouvrier des années trente. Coolies, Gangsters et Syndicalistes*, Paris, L'Harmattan, 1993, coll. « Chemins de la Mémoire », 334 pages.

SEAGRAVE, Sterling, *Lords of the Rim. The Invisible Empire of the Overseas Chinese*, New York, G. P. Putnam's Sons, 1995, 354 pages.

SCHELL, Orville, *Mandate of Heaven. The Legacy of Tian An Men Square and the Next Generation of China's Leaders*, New York, Simon & Schuster, 1994, 464 pages.

SMITH, Richard J., *China's Cultural Heritage. The Ch'ing Dynasty, 1644-1991*, Boulder, Colorado, Westview Press, 1983, 321 pages.

SOLINGER, Dorothy, *Contesting Citizenship in Urban China. Peasant Migrants, the State, and the Logic of the Market*, University of California Press, Berkeley and Los Angeles, California, 1999 [Studies of the East Asian Institute, Columbia University], 444 pages.

SPENCE, Jonathan D., *The Gate of Heavenly Peace/The Chinese and Their Revolution, 1895-1980*, New York, Penguin Books, 1981, 512 pages.

SPENCE, Jonathan D., *The Search for Modern China*, New York, W. W. Norton & Company, 1990, 879 pages.

SUN, Xiuping, *China's Social Security System*, in GAO Shanhquan and CHI Fulin (sous la dir. de), coll. « Studies on the Chinese Market Economy Series », Beijing, Foreign Languages Press, 1996, 184 pages.

TAO, Jingzhou, *Le droit chinois contemporain*, Paris, PUF, 1991, coll. « Que sais-je ? », 126 pages.

TAPIA, Corinne, *Les délocalisations internationales*, coll. « Optiques Économie », Paris, Hatier, 1995, 79 pages.

TROLLIET, Pierre, *La diaspora chinoise*, Paris, PUF, 1994, coll. « Que sais-je ? » n° 2879, 128 pages.

TSIEN, Tche-haò, *Le droit chinois,* Paris, PUF, 1982, coll. « Que sais-je ? » n° 1988, 128 pages.

TWITCHETT, Denis, et Arthur F. WRIGHT (sous la dir. de), *The Cambridge History of China, Vol. 14. The People's Republic, Part I : The Emergence of Revolutionary China, 1949-1965.*

van der SPRENKEL, Sybille, *Legal Institutions in Mandchu China. A Sociological Analysis,* London, University of London, The Athlone Press, 1962, coll. « London School of Economics Monographs on Social Anthropolgy », n° 24, 180 pages.

VANDERMEERSCH, Léon, *La formation du légisme. Recherche sur la constitution d'une philosophie politique caractéristique de la Chine ancienne,* Paris, École Française d'Extrême-Orient, 1965, 300 pages.

WALDER, Andrew George, *Communist neo-traditionalism/Work and Authority in Chinese Industry,* Berkeley (Ca), University of California Press, 1986, 302 pages.

WANG, Chenguang, and ZHANG Xianchu (sous la dir. de), *Introduction to Chinese Law,* Hong Kong, Sweet and Maxwell Asia, 1997, 586 pages.

WANG, Quanying, *Laodong fa* [*Droit du travail*], Beijing, Falu chubanshe [Éditions juridiques (éditeur officiel)], 1997, 567 pages.

WANG, Simine, *Le travail des femmes et des enfants en Chine,* Paris, Pedone, 1933, 298 pages.

WANG, Yiying, et GONG Jianli (zhubian [sous la dir. de]), *Zhongguo laodong fa shiwu* [*Manuel pratique de droit du travail chinois*], Beijing, Jin re zhongguo chubanshe [Éditions de la Chine d'aujourd'hui], Beijing, 1994, 701 pages.

WANG LIU, Hui Chen, *The Traditional Chinese Clan Rules,* New York, J. J. Augustin Incorporated Publisher, Locust Valley, 1959, « Monographs of the Association for Asian Studies VII », 264 pages.

WONG, Linda, *Marginalization and Social Welfare in China,* Routledge, London, 1998, 245 pages.

YANG, Mayfair Mei-hui, *Gifts, Favors and Banquets. The Art of Social Relationships in China,* Ithaca and London, Cornell University Press, 1994, 370 pages.

ZHENG, Henry R., *China's Civil and Commercial Law,* Singapour, Butterworths, 1988, 490 pages.

ZHENG, Shiping, *Party vs. State in Post-Mao China. The Institutional Dilemma,* Cambridge University Press, 1997, coll. « The Cambridge Modern China Series », 294 pages.

ZHU, Hualiu, and LIU Chenghui, *The Development of China's Nongovernmentally and Privately Operated Economy,* coll. « Studies on the Chinese Market Economy Series », Beijing, Foreign Languages Press, 1996, 209 pages.

Articles[1]

ABDELHAMID, Hassan, « Les droits de l'homme et l'" Homme universel " », in PALLARD, Henri, et Stamatios TZITZIS (sous la dir. de), *Droits fondamentaux et spécificités culturelles*, coll. « Horizons du Droit », Paris, L'Harmattan, 1997, 63-80.

ALFORD, William P., « Tasselled Loafers for Barefoot Lawyers : Transformation and Tension in the World of Chinese Legal Workers », in LUBMAN, S. (sous la dir. de), *China's Legal Reforms*, New York, Oxford University Press, 1996, 22-38.

ANDRIEU, Jacques, « Chine : une économie communautarisée. Un État décomposé », (juillet-septembre 1996) 147 *Revue Tiers Monde* 669-687.

AUBERT, Claude, « Chine rurale : le fossé villes/campagnes », (juillet-septembre 1996) 147 *Revue Tiers Monde* 525-547.

AUBIN, Françoise, « Traditions chinoises et droits de l'homme », in KOCH-MIRAMOND, L., *et al.* (sous la dir. de), *La Chine et les droits de l'homme*, Paris, L'Harmattan, 1991, 12-34.

BÉJA, Jean-Philippe, « La grippe de la poule aux œufs d'or », (novembre-décembre 1997) 44 *Perspectives Chinoises* 4-5.

BÉJA, Jean-Philippe, « Quand les ouvriers doutent de la dictature du prolétariat », (mars-avril 1995) 28 *Perspectives Chinoises* 26-29.

BÉJA, Jean-Philippe, « Quel régime politique pour la Chine », (janvier-février 1998) 45 *Perspectives Chinoises* 9-17.

BÉJA, Jean-Philippe, « Les travailleurs itinérants, des immigrés de l'intérieur », (janv.-fév. 1994) 21 *Perspectives Chinoises* 30-36.

BÉJA, Jean-Philippe, « Les travailleurs migrants : un atout pour la Chine », (juillet-août 1996) 36 *Perspectives Chinoises* 60-61.

BEN ACHOUR, Yadh, « Les droits fondamentaux entre l'universalité et les spécificités culturelles religieuses », in PALLARD, Henri, et Stamatios TZITZIS (sous la dir. de), *Droits fondamentaux et spécificités culturelles*, coll. « Horizons du Droit », Paris, L'Harmattan, 1997, 81-94.

BERGÈRE, Marie-Claire, « Modernisation économique et société urbaine » in BERGÈRE, Marie-Claire, Lucien BIANCO, et Jurgen DOMES, (sous la dir. de), *La Chine au XXe siècle**, de 1949 à aujourd'hui*, Paris, Fayard, 1990, 448 pages, 295-323.

BIANCO, Lucien, « À la campagne : troubles et traditions », (juillet-août 1994) 24 *Perspectives Chinoises* 6-9.

BIANCO, Lucien, « Seigneurs de la guerre et révolution nationaliste (1923-1927), in BERGÈRE, Marie-Claire, Lucien BIANCO, et Jurgen DOMES (sous la dir. de), *La Chine au XXe siècle*, d'une révolution à l'autre, 1895-1949*, Paris, Fayard, 1989, 441 pages, 123-159.

BONNIN, Michel, « Le XVe Congrès. Pendant les travaux, la réforme continue », (sept.-oct. 1997) 43 *Perspectives Chinoises* 4-7.

BOURGON, Jérôme, « Une exigence nouvelle de la société : l'équité », (sept.-oct. 1995) 31 *Perspectives Chinoises* 8-16.

CABESTAN, Jean-Pierre, « Chine : un État de lois sans État de droit », (juillet-sept. 1996) 147 *Revue Tiers Monde* 649-668.

CABESTAN, Jean-Pierre, « L'état de la législation chinoise en matière de droits de l'homme et l'organisation judiciaire de la Chine populaire au regard des normes internationales », in KOCH-MIRAMOND, L. *et al.* (sous la dir. de), *La Chine et les droits de l'homme,* Paris, L'Harmattan, 1991, 80-98.

CAILLIEZ, Charlotte, « L'effondrement du système de santé rural », (mai-juin 1998) 47 *Perspectives Chinoises* 38-45.

CERNA, Christina M., « Universality of Human Rights and Cultural Diversity : Implementation of Human Rights in Different Socio-Cultural Contexts », (1994) 16 *Human Rights Quarterly* 740-752.

CHAN, Anita, « L'agitation ouvrière derrière le " made in China " », (juillet-août 1994) 24 *Perspectives Chinoises* 10-12.

CHAN, Anita, « Une usine-caserne du Guangdong. Discipline militaire dans une usine de chaussures du Guangdong », (nov.-déc. 1996) 38 *Perspectives Chinoises* 12-17.

CHAN, Anita, « Workers' Rights are Human Rights », (Summer 1997) *China Rights Forum* 4-7.

CHAVANCE, Bernard, « De la réforme du socialisme à la transformation post-socialiste : la Chine en perspective historique », *Actuel Marx* (1997) 22, PUF (numéro intitulé : *Où va la Chine ?*), 69-90.

CHEN, Jianfu, « La révision de la Constitution en République Populaire de Chine » (traduit de l'anglais par David Kempf), (mai-juin 1999) 53 *Perspectives Chinoises* 66-73.

CHEN, Judy M., « Detained for Organizing Laid-Off Workers. Zhang Shanguang », (Fall 1998) *China Rights Forum* 48.

CHEN, Judy M., « A Ricebowl in Pieces : the Unemployment Crisis », (Spring 1998) *China Rights Forum* 38-41.

CHEN, Ke, « Legislation. People's Republic of China », in BLANPAIN, Prof. Dr R., (sous la dir. de), *International Encyclopedia for Labor Law and Industrial and Industrial Relations,* Suppl. 185 (November 1996), La Haye, Kluwer Law International, 1997, 120 pages.

CHEN, Ke, « People's Republic of China », in BLANPAIN, Prof. Dr R., (sous la dir. de), *International Encyclopedia for Labor Law and Industrial and Industrial Relations,* Suppl. 185 (November 1996), La Haye, Kluwer Law International, 1997, 114 pages.

CHEN, Xuanliang, « L'émergence de la notion de droits de l'homme sous l'influence de la réforme économique depuis 1978 », in KOCH-MIRAMOND, L. *et al.* (sous la dir. de), *La Chine et les droits de l'homme,* Paris, L'Harmattan, 1991, 97-102.

CHEN, Zishang, « Philosophical Foundations of Human Rights in China », in (sous la dir. de) Errol P. MENDES, & Anne-Marie TRAEHOLT, *Human Rights : Chinese and Canadian Perspectives,* Ottawa, The Human Rights Research and Education Centre, University of Ottawa, 1997, 595 pages, 161-182.

CHEVRIER, Yves, « L'économie urbaine », in BERGÈRE, Marie-Claire, Lucien BIANCO, et Jurgen DOMES (sous la dir. de), *La Chine au XXe siècle**, de 1949 à aujourd'hui,* Paris, Fayard, 1990, 448 pages, 181-213.

CHEVRIER, Yves, « L'État chinois entre formation et déformation », (juillet-septembre 1997) 47 *Revue Tiers Monde* 703-712.

CHEVRIER, Yves, « Individualité, humanité en Chine. Quelques réflexions », in KOCH-MIRAMOND, L. *et al.* (sous la dir. de), *La Chine et les droits de l'homme,* Paris, L'Harmattan, 1991, 37-78.

CHING, Frank, « Pragmatism Rules in China », (October 9, 1997) *FEER* 50.

CHING, Frank, « Rough Justice. The Law is no longer an ass, but many judges still are », (August 20, 1998) *FEER* 13-14.

CHOWDURY, Subrata Roy, and De WAART, Paul J. J. M., « Significance of the Right to Development : an Introductory View », in CHOWDURY, S. R. *et al.* (sous la dir. de) *The Right to Development in International Law,* Dordrecht, Martinus Nijhoff, 7-23.

CLARKE, Donald C., « The Execution of Civil Judgements in China », in LUBMAN, S. (sous la dir. de), *China's Legal Reforms,* New York, Oxford University Press, 1996, 65-81.

CLARKE, Donald C., « Power and Politics in the Chinese Court System : The Enforcement of Civil Judgments », (Spring 1996) *Columbia Journal of Asian Law* 10:1, 1-92 pages.

DAVIN, Delia, « Affreux, sales et méchants », (nov.-déc. 1996) 38 *Perspectives Chinoises* 6-11.

De VEY MESTDAGH, Karel, « The Right to Development in International Law », (1981) 28 *Netherlands International Law Review* 30-53.

DICKER, R., « A Law for Change – with Loopholes », (1992) 3:2 *Human Rights Tribune* 7-9.

DICKER, R, « Asian Views : Defining Human Rights for a Region », (Winter 1994) *China Rights Forum* 14.

DICKS, Anthony R., « Compartmentalized Law and Judicial Restraint : An Inductive View of Some Jurisdictional Barriers to Reform », in LUBMAN, S. (sous la dir. de), *China's Legal Reforms,* 1996, New York, Oxford University Press, 1996, 82-109.

DOMENACH, Jean-Luc, « Politique souterraine et agitation sociale dans la Chine post-maoïste », in AUBERT, C., *et al.* (sous la dir. de), *La société chinoise après Mao/Entre autorité et modernité,* Paris, Fayard, 1986, coll. « L'espace du politique », 91-130.

DOMENACH, Jean-Luc, « Réflexions sur l'avenir du système politique chinois », (juillet-septembre 1996) 147 *Revue Tiers Monde* 713-724.

DOMES, Jurgen, « La République populaire de Chine après Mao : consolidation, réformes et décadence », in BERGÈRE, Marie-Claire, Lucien BIANCO, et Jurgen DOMES (sous la dir. de), *La Chine au XXe siècle**, de 1949 à aujourd'hui,* Paris, Fayard, 89-118.

DUPUY, Pierre-Marie, « Sur la spécificité de la norme en droit internatioal du développement », in FLORY, Maurice, MAHIOU, Ahmed, et HENRI, Jean-Robert (sous la dir. de) *La formation des normes en droit international du développement,* Paris, Éditions du C.N.R.S., et Alger, Office des Publications Universitaires, 1984, 141-143.

FAIRCLOUGH, Gordon, « Child Labour. It Isn't Black and White », (March 7, 1996) *FEER* 54-57.

FANG, Bay, « New Class Struggle. Lawsuits serve interests of the masses – and Beijing », (March 19, 1998) *FEER* 24-25.

FEINERMAN, James V., « Chinese Participation in the International Legal Order : Rogue Elephant or Team Player ? », in LUBMAN, S. (sous la dir. de), *China's Legal Reforms,* New York, Oxford University Press, 1996, 186-210.

FENG, Lanrui « Vingt et un pour cent de chômeurs à l'horizon 2000 ? », (mai-juin 1996) 35 *Perspectives Chinoises* 9-18.

FERREIRA da CUNHA, Paulo, « Universalité des droits fondamentaux et pluralité culturelle : une comptabilité pour toujours rhétorique ? », in PALLARD, Henri, et Stamatios TZITZIS (sous la dir. de), *Droits fondamentaux et spécificités culturelles,* coll. « Horizons du Droit », Paris, L'Harmattan, 1997, 149-167.

FORNEY, Matt, « Business vs. Ideology », (August 28, 1997) *FEER* 34-36.

FORNEY, Matt, « China. Jiang's Big Bet », (September 25, 1997) *FEER* 14-15.

FORNEY, Matt, « China. Patriot Games », (October 3, 1996) *FEER* 22-28.

FORNEY, Matt, « China. Private Party », (October 2, 1997) *FEER* 18-21.

FORNEY, Matt, « China. Rot All Over », (October 2, 1997) *FEER* 21-22.

FORNEY, Matt, « China. Rule by Law », (March 13, 1997) *FEER* 14-15.

FORNEY, Matt, « China. Voice of the People », (May 7, 1998) *FEER* 10-12

FORNEY, Matt, « China. We want to eat », (June 26, 1997) *FEER* 14-16.

FORNEY, Matt, « Reform. The Workers' State », (September 12, 1996) *FEER* 68-69.

FORNEY, Matt, « Reform. Trials By Fire », (September 12, 1996) *FEER* 62-68.

FORNEY, Matt, and PamelaYATSKO, « No More Free Lunch », (October 16, 199) *FEER* 62-63.

FORNEY, Matt, and PamelaYATSKO, « Who's the Boss », (March 5th 1998) *FEER* 10-14.

GALLAGHER, Mary, « An Unequal Battle : Why Labor Law Fails to Protect Workers », (Summer 1997) *China Rights Forum* 12-15.

GAO, Mobo C. F., « On Their Own : The Plight of Migrant Workers », (Fall 1994) *China Rights Forum* 4-7.

GIL, Thomas, « La diversité culturelle et la rationalité des droits de l'homme », in PALLARD, Henri, et Stamatios TZITZIS (sous la dir. de), *Droits fondamentaux et spécificités culturelles,* coll. « Horizons du Droit », Paris, L'Harmattan, 1997, 141-148.

GILLEY, Bruce, « Child Labour. Following the Money », (March 7, 1996) *FEER* 58.

GILLEY, Bruce, « China. Irresistible Force », (April 4, 1996) *FEER* 18-21.

GILLEY, Bruce, « China. Provincial Prodiges », (April 4, 1996) *FEER* 22-23.

GILLEY, Bruce, « Golden Creusages. Beijing Wons a Battle but is Loosing War Against Illegal Miners », (November 20, 1997) *FEER* 32-36.

GILLEY, Bruce, « Lost Glitter », (November 20, 1997) *FEER* 33.

GILLEY, Bruce, « Man with the Plan », (May 21, 1998) *FEER* 13.

GILLEY, Bruce, « Sisters Act », (April 4, 1996) *FEER* 20.

GODEMENT, François, « La tourmente du vent communiste : 1955-1965 », in BERGÈRE, Marie-Claire, Lucien BIANCO, et Jurgen DOMES (sous la dir. de), *La Chine au XXe siècle**, de 1949 à aujourd'hui,* Paris, Fayard, 1990, 35-60.

GOLUB, Philip S., « Recentrer la croissance », (janvier 1999) 538 *Le Monde diplomatique* 16-17.

HAN, Dongfang, « A Long Hard Journey : Towards a Free Labor Movement », (Winter 1995) *China Rights Forum* 8-10.

HAN, Dongfang, « Cunjie, zuzhi, zhengqu, canyu yi yi ziyougonghui yundong de kaishi » (Solidarity and Participation – the Nascent Free Labor Movement), (Winter 1995) *China Rights Forum* 40.

HAN, Dongfang, « Without Real Trade Unions Workers Lives are Cheap », (Fall 1994) *China Rights Forum* 8.

HAN, Zhihong, « La législation chinoise sur les investissements étrangers et son évolution », (1996) 37 *C. de D.* 799-812.

« Hayek's Children. An idea grows in China » [Editorial], (May 14, 1998) *FEER* 82.

HE, Baogang, « Chinese Dissidents' Ideas of Human Rights », (1991) 2:5 *Human Rights Tribune* 21-24.

HECHT, Jonathan, « The Legal Protection of Women's Rights in China », (Fall 1995) *China Rights Forum* 4-6.

HOH, Erling, « After life. Exiled doctor continues fight for China's orphans », (August 20, 1998) *FEER* 56.

HUANG, Mab, « Guoji Ren quan Fa de shishi » (The Implementation of International Human Rights Law), (1992) 3:2 *Human Rights Tribune* 28-29.

HUANG, Mab, « Zhongguo chuantong yu dangdai guoji renquan guannian » (Chinese Tradition and International Rights Concepts) (1992) 3:4 *Human Rights Tribune* 34.

HUCHET, Jean-François, « Quelle retraite pour la Chine ? », (juillet-août 1996) 36 *Perspectives Chinoises* 32-42.

HUCHET, Jean-François, « Le XVe Congrès et la réforme de la propriété. Une nouvelle étape décisive pour les entreprises d'État chinoises », (sept.-oct. 1997) 43 *Perspectives Chinoises* 14-25.

HUCHET, Jean-François, « L'héritage économique de Deng Xiaoping », (mars-avril 1997) 40 *Perspectives Chinoises* 6-16.

HUCHET, Jean-François, « Statistiques chinoises. 4 % de chômeurs en Chine ? », (novembre-décembre 1997) 44 *Perspectives Chinoises* 68-69.

HUCHET, Jean-François, et YAN Xiangjun, « Les entreprises d'État chinoises à la croisée des chemins », (juillet-septembre 1996) 147 *Revue Tiers Monde* 599-627.

HUNTER, David, « Chinese Labour Dispute Arbitration Procedures : An Early Review in Zhejiang Province », (1990) 11 *Comparative Labor Law Journal* 340-351.

ISLAM, Shada, « Labour. Carrots, Not Sticks », (March 27, 1997) *FEER* 61.

ISLAM, Shada, « Labour. Wanted : Muscle », (May 1, 1997) *FEER* 49.

ISSALYS, Pierre, et QI Xuefeng, « Le processus législatif et la technique législative en Chine », (1996) 37 *C. de D.* 653-705.

JI'AO, Chen, « Fa de duli yu fa de lixiang » (Judicial Independence : Ideals and Reality), (1992) 3:2 *Human Rights Tribune* 40.

JOINET, Louis, « L'impact des pressions internationales sur le gouvernement de la Chine », in KOCH-MIRAMOND, L. *et al.* (sous la dir. de), *La Chine et les droits de l'homme,* Paris, L'Harmattan, 1991, 184-187.

JOSEPHS, Hilary K., « Labor Law Reflects New Realities », (Fall 1996) *China Rights Forum* 24-27.

JONES, Sydney, « Culture Clash in Bangkok », (Summer 1993) *China Rights Forum* 8-9.

JORDAN, Ann D., « Human Rights, Violence against Women, and Economic Development (The People's Republic of China Experience) », (1996) *Columbia Journal of Gender and Law* 5:216, 117 pages.

JORDAN, Ann D., « Women's Rights in the People's Republic of China : Patriarchal Wine Poured from a Socialist Bottle », (Spring 1994) *Journal of Chinese Law* 8:47, 119 pages.

JOSEPHS, Hilary K., « Labor Law in a " Socialist Market Economy " : The Case of China », (1995) 33 *Columbia Journal of Transnational Law* 558-581.

JOSEPHS, Hilary K., « Labor Law Reflects New Realities », (Fall 1996) *China Rights Forum* 24-27.

JUDET, Pierre, « La Chine monte en puissance », (juillet-septembre 1996) 147 *Revue Tiers Monde* 473-492

KAYE, Lincoln, « Fade to Black », (November 6, 1997) *FEER* 56-58.

KERNEN, Antoine, « Les entreprises d'État à Shenyang, acteurs et victimes de la transition », (sept.-oct. 1997) 43 *Perspectives Chinoises* 26-32.

LAWRENCE, Susan V., « Agent of Change », (July 23, 1998) *FEER* 10-12.

LAWRENCE, Susan V, « Answer to a Prayer », (Febr. 25, 1999) *FEER* 50.

LAWRENCE, Susan V., « Celebrity Critic », (Oct. 22, 1998) *FEER* 12-14.
LAWRENCE, Susan V., « Crooked Cops », (August 20, 1998) *FEER* 12.
LAWRENCE, Susan V., « Excising the Cancer », (August 20, 1998) *FEER* 10-12.
LAWRENCE, Susan V., « Unfinished Business. President Jiang puts his own stamp on reforms », (Dec. 17, 1998) *FEER* 22.
LEE, Tahirih V., « Risky business : Courts, Culture and the Marketplace », in *University of Miami Law Review,* (1993) 47, 1335-1414.
LEMOINE, Françoise, « L'intégration de la Chine dans l'économie mondiale », (juillet-septembre 1996) 147 *Revue Tiers Monde* 493-523.
LEMOINE, Maurice, « Zones franches : les travailleurs centraméricains otages des " maquilas " », (mars 1998) *Le Monde diplomatique* 12-13.
LEUNG, Joe C. B., « The Transformation of Social Welfare Policy : the Restructuring of the Iron Rice Bowl », in Joseph Y. S. CHENG (sous la dir. de), *China in the Post-Deng Era,* Hong Kong, The Chinese University Press, 1998, 707 pages, 617-643.
LEUNG, Trini W. Y., « S'organiser pour défendre ses droits », (juillet-août 1998) 48 *Perspectives Chinoises* 6-23.
LEW, Roland, « Après le krach de Hongkong/La Chine privatise mais avec prudence », (nov. 1997) 524 *Le Monde diplomatique* 1, 6.
LEW, Roland, « Chine : Un État ouvrier ? Le monde ouvrier chinois sous le " socialisme réel " », in AUBERT, C. *et al.* (sous la dir. de), *La société chinoise après Mao/Entre autorité et modernité,* coll. « L'espace du politique », Paris, Fayard, 1986, 43-90.
LI, Chungling, « L'enseignement aux prises avec la misère. L'école primaire dans les zones pauvres », (nov.-déc. 1994) 26 *Perspectives Chinoises* 12-18.
LI, Mao-Chang, « Legal Aspects of Labor Relations in China : Critical Issues for International Investors », (1995) 33 *Columbia Journal of Transnational Law* 521-557.
LI, Xiaorong, « Are Social and Economic Rights " Collective " ? », (Winter 1997-98) *China Rights Forum,* 8-13.
LI, Xiaorong, « Ren quan de wanzhengxing yu zhongguo jingji gaige » (Indivisible Human Rights and China's Reforms), (Winter 1994) *China Rights Forum* 35-36.
LI, Zhao, « L'évolution récente de la Constitution chinoise », (1996) 37 *C. de D.* 643-652.
LI, Zhaojie, « Cultural Relativity and the Role of Domestic Courts in the Enforcement of International Human Rights : A Survey of the Problems and Practice in China », in MENDES, Errol P., & Anne-Marie TRAEHOLT (sous la dir. de), *Human Rights : Chinese and Canadian Perspectives,* The Human Rights Research and Education Centre, University of Ottawa, 1997, 595 pages, 185-219.
LIN, Feng, « Labor Law », in WANG Chenguang, and ZHANG Xianchu (sous la dir. de), *Introduction to Chinese Law,* Hong Kong, Sweet and Maxwell Asia, 1997, 457-488.

LIN, Mu, « Renquan yu zhuquan » (Human Rights and Sovereignty), (Spring 1995) *China Rights Forum* 40-41.

LIU, Binyan, and Perry LINK, « *A Geat Leap Backward ?/Zhongguo de xianjing [China's Pitfall] by He Qinglian* », (October 8, 1998) 45 15 *The New York Review of Books* 19-23.

LIU, Ping, « Commentary : Dying for Development », (Fall 1994) *China Rights Forum* 14-15.

LIU, Qing, « Renquan minzhu yu zhongguo » (« Human Rights, Democracy and China » [titre anglais de l'article donné par la revue *China Rights Forum* dans son sommaire]), (Summer 1995) *China Rights Forum* 37-41.

LUO, Bing, « La grande crise des entreprises d'État » (traduit par Jacques Seurre), (sept.-oct. 1997) 43 *Perspectives Chinoises* 12-13.

MA, Xia, « Migration Pattern and Its Change in Urban China », in MA Xia et WANG Weizhi, eds., *Migration and Urbanization in China*, Beijing, New World Press, 1993, 1-25.

MATSUI, Yoshiro, « The Road to Sustainable Development : Evolution of the Concept of Development in the UN », in GINTHER, Konrad, *et al.* (sous la dir. de), *Sustainable Development and Good Governance*, Dordrecht, Martinus Nijhoff, 1995, 53-71.

M'BAYE, Kéba, « Le droit au développement comme droit de l'homme », (1972) 5 *Revue des Droits de l'Homme* 505-534.

MEI, Y. P., « The Individual in Chinese Social Thought », in MOORE, Charles A. (sous la dir. de), *The Status of the Individual in East and West*, Honolulu, University of Hawaii Press, 1968, 606 pages, 333-346.

MEISSNER, Werner, « La voie orthodoxe », in BERGÈRE, Marie-Claire, Lucien BIANCO, et Jurgen DOMES (sous la dir. de), *La Chine au XX*[e] *siècle***, de 1949 à aujourd'hui*, Paris, Fayard, 1990, 9-33.

MENTRI, Messaoud, « Le concept de droit international du développement : son évolution et la question de sa spécificité », in FLORY, Maurice, Ahmed MAHIOU, et Jean-Robert HENRI (sous la dir. de), *La formation des normes en droit international du développement*, Paris, Éditions du C. N. R. S., et Alger, Office des Publications Universitaires, 1984, 53-60.

MILLER, Rena, « Taking Liberties », (Sept. 10, 1998) *FEER* 32-33.

« Opportunity and Challenge : China Signs Part of International Bill of Rights » [article collectif issu de Human Rights in China], (Winter 1997-98) *China Rights Forum* 6-7.

PAIRAULT, Thierry, « Les régions chinoises : industrialisation inégale et développements divergents », (juillet-septembre 1996) 147 *Revue Tiers Monde* 549-568.

PALLARD, Henri, « Culture et diversité culturelle : essai préliminaire à une étude sur l'universalité des droits fondamentaux », in PALLARD, Henri, et Stamatios TZITZIS (sous la dir. de), *Droits fondamentaux et spécificités culturelles*, coll. « Horizons du Droit », Paris, L'Harmattan, 1997, 21-39.

PALLARD, Henri, et Stamatios TZITZIS, « Spécificités culturelles et universalité des droits fondamentaux », in PALLARD, Henri, et Stamatios TZITZIS (sous la dir. de), *Droits fondamentaux et spécificités culturelles,* coll. « Horizons du Droit », Paris, L'Harmattan, 1997, 11-20.

PALTIEL, Jeremy, « Cultural and Political Determinants of the Chinese Approach to Human Rights », in MENDES, Errol P., & Anne-Marie TRAEHOLT (sous la dir. de), *Human Rights : Chinese and Canadian Perspectives,* The Human Rights Research and Education Centre, University of Ottawa, Ottawa, 1997, 595 pages, 25-73.

« Le PCC à la reconquête des entreprises privées et à capitaux étrangers » [d'après (déc. 1994) *Dongxiang* 16-18, et (févr. 1995) *Qianshao* 6-8 (traduit du chinois par Annie AU-YEUNG)], (mai-juin 1995) 29 *Perspectives Chinoises* 11-15.

PELLET, Alain, « Note sur quelques aspects juridiques de la notion de droit au développement », in FLORY, Maurice, Ahmed MAHIOU, et Jean-Robert HENRI (sous la dir. de), *La formation des normes en droit international du développement,* Paris, Éditions du C.N.R.S., et Alger, Office des Publications Universitaires, 1984, 71-85.

POTTER, Pitman B., « Administrative Litigation and Political Rights in China », (1992) 3:2 *Human Rights Tribune* 4-7.

POTTER, Pitman B., « Defining the Right to Development/Philosophical Differences and their Political Implications », (Fall 1996) *China Rights Forum* 28-31.

POTTER, Pitman B., et LI Jianyong, « Regulating Labour Relations in China : the Challenge of Adapting to the Socialist Market Economy », (1996) 37 *C. de D.* 753-775.

PYE, Lucian W., « The State and the Individual : an Overview Interpretation », in HOOK, B., (sous la dir. de), *The Individual and the State in China,* New York, Oxford University Press, 1996, 16-42.

QIU, Haixiong, « Entreprises d'État et marché du travail », (juillet-août 1996) 36 *Perspectives Chinoises* 27-31.

« Reconversion (La) des travailleurs est de la responsabilité du gouvernement », (décembre 1997) 6 *Bulletin des Travailleurs chinois* 1-2.

« Répression (La) des autorités de zigong contre les manifestants », 8 *Bulletin des Travailleurs chinois* 7

« Résultats partiels d'une enquête sur les entreprises non étatiques dans la province du Guangdong », (mars 1997) 1 *Bulletin des Travailleurs chinois* 3.

ROBERTSON, Robert E., « Measuring State Compliance with Obligation to Devote the " Maximum Available Resources " to Realizing Economic, Social, and Cultural Rights », (1994) 16 *Human Rights Quarterly* 693-714.

ROCCA, Jean-Louis, « Chine : la prospérité sans démocratie... ni marché », in DOMENACH, J.-L., et F. GODEMENT (sous la dir. de), *Communismes d'Asie : mort ou métamorphose ?*, coll. « Espace international », Bruxelles, Éditions Complexes, 1994, 37-70.

ROCCA, Jean-Louis, « La corruption et la communauté. Contre une analyse culturaliste de l'économie chinoise », (juillet-septembre 1996) 147 *Revue Tiers Monde* 689-702.

ROCCA, Jean-Louis, « Paradoxale modernisation de la Chine », (mars 1997) 516 *Le Monde diplomatique* 20.

ROCCA, Jean-Louis, « La vague du chômage déferle sur la Chine [Conséquences sociales d'une grande mutation] », (janvier 1999) 538 *Le Monde diplomatique* 16-17.

ROSS, Claudia, and Lester ROSS, « Language and Law : Sources of Systemic Vagueness and Ambiguous Authority in Chinese Statutory Language », (1997) 31:1 *Law Review* 205-253.

SANDSCHNEIDER, Eberhard, « La révolution culturelle et les crises de succession, 1966-1976 », in BERGÈRE, Marie-Claire, Lucien BIANCO, et Jurgen DOMES (sous la dir. de), *La Chine au XXe siècle**, de 1949 à aujourd'hui*, Paris, Fayard, 1990, 448 pages, 61-87.

SAYWELL, Trish, « China's Paper-Profit Industries », (Dec. 24, 1998) *FEER* 39.

SAYWELL, Trish, « Economic Reform. Fine-Tuning », (July 30, 1998) *FEER* 46-47.

SAYWELL, Trish, « Education. Brains for Sale », (January 23, 1997) *FEER* 23-24.

SAYWELL, Trish, « Labour. Workers' Offensive », (May 29, 1997) *FEER* 50-52.

SAYWELL Trish, « On the Edge », (Febr. 25, 1999) *FEER* 46.

SAYWELL, Trish, « Reform. Little Pioneers », (August 6, 1998) *FEER* 60-62.

SAYWELL, Trish, « Staying Alert. For foreign firms in China, worker safety requires vigilance », (January 29, 1998) *FEER* 46-48.

SEURRE, Jacques, « Les catastrophes du travail en Chine », (nov.-déc. 1996) 38 *Perspectives Chinoises* 14.

SEURRE, Jacques, « Émeutes paysannes dans le Shanxi, le Henan et le Hunan », (nov.-déc. 1995) 32 *Perpectives Chinoises* 11-14.

SEURRE, Jacques, « Pékin : des dirigeants chinois en quête de légitimité », (mars-avril 1996) 34 *Perspectives Chinoises* 44-46.

SEURRE, Jacques, « La société, le Parti et la démocratie en Chine. Interview de WEI Jingsheng à Paris le 17 janvier 1998 », (novembre-décembre 1997) 44 *Perspectives Chinoises* 6-9.

SHAO, Daosheng, « Le personnel chinois tient en piètre estime les entreprises à capitaux japonais » [d'après (nov.-déc. 1993) *Guanli Shijie* 124-128 (traduit du chinois par Françoise LEMOINE-MINAUDIER], (mars-avril 1995) 28 *Perspectives Chinoises* 30-34.

SOLINGER, Dorothy, « Sojourning in the Cracks and Crevices : Migrant Workers », (Summer 1996) *China Rights Forum* 4-7.

STANDING, Guy, « Globalization, Labour Flexibility and Insecurity : the Era of Market Regulation », (1997) *European Journal of Industrial Relations* 7-37.

STETSON, Anne, « The Sovereignty Defense in Chinese Human Rights and Practice », (1991) 2:6 *Human Rights Tribune* 6-8.

SU Zhan, « Environnement juridique et développement du secteur privé en Chine », (1996) 37 *C. de D.* 777-797.

TANNER, Murray S., « How a Bill Becomes Law in China : Stages and Processes in Lawmaking », in LUBMAN, S. (sous la dir. de), *China's Legal Reforms,* New York, Oxford University Press, 1996, 38-64.

TANG, Can, « Le harcèlement sexuel existe aussi en Chine », (nov.-déc. 1994) 26 *Perspectives Chinoises* 19-24.

TAYLOR, Bill, « Labour Relations in China », in Joseph Y. S. CHENG, (sous la dir. de), *China in the Post-Deng Era,* Hong Kong, The Chinese University Press, 1998, 707 pages, 471-499.

TEIWES, Frederic C., « Establishment and Consolidation of the New Regime », in TWITCHETT, Denis, et Arthur F. WRIGHT (sous la dir. de), *The Cambridge History of China, Vol. 14. The People's Republic, Part I : The Emergence of Revolutionary China, 1949-1965,* 1987, 51-143.

TONG, Xinchao, « Le droit chinois des contrats : sa codification, ses sources, ses champs d'application et ses caractéristiques », (1996) *C. de D.* 715-738.

TONG, Yanqi, « Political development in Reforming China », in (sous la dir. de) Joseph Y. S. CHENG, Hong Kong, *China in the Post-Deng Era,* The Chinese University Press, 1998, 707 pages, 81-109.

TSIEN, Tche-hao, « China », in BLANPAIN, Prof. Dr R., (sous la dir. de), *International Encyclopedia for Labor Law and Industrial Relations,* Suppl. 12 (July 1979), Deventer, Kluwer, 74 pages.

TSIEN, Tche-hao, « Le concept de " loi " en Chine », *Archives de Philosophie du droit,* (1980) 25, 231-247.

VAN GULIK, Robert, Préface, *Trois affaires criminelles résolues par le juge Ti,* Paris, Christian Bourgois, 1987, 312 pages, p. 9-34.

VANDERMEERSCH, Léon, « Pouvoir d'État et société civile dans la tradition confucianiste », in *Études Sinologiques,* Paris, PUF, 1994, 335-347.

VANNIER, Guillaume, « De l'universalité et de la diversité des droits fondamentaux et des droits de l'homme », in PALLARD, Henri, et Stamatios TZITZIS (sous la dir. de), *Droits fondamentaux et spécificités culturelles,* coll. « Horizons du Droit », Paris, L'Harmattan, 1997, 119-140.

WALDER, Andrew G., « Workers, Managers and the State : The Reform Era and the Political crisis of 1989 », in HOOK, B. (sous la dir. de), *The Individual and the State in China,* New York, Oxford University Press, 1996, 43-69.

WHYTE, Gordon, « The Dynamics of Civil Society in Post-Mao China », in HOOK, B. (sous la dir. de), *The Individual and the State in China,* New York, Oxford University Press, 1996, 196-222.

WILHEM, Kathy, « Out of business », (February 18, 1999) *FEER* 15.

WILHEM, Kathy, & Trish SAYWELL, « Mission Critical », (September 9, 1999) *FEER* 74-77.

WOODMAN, Sophia, « Asian Values and the Universality of Human Rights », (Fall 1996) *China Rights Forum* 32-35.

WOODMAN, Sophia, « Quelle liberté d'association en Chine ? » [traduit de l'anglais par Laurent Michelon], (janvier-février 1999) 51 *Perspectives Chinoises* 17-29.

WOODMAN, Sophia, « Rights, Development and Social Change », (1992) 3:4 *Human Rights Tribune* 8-9.

« Workers' Rights left out of " economic miracle " », (Fall 1994) *China Rights Forum* [article reproduit de l'édition anglaise du *Bulletin des Travailleurs chinois*] 10-12.

WU, John C. H., « The Individual in Chinese Political Traditions », in MOORE, Charles A. (sous la dir. de), *The Status of the Individual in East and West,* Honolulu, University of Hawaii Press, 1968, 606 pages, 391-410.

XIANG, Bing, « The Reform of China's Large State-Owned Entreprises : The Indispensable Role of Stock Markets », in Joseph Y. S. CHENG (sous la dir. de), Hong Kong, The Chinese University Press, 1998, 707 pages, 311-328.

XIAO, Guang, « Employee abuse revealed in south », (Sept. 3, 1997) *China Daily* 3.

YATSKO, Pamela, « The Bigger, the Better », (May 21, 1998) *FEER* 10-13.

YATSKO, Pamela, « Capitalists to the Rescue », (June 11, 1998) *FEER* 48-50.

YATSKO, Pamela, « Chinese Fire Sale. It's getting cheaper for foreigners to buy state firms », (May 21, 1998) *FEER* 15.

YATSKO, Pamela, « The Great Job Hunt », (October 30, 1997) *FEER* 53, 56.

YATSKO, Pamela, « Owner Power. Small and medium-sized state firms seek ways to survive », (May 21, 1998) *FEER* 14.

YATSKO, Pamela, « Rethinking China. Hitting the Wall in China », (December 18, 1997) *FEER* 52-58.

YOUNG, Graham, « The Chinese Communist Party Under Deng Xiaoping : Ideology and Organizational Decay », in (sous la dir. de) Joseph Y. S. CHENG, *China in the Post-Deng Era,* The Chinese University Press, Hongkong, 1998, 707 pages, 111-136.

YU, Xingzhong, « Legal Pragmatism in the People's Republic of China », (1989) *Journal of Chinese Law* 29:3, 29-51 ; et reproduit in Tahirih V. LEE, *Basic Concepts of Chinese Law* (sous la dir. de), Garland Publishing, Inc., New York & London, 1997, 428 p., (ouvrage noté ci-dessus dans la rubrique des monographies), 315-337.

YUE, Guangzhao, « L'emploi, les salaires et la sécurité sociale en Chine », (1985) 124 *Revue Internationale du travail* 441-453.

ZHENG, Henry R., « An Introduction to the Labor Law of the People's Republic of China », in FOLSOM, Ralph H., and John H. MINAN, *Law in the People's Republic of China. Commentary, Readings and Materials*, Dordrecht, Boston, Martinus Nijhoff Publishers, 1989, 515-550.

ZHOU, Haibo, « Le *Hukou* au gré des réformes », (mars-avril 1994) 22 *Perspectives Chinoises* 9-14.

Rapports

Asia Monitor Resource Centre, « 15-Day Diary of a Journalist as a Worker », *Asian Labour Update*, April-July 1996, p. 19-23.

Asia Monitor Resource Centre, « How Hong Kong Make Toys in China », *Asian Labour Update*, April-July 1996, p. 9-18.

Asia Monitor Resource Centre et Hong Kong Christian Industrial Committee, « Working Conditions in Sports Shoe Factories in China Making Shoes for Nike and Reebok », Septembre 1997

Bulletin des travailleurs chinois, n° 1, 2, 3, 4, 5, 6, 7 1997 [Traduction française du *China Labour Bulletin* publié à Hongkong par le syndicaliste chinois HAN Dongfang].

Bureau international du travail, *Des valeurs à défendre, des changements à entreprendre. La justice sociale dans une économie qui se mondialise : un projet pour l'OIT*, Rapport du directeur général, Conférence internationale du travail, 81e session, 1994.

Commission internationale d'enquête du mouvement ouvrier et démocratique contre la répression en Chine, Chine. *En défense de Wei Jingsheng, Zhou Guoqiang, Liu Nanchun et des autres. Texte intégral des défenses de Wei Jingsheng, Zhou Guoqiang et Liu Nanchun face à leurs juges*, 1996. [La Commission... a établi le texte en français.]

Commission internationale d'enquête du mouvement ouvrier et démocratique contre la répression en Chine, *La lettre d'information*, n° 75-84, 102, 103, Paris, Confédération Générale du Travail – Force Ouvrière, 1997, 1998.

Confédération internationale des syndicats libres, *Objectif : Destruction/Chasse aux syndicalistes libres en Chine*, avril 1997.

Confédération internationale des syndicats libres, *Rapport Annuel des violations des droits syndicaux*, 1994, 1995, 1996, 1997.

Human Rights in China, *Caught between tradition and the State. Violations of the Human Rights of Chinese Women/A Report with Recommendations marking the Fourth World Conference on Women*, August 1995.

Human Rights in China, Asia Monitor Resource Centre, China Labour Bulletin, Hong Kong Christian Industrial Committee, *Report on Implementation of CEDAW in the People's Republic of China/A Report with Recommendations and Questions for the Chinese Government Representatives*, December 1998, 90 pages.

ILO, Standard setting and Globalization (The), Report of the Director General, 85th Session 1997, tiré du site web <http : //www.ilo.org/>, 14 pages.

JIANG, Zemin, *Hold high the great banner of Deng Xiaoping Theory for an all-around advancement of the cause of building socialism with Chinese characteristics to the 21st century*, « Historical Party Congress/Full text of Ziang Zemin's report delivered at the 15th National Congress of the Communist Party of China on September 12, 1997 », [texte présenté en anglais par l'agence de presse Xinhua] (September 23, 1997), 17:5041 *China Daily, 15th Party Congress Supplement*, 5 pages.

LI, Peng, (Premier ministre du Conseil des Affaires d'État), *Rapport sur les activités du gouvernement*, présenté le 1er mars 1997 à la cinquième session de la VIIe Assemblée populaire nationale, *Beijing Information*, 31 mars 1997, Supplément, pages I-XX.

Livre Blanc de 1996 sur les droits de la personne en République Populaire de Chine, Office d'information du Conseil des affaires d'État, *Beijing Information*, 21 avril 1997, 13-24.

Organisation internationale du travail, Governing Body, Committe on Legal Issues and International Labour Standards (LILS), GB.268/LILS/6 (mars 1997), *Standard Setting Policy*, 6th Item on the Agenda, II, tiré du site web <http : //www.ilo.org/>, 12 pages.

Question of fundamental trade union and worker's rights, Commission des droits de l'Homme, Réso. 1996/60 (mai 1997), tiré du site web <http : // www.unhchr.ch>, 2 pages.

Rapport de la Commission indépendante internationale de syndicalistes (Shenyang, Dalian, Changchun, 25-30 avril 1996), 1996.

Report on Implementation of CEDAW... Voir ci-dessus : Human Rights in China, Asia Monitor Resource Centre, China Labour Bulletin, Hong Kong Christian Industrial Committee, *Report on Implementation of CEDAW in the People's Republic of China* [...].

White Paper. Human Rights in China, Beijing, Information Office of the State Council Of the People's Republic of China, November 1991, <http : // www.chinanews.org/WhitePapers/HumanRightsE.html>, 10 chapitres.

White Paper. The Progress of Human Rights in China, Beijing, Information Office of the State Council Of the People's Republic of China, December 1995, <http : //www.chinanews.org/WhitePapers/Progress OfHuman RightsE.html>, 10 chapitres.

Coupures de presse

AFP, « " Universalité » et « particularités" », (17 mai 1997) 2533 *Le Monde/Sélection hebdomadaire/Édition internationale* 3.

BOBIN, Frédéric, « La Chine annonce une relance des réformes économiques », (15 sept. 1997) 2550 *Le Monde/Sélection hebdomadaire/Édition internationale* 4.

BOBIN, Frédéric, « La Chine, mirage démocratique », (1er août 1998) 2594 *Le Monde/Sélection hebdomadaire/Édition internationale* 1, 7.

BOBIN, Frédéric, « La Chine, partenaire ou adversaire », (26 déc. 1996) 2513 *Le Monde/Sélection hebdomadaire/Édition internationale* 1, 3.

CAO, Min, « 5-day work week deadline set », (April 25, 1997) *China Daily* 1.

CAO, Min, « Law helps protect workers' rights », (October 11, 1996) *China Daily* 4.

CAO, Min, « Minimum wage level increased », (December 5, 1996) *China Daily* 2.

CAO, Min, « Workers' insurance to work better », (August 29, 1996) *China Daily* 2.

CD News (Agence de presse), « Factory dorm collapses ; 33 killed, 20 missing », (March 28, 1997) *China Daily* 3.

CD-Xinhua (Agence de presse), « Next 30 years to see largest labour force », (February 12, 1997) *China Daily* 2.

CHEN, Qide, « Abuse of Labour Law scrutinized », (April 15, 1997) *China Daily* 3.

CHEN, Yanni, « Unlawful immigrants creating problems » (February 13, 1997) *China Daily* 2.

DERON, Francis, « L'ambiguïté du nationalisme chinois », (14 sept. 1996) 2498 *Le Monde/Sélection hebdomadaire/Édition internationale* 1, 5.

DERON, Francis, « La catastrophe pourrait favoriser une évolution du pouvoir », (12 août 1998) 2597 *Le Monde/Sélection hebdomadaire/Édition internationale* 4.

DERON, Francis, « Jiang Zemin réhabilite la " réforme politique " », (15 sept. 1997) 2550 *Le Monde/Sélection hebdomadaire/Édition internationale* 4.

DERON, Francis, « Le Parti communiste chinois installe les technocrates au pouvoir », (20 sept. 1997) 2551 *Le Monde/Sélection hebdomadaire/Édition internationale* 2.

« Faits et chiffres. Changement de priorités », *Beijing Information*, 3 mars 1997, 28-29.

FAN, Guoxiang, « Human rights reflects social context » [*Opinion*], (September 26, 1996) *China Daily* 4.

GUO, Nei, « Beijing's jobless back to work/Fewer transients being hired », (May 1, 1997) *China Daily* 3.

« Ideology dilemma has to be tackled/15th Party Congress » [*Opinion*], (September 11, 1997) *China Daily* 4.

« Illegal workers », (April 7, 1997) *China Daily* 3.

« Les inondations du fleuve Yang-tseu sont pour Pékin un test politique » [d'après AFP, Reuters], (12 août 1998) 2597 *Le Monde/Sélection hebdomadaire/Édition internationale* 4.

LIANG, Jun, « Workers assess performance of CEOs, leaders » (March 22, 1997) *China Daily* 1.

LU, Hongyong, « Poisoning victims receive treatment », (September 25, 1996) *China Daily* 3.

PANG, Bo, « Transient population needs new direction », (March 7, 1997) *China Daily* 2.

REN, Quan, « No " one fits all " worldwide model for human rights » [*Opinion*], (June 3, 1997) *China Daily* 4.

« Right of survival comes first », (March 19, 1997) *China Daily* 4.

SI, Nan, « City-bound workers cannot be ignored », (March 6, 1997) *China Daily* 4.

« Sowing seeds of change in agriculture/What they are saying », (March 6, 1997) *China Daily* 4.

TRAMIER, Sylviane, « Drames silencieux », (16 février 1998) *Le Devoir* A 5.

WANG, Hui, « Human rights in China/A solemn undertaking » [*Opinion*], (April 19, 1997) *China Daily* 4.

XIAO, Guang, « Employee abuse revealed in south », (September 3, 1997) *China Daily* 3.

Xinhua (Agence de presse), « China still in primary stage of socialism », (September 13, 1997) *China Daily* 5.

Xinhua (Agence de presse), « Congress redefines public ownership », (September 18, 1997) *China Daily* 4.

Xinhua (Agence de presse), « Control tightened over job agencies », (August 24, 1996) *China Daily* 2.

Xinhua (Agence de presse), « Deng theory to guide nation », (September 13, 1997) *China Daily* 4.

Xinhua (Agence de presse), « Hu stresses crucial role of workers in society », (December 9, 1996) *China Daily* 2.

Xinhua (Agence de presse), « Jiang elaborates economic strategies », (September 13, 1997) *China Daily* 5.

Xinhua (Agence de presse), « Labour Law violators face heavy penalties », [Hong Kong] (February 13, 1997) *China Daily* 5.

Xinhua (Agence de presse), « Minister challenges labour standards », [Genève] (June 12, 1997) *China Daily* 2.

Xinhua (Agence de presse), « National Congress shines in history », (September 19, 1997) *China Daily* 4.

Xinhua (Agence de presse), « Party looks ahead/Upholding banner of Deng Theory " soul of congress " » [manchette pleine page de la une], (September 13, 1997) *China Daily* 1.

Xinhua (Agence de presse), « Public ownership to keep top position », (September 13, 1997) *China Daily* 5.
Xinhua (Agence de presse), « Qiao : peace, stability ensure growth », (May 30, 1997) *China Daily* 4.
Xinhua (Agence de presse), « Wei : Workers key to unions », (September 2, 1997) *China Daily* 2.
Xinhua-CD (Agence de presse), « Coal miners to receive accident insurance », (April 3, 1997) *China Daily* 1.
XU, Yang, « State firms must work on problems » [*Opinion*], (March 19, 1997) *China Daily* 4.
YANG, Yingshi, « Workers' role emphasized », (April 30, 1997) *China Daily* 1.
ZHANG, Xia, « Developing states' economic rights vital » [*Opinion*], (April 15, 1997) *China Daily* 4.
ZHAO, Huanxin, « Unions to improve service : official », (September 12, 1997) *China Daily* 2.
ZHENG, Ying, « Transient children entitled to schooling », (May 6, 1997) *China Daily* 4.

LÉGISLATION

Lois chinoises dans le texte

Laodong bu, Gongan bu, Quan Guo Zong Gong Hui, Guanyu jiaqiang waishang touzi qiye he siying qiye laodong guanli qieshi baozheng zhigong hefa quanyi de tongzhi, [*Décret interministériel visant à renforcer la gestion du travail et à garantir les droits et intérêts légaux des travailleurs dans les entreprises privées et à capitaux étrangers*], tiré de WANG Yiying et GONG Jianli (zhubian [sous la dir. de]), *Zhongguo laodong fa shiwu* [*Manuel pratique de droit du travail chinois*], Beijing, Jin re zhongguo chubanshe [Éditions de la Chine d'aujourd'hui], Beijing, 1994, 701 pages (ouvrage noté ci-dessus dans la rubrique des monographies), 512-514.
Zhonghua renmin gongheguo laodongfa [*Code du travail de la République Populaire de Chine*], Beijing, Falu chubanshe [Éditions juridiques (éditeur officiel)], 1994,18 pages.

Lois chinoises en traduction

Code du travail de 1994, in MORIN, Alexandre, et Thierry PAIRAULT, *La Chine au travail (I) : les sources du droit du travail,* Paris, Éditions Gestion de l'entreprise en Chine, Centre d'Études sur la Chine moderne et contemporaine, École des Hautes Études en Sciences Sociales, 1997 (ouvrage noté ci-dessus dans la rubrique des monographies), 67-93.

Constitution of the People's Republic of China (Adopted on December 4, 1982, by the Fifth National People's Congress of the People's Republic of China at its Fifth Session), « People's Republic of China » [texte présenté, pour 1931-1982, par HSIA Tao-Tai, avec Kathryn A. HAUN, Charlotte A. HAMBLEY et Constance A. JOHNSON ; pour 1982-1992, par Constance A. JOHNSON], in BLAUSTEIN, Albert P., and Gisbert H. FLANZ (sous la dir. de), *Constitutions of the Countries of the World,* Dobbs Ferry, New York, Oceana Publications, Release 92-5, September 1992, 29-63.

Constitution of the Trade Unions (Adopted by the Seventh All-China Congress of Trade Unions, May 10, 1953), in BLAUSTEIN, Albert P. (sous la dir. de), *Fundamental Legal Documents of Communist China,* South Hackensack, New Jersey, Fred. B. Rothman & Co., 1962, 603 pages (ouvrage noté ci-dessus dans la rubrique des monographies), 480-494.

Décret concernant les conventions collectives (Circulaire n° 1994-485 du ministère du Travail du 5 décembre 1994), in MORIN, A., et Th. PAIRAULT, *op. cit. (II) : les contrats de travail et conventions collectives,* 126-133.

Décret sur la gestion du travail dans les entreprises à capitaux étrangers, (11 août 1994), in MORIN, A., et Th. PAIRAULT, *op. cit. (I)*, 95-102.

Esquisse de règlement intérieur du travail dans les entreprises d'État (14 juillet 1954), in MORIN, A., et Th. PAIRAULT, *op. cit. (I)*, 20-24.

Labour Insurance Regulations (First promulgated on February 26, 1951, by the Government Administration Council) (Promulgated as amended on January 2, 1953, by the Government Administration Council), 1953, in BLAUSTEIN, A. P. (sous la dir. de), *Fundamental…, op. cit.*, 534-554.

Labour Law of the People's Republic of China (Adopted by the Eight Session of the Standing Committee of the Eight National People's Congress on July 5, 1994, promulgated by Order N° 28 of the President of the People's Republic of China on July 5, 1994, and effective as of January 1, 1995), [traduction anglaise qualifiée de « Working Translation »], Beijing, CBnet [China Daily], 1995, 22 pages.

Law of the People's Republic of China on Chinese-Foreign Joint Ventures (The) (Adopted by the Second Session of the Fifth National People's Congress on July 1, 1979 and Promulgated on and Effective as of July 8, 1979), tirée du site web : <http : //www.chinatoday.com/law>.

Law of the People's Republic of China on the Protection of Rights and Interests of Women (Adopted at the Fifth Session of the Seventh National People's Congress on April 3, 1992, promulgated by Order N° 58 of the President of the People's Republic of China on April 3, 1992, and effective as of October 1, 1992), Beijing, Falu chubanshe [Éditions juridiques (éditeur officiel)], 1992, 15 pages.

Loi sur les syndicats (3 avril 1992), in MORIN, A., et Th. PAIRAULT, *op. cit.* (*I*), 109-115.

Notice Regarding Further Improvement of the Work of Poverty Relief and the Reemployment of Workers (Lao Bu Fa [1997] Document N° 166, Issued by Ministry of Labor, State Planning Commission, State Economic and Trade Commission, State Commission for Economic Restructure, Ministry of Finance, Ministry of Personnel, Ministry of Public Security, People's Bank of China, State Administration of Taxation, State Administration for Industry and Commerce, Letters and Complaints Bureaus of General Office of the CPC Central Committee, and General Office of the State Council All China Federation of Trade Unions), tirée du site web : <http : //www.qis.net/chinalaw>.

Ordonnance sur les sanctions et récompenses applicables aux ouvriers et employés des entreprises (10 avril 1982), in MORIN, A. et Th. PAIRAULT, *op. cit.* (*I*), 103-108.

Provisional Regulations of the State Council Concerning the Granting of Home Leave to Workers and Staff Members and Wages to Them on Such Leave, (Approved in principle on November 16, 1957, by the Standing Committee of the National People's Congress at its 85th session) (Adopted as amended on February 6, 1958 by the State Council at its 70th plenary session), 1958, in BLAUSTEIN, A. P. (sous la dir. de), *Fundamental..., op. cit.*, 563-565.

Provisional Regulations of the State Council Concerning the Retirement of Workers and Staff Members, 1958, in BLAUSTEIN, A. P. (sous la dir. de), *Fundamental..., op. cit.*, 555-562.

Provisional Rules of Procedure for Settling Labour Disputes (Drafted and made public by the All-China Federation of Labour for the consideration of its affiliated trade union organisations which will undertake to make recommendations to the local people's governments for framing detailed procedures in accordance with local circumstances [note de bas de page dans l'ouvrage cité, p. 501]), 1950, in BLAUSTEIN, A. P. (sous la dir. de), *Fundamental..., op. cit.*, 501-506.

Provisions of the People's Republic of China for Labor Management in Chinese-Foreign Joint Ventures (Promulgated by the State Council and effective as of July 26, 1980),document tiré du site web : <http : // www.chinatoday.com/law>.

Règlement du 21 juillet 1988 tendant à protéger les conditions de travail des employées et des ouvrières (*China Daily Report*, 27 juillet 1988, n° 144, p. 41-43), Genève, Organisation internationale du Travail, 1989, coll. « BIT, Série Législative 1988 – Chine 2 », 3 pages.

Règlement provisoire du 12 juillet 1986 pris par le Conseil d'État, et relatif à la mise en application du système de contrats de travail dans les entreprises d'État (Publications du ministère du Travail et du Personnel, septembre 1986), Genève, Bureau International du Travail, coll. « Série législative 1986 – Chine 1 », pages 25-32.

Regulations for Handling Labour Disputes (Promulgated by the State Council on July 6, 1993, effective as of 1 August, 1993), in CHEN Ke, « Legislation. People's Republic of China », in BLANPAIN, Prof. Dr R., (sous la dir. de), *International Encyclopedia for Labor Law and Industrial and Industrial Relations*, Suppl. 185 (November 1996), La Haye, Kluwer Law International, 1997, 120 pages.

Regulations on Factory Safety and Sanitation (Adopted on May 25, 1956, by the State Council at its 29th plenary session), in BLAUSTEIN, A. P. (sous la dir. de), *Fundamental..., op. cit.*, 566-578.

Trade Union Law of the People's Republic of China (The) (Adopted on June 28, 1950, by the Central People's Government Council at its eighth session), in BLAUSTEIN, A. P. (sous la dir. de), *Fundamental..., op. cit.*, 470-479.

TRAITÉS ET ACCORDS INTERNATIONAUX

Convention sur la liberté syndicale et la protection du droit syndical (adoptée par la Conférence générale de l'Organisation internationale du Travail, à sa trente et uniène session, le 9 juillet 1948) (entrée en vigueur le 4 juillet 1950), in Centre pour les droits de l'homme – Genève, *Droits de l'homme – Recueil d'instruments internationaux*, New York, Nations Unies, 1988, 333-339.

Convention sur le droit d'organisation et de négociation collective [*Convention* (N° 98) *concernant l'application des principes du droit d'organisation et de négociation collective*] (adoptée par la Conférence générale de l'Organisation internationale du Travail, à sa trente-deuxième session, le 1er juillet 1949) (entrée en vigueur le 18 juillet 1951), in Centre pour les droits de l'homme – Genève, *Droits de l'homme – Recueil d'instruments internationaux*, New York, Nations Unies, 1988, 339-348.

Convention sur l'élimination de toutes les formes de discrimination à l'égard des femmes (adoptée [...] par l'Assemblée générale dans sa résolution 34/180 du 18 décembre 1979), in Centre pour les droits de l'homme – Genève, *Droits de l'homme – Recueil d'instruments internationaux*, New York, Nations Unies, 1988, 112-125.

Déclaration de Bangkok – « *The Bangkok Declaration* » : voir *Report of the Regional Meeting for Asia of the World Conference on Human Rights.*

Déclaration sur le droit au développement, Doc. off. AG NU, 4 déc. 1986, A/RES/41/128, 3 pages.

Pacte sur les droits économiques sociaux et culturels (adopté [...] par l'Assemblée générale dans sa résolution 2200 A [XXI] du 16 décembre 1966), in Centre pour les droits de l'homme – Genève, *Droits de l'homme – Recueil d'instruments internationaux,* New York, Nations Unies, 1988, 7-18.

Report of the Regional Meeting for Asia of the World Conference on Human Rights, Bangkok, 29 March – 2 April 1993, *Final Declaration of the Regional Meeting for Asia of the World Conference on Human Rights* (« The Ministers and representatives of Asian States [...] *adopt* this Declaration to be known as " The Bangkok Declaration " [...] »), United Nations, General Assembly, A/CONF.157/ASRM/8 ; A/CONF.157/PC/59, 7 April 1993, GE 93-12595 (E), 2-7.

SITES INTERNET

<http : //www.chinanews.org> Site du Bureau d'information du Conseil d'État de la République Populaire de Chine, où sont exposés, en anglais, à la page web /WhitePapers/, les *Livres blancs* présentant les grandes lignes de la politique officielle des droits de la personne.

<http : //www.chinatoday.com/law> Site sur la Chine, contenant, entre autres, des lois chinoises sur le commerce en traduction anglaise.

<http : //www.ilo.org> Site du Bureau international du travail.

<http : //www.laogai.org> Site de M. Harry WU, sur les camps de travail forcé en Chine.

<http : //www.qis.net/chinalaw> Site sur la Chine qui contient des lois chinoises en traduction qui portent sur tous les domaines du droit chinois.

<http : //www.unhchr.ch> Site de la Commission des droits de l'Homme.

Notes

1. Outre les articles publiés dans des ouvrages collectifs et ceux tirés de revues spécialisées, figurent également sous la présente rubrique des articles de la *Far Eastern Economic Review* (ci-après *FEER*), revue hebdomadaire publiée à Hongkong, et d'autres du *Monde diplomatique*, le périodique mensuel français de politique internationale. Nous tenons en effet la *FEER* et *Le Monde diplomatique* pour des revues spécialisées. En revanche, les articles du *Monde*, édition du quotidien ou édition internationale de sa *Sélection hebdomadaire*, sont classés dans la section 4, « coupures de presse ».

TABLE DES MATIÈRES

Chapitre III Le travail en Chine contemporaine

Deuxième partie
Le droit du travail en Chine

Chapitre IV Le contexte juridique contemporain

Chapitre V Le *Code du travail* dans la Chine des réformes

Collection Recherches Asiatiques

dirigée par Alain Forest

Dernières parutions

Marie-France LATRONCHE, *L'influence de Gandhi en France*, 1999.
Julien BERJEAUT, *Chinois à Calcutta*, 1999.
Olivier GUILLARD, *Désarmement, coopération et sécurité régionale en Asie du Sud*, 1999.
NGUYÊN TUNG (ED), *Mông Phu, un village du delta du Fleuve Rouge (Viêt Nam)*, 1999.
NGUYÊN THÊ ANH, YOSHIAKI ISHIZAWA (eds), *Commerce et Navigation en Asie du Sud-Est (XIVe-XIXe siècles)*, 1999.
Pierre SINGARAVÉLOU, *L'École française d'Extrême-Orient ou l'institution des marges (1898-1956)*, 1999.
Catherine SERVAN SCHREIBER, *Chanteurs itinérants en Inde du Nord*, 1999.
Éric DÉNÉCÉ, *Géostratégie de la Mer de Chine méridionale et des bassins maritimes adjacents*, 1999.
Françoise CAYRAC-BLANCHARD, Stéphane DOVERT et Frédéric DURAND (eds), *L'Indonésie, un demi-siècle de construction nationale*, 1999.
Michel BODIN, *Les Africains dans la Guerre d'Indochine*, 2000.

www.ingramcontent.com/pod-product-compliance
Lightning Source LLC
LaVergne TN
LVHW010926051026
849532LV00003B/862
* 9 7 8 2 7 3 8 4 9 7 4 5 1 *